言诠与意趣
——佛教义学研究

周贵华/著

中国社会科学出版社

图书在版编目（CIP）数据

言诠与意趣：佛教义学研究/周贵华著．—北京：中国社会科学出版社，2012.4

ISBN 978-7-5161-0781-2

Ⅰ.①言… Ⅱ.①周… Ⅲ.①佛教－研究 Ⅳ.①B948

中国版本图书馆 CIP 数据核字（2012）第 079348 号

言诠与意趣　周贵华著

出 版 人	赵剑英
选题策划	黄燕生
责任编辑	储诚喜
责任校对	王俊超
封面设计	大鹏设计
技术编辑	戴　宽

出版发行	中国社会科学出版社	
社　址	北京鼓楼西大街甲 158 号　邮　编　100720	
电　话	010－84024579（编辑）　64058741（宣传）　64070619（网站）	
	010－64030272（批发）　64046282（团购）　84029450（零售）	
网　址	http://www.csspw.cn（中文域名：中国社科网）	
经　销	新华书店	
印　刷	北京君升印刷有限公司　装　订　廊坊市广阳区广增装订厂	
版　次	2012 年 4 月第 1 版　印　次　2012 年 4 月第 1 次印刷	
开　本	710×1000　1/16	
印　张	16.25	
字　数	273 千字	
定　价	48.00 元	

凡购买中国社会科学出版社图书，如有质量问题请与本社发行部联系调换
版权所有　侵权必究

自　序

一

笔者从事专业哲学研究已达九年，在此过程中一直在进行佛教义学研究方面的探索。佛教义学研究有别于一般的佛教学术研究，是随顺佛教意趣的研究。这比同情性理解更要进一步，包括对佛教义理的组织与推阐，所谓"照着说"、"接着说"，乃至翻揭新说，所谓"变着说"。所以，有道的追求在里面。这相当于将佛教研究从学术研究，通过文化研究，推向道学研究。在此意义上，历史与逻辑将不再构成最根本的诠释构架，而需道意的因缘显现赋予意义。因此，一切都承载这样的意义，而非纯粹或者琐碎的客观知识。当然，佛教义学的研究趣向必定是以求真即探求宇宙人生的实相为先、为本的，而力图远离无根与无益的戏论。

在20世纪，欧阳竟无先生提出佛学研究是"结论后的研究"，这属于佛教义学研究角度的立场。这里暗含有一个前提，即佛教作为佛学，是真理之学，其言说皆正确无疑。所以，对其的研究只限于理解、说明，不能批判、反驳，或者证伪。但问题是，把佛教视为一个真理系统，是否正确，或者，在什么意义上为正确？至少按照大乘佛教思想意趣，需要审思。如果"结论"意味客观的知识，即把佛教看成一个客观的知识系统，显然与大乘佛教旨趣并不相符；但如果是在将佛教视为获得真理的方便而能间接开显真理的意义上而言的，则没有问题。不过，欧阳先生更多是在前者的意义上使用"结论"一语的，所以其立场并非不可置疑。

而20世纪另一位重要佛教思想家，也是一位重要佛教学术家的释印顺，主张"以佛法研究佛法"，亦属于佛教义学研究的立场。其中第二个"佛法"谓所研究的内容，指佛教所摄的一切；而第一个"佛法"谓用于研究的方法，称指佛教的最根本、最普遍的法则，即空性与缘起性，或者作为其体现的三法印，即诸行无常、诸法无我与涅槃寂静。但必须指出，对何为佛教最根本法则大小乘及其各宗派未必有一致的看法，即使在名义上一致，在意义上也大为有别，比如对空与缘起，大小乘及其宗派的解释就不同，对三法印亦不例外。所以以佛教某一具体道理为佛教义学研究的原则不能说完全不可取，但至少非常冒险。

佛教义学研究定然具有一些原则，其最基本原则应是对佛陀作为彻底解脱者与圆满觉悟者的承许，具体体现就是以佛陀的大小乘一切教说，即佛陀的全体圣教量为依止。在这个意义上，义学研究的出发点是佛陀的全体圣教量。圣教量有其意趣以及所摄的道理境界，所以义学研究也可以依于后二者展开，但基本出发点应是全体圣教量。这样，佛教义学研究可称"依于全体圣教量的研究"。全体圣教量作为佛陀的全体教说，又称完整佛教，所以佛教义学研究又称"依于完整佛教的研究"。在其中，作为佛陀种种意趣统一体的完整佛教是研究的出发点、准则与方法。在此基础上，才有逻辑与历史方法的运用。简而言之，凡贯彻了佛陀意趣的研究，就属于佛教义学研究。

二

本书是笔者在佛教义学研究方面的一个探索。从具体内容看，本书内容主要来源于笔者近几年发表的一些义学研究的文章，内容相关互补，恰可整理改写成两编。一是唯识明义论编，二是佛教思想明论编。

上编唯识明义论共有六章。前两章是分析唯识学的结构。首先是对笔者提出的有为依唯识学与无为依唯识学概念进行了系统的阐明与澄清，从多个角度具体比较了二者的区别与联系，这其中涉及唯识学与印度如来藏思想以及中国化佛教的关系，进而分析二者在印度与中国佛教思想史上的不同命运，然后对唯识学中法相分学与唯识分学的二分从核心概念角度予以阐释，同时采用新的认识视角，即内学与外学的比较角度，对中国20世纪的三位主要佛学家欧阳竟无、释太虚、释印顺的相关观点进行了评析。

第三章根据梵文原典、藏文与汉文译典的比较，对唯识学的核心概念"唯识"与"唯了别"予以文献学、语言学、义理学基础上的比较与分析。在笔者以前的著述《唯心与了别》中，主要说明了二者的差别，在这一章中则主要说明二者的相通之处。

第四、五、六章是对唯识学的基本理路的辨明与阐释。首先是依据早期唯识经典，阐示了唯识学对诸法实相即真理境界的诠说，其次以梵藏汉文本的对比为基础，诠说唯识学关于智慧即无分别智的理论，最后是系统探讨唯识学关于转依的理论。转依作为唯识思想最终的归趣，反映了唯识思想作为宗教学说的本质。这是在笔者所著的《唯识通论》中相关内容的基础上对唯识转依思想的系统阐明，并由此讨论了唯识学思想的复杂性。

下编佛教思想明论是对佛教思想的几个方面的诠显，共分四章。前三章涉及佛教的最基本教理。第一章是佛教的佛陀观，主要从解脱道角度对佛陀从不同角度予以显示；第二章是佛教的信仰观，系统阐明了佛教信仰的性质及其内容、原理；第三章是愿行观，从普贤愿行统摄佛教的一切愿行角度，揭示佛教的菩提愿行的性质、意义、内容与作用。这三观构成了三个层次，是佛教教理展开的基础。

第四章是依据佛教从传统形态转变为现代形态的背景，对佛教的现代形态即人间佛教类型的反思，对其中最具理论性的形态即印顺的人间佛教思想予以评析。

三

本书的出版得到了一些朋友的支持与帮助。尤其感谢纪华传博士、刘昌明先生为本书的出版资助牵线搭桥，田文红、王立新同志提供资助。也感谢选题策划黄燕生先生与责任编辑储诚喜博士付出的辛勤劳动。

目 录

上篇　唯识明义论

第一章　有为依唯识学与无为依唯识学 (3)
  第一节　唯识学二分的安立：历史性与逻辑性 (4)
    一　从佛教思想史的角度看 (5)
    二　从理论的内在逻辑看 (8)
  第二节　唯识学二分的特质：一致性与差别性 (13)
  第三节　唯识学二分在佛教意识形态上的关系：疏离与紧张 (19)

第二章　法相分学与唯识分学 (23)
  第一节　法相分学与唯识分学
    ——从汉译《集论》与《摄论》之"识"谈起 (23)
    一　法相与唯识之区分 (23)
    二　法相分学：识作为了别/识别 (24)
    三　唯识分学：识作为了别/显现 (25)
    四　有相唯识与无相唯识之别：识别与显现 (28)
  第二节　关于法相与唯识的"分合之辩" (31)
    一　欧阳竟无：法相与唯识"二事也" (31)
    二　释太虚："法相必宗唯识" (34)
    三　释印顺："唯识必是法相的，法相不必宗唯识" (37)
    四　小结 (41)

第三章 "唯识"与"唯了别" (45)
第一节 "唯识"与"唯了别":用语差别与意义相通问题 (45)
一 "唯识"与"唯了别"用语之差别问题 (45)
二 "唯识"与"唯了别"意义之相通问题 (48)
第二节 "唯识"与"唯了别":意趣问题 (51)

第四章 唯识学之有无思想 (61)
第一节 言说与有无
——以早期唯识关于言说与有无的论说为中心 (61)
一 言说与有无 (62)
二 离言自性 (66)
第二节 对《解深密经》有无说之诠释
——以圆测的《解深密经疏》为中心 (73)
一 对《解深密经》有无说疏释之特点 (74)
二 关于胜义谛离言自性 (77)
三 关于三自性 (83)
四 关于三无自性性 (90)

第五章 唯识学无分别智之亲证思想 (99)
第一节 无分别智 (99)
第二节 无分别智之所缘以及生起 (102)
第三节 无分别智与真如之冥契 (105)

第六章 唯识学之转依思想 (111)
第一节 转依及其结构 (111)
一 转依之名、义 (111)
二 关于转依之名、义的争论 (113)
三 转依的四分结构 (115)
四 转依的五分结构 (116)
五 转依说类型 (117)

第二节　凡佛、迷悟与妄真之转依说 …………………………… (119)
  一　凡佛之转依说 ………………………………………………… (119)
  二　迷悟之转依说 ………………………………………………… (121)
  三　妄真之转依说 ………………………………………………… (123)
第三节　染净之转依说 …………………………………………… (125)
  一　法性如来藏转依说 …………………………………………… (126)
  二　心性如来藏转依说 …………………………………………… (127)
  三　心性转依说 …………………………………………………… (128)
  四　界转依说 ……………………………………………………… (130)
  五　"阿识"转依说 ………………………………………………… (132)
  六　依他起性转依说 ……………………………………………… (138)
  七　第八识转依说 ………………………………………………… (141)
第四节　从转依思想看唯识思想与如来藏思想的关系 ………… (142)
  一　有为转依说 …………………………………………………… (143)
  二　无为转依说 …………………………………………………… (143)
  三　有为无为转依说 ……………………………………………… (145)

下篇　佛教思想明论

第七章　佛陀 ……………………………………………………… (149)
第一节　解脱道中作为大解脱者的佛陀 ………………………… (149)
  一　解脱道中作为大解脱者的佛陀 ……………………………… (149)
  二　解脱道中佛陀的大解脱与烦恼的示现 ……………………… (152)
  三　解脱道中佛的大解脱与苦的示现 …………………………… (154)
第二节　解脱道中作为大觉悟者的释迦牟尼佛 ………………… (156)
  一　解脱智 ………………………………………………………… (156)
  二　佛智与阿罗汉智之别 ………………………………………… (157)
  三　解脱道中作为大觉悟者之佛智 ……………………………… (160)
  四　小结 …………………………………………………………… (163)

第三节 解脱道中佛陀对三界的超越 ……………………… (164)
- 一 佛陀觉悟的超三界性 ……………………………………… (165)
- 二 佛陀解脱的超三界性 ……………………………………… (166)
- 三 佛陀体性的超越性 ………………………………………… (167)
- 四 佛陀神通力对三界众生能力的超越 ……………………… (170)
- 五 佛陀大悲对众生悲的超越性 ……………………………… (172)
- 六 佛陀对三界的超越与不离 ………………………………… (173)

第四节 解脱道末流的"人间佛陀观"及其对佛陀的"矮化" … (174)
- 一 解脱道末流的人本意义上之"人间佛陀观" …………… (175)
- 二 解脱道末流的"人间佛陀观"对佛陀的"矮化" ……… (175)

结论 菩提道中的佛陀 …………………………………………… (178)
- 一 菩提道与佛陀 ……………………………………………… (178)
- 二 佛果及其境界 ……………………………………………… (179)
- 三 示现与本师 ………………………………………………… (181)

第八章 佛教之信仰 …………………………………………… (182)

第一节 佛教信仰的界定 ………………………………………… (182)
- 一 信仰相 ……………………………………………………… (182)
- 二 归依:归敬与依止 ………………………………………… (185)
- 三 信:忍可与乐欲 …………………………………………… (186)
- 四 小结 ………………………………………………………… (188)

第二节 佛教信仰的意义 ………………………………………… (189)

第三节 佛教信仰的内容 ………………………………………… (193)
- 一 作为佛教信仰建立基点的佛信仰 ………………………… (194)
- 二 作为佛教信仰之根本的法信仰 …………………………… (196)
- 三 作为佛教信仰现实表征的僧信仰 ………………………… (198)
- 四 小结 ………………………………………………………… (200)

第四节 佛教信仰的原理 ………………………………………… (201)
- 一 佛教信仰的层次 …………………………………………… (201)
- 二 佛教信仰的发生 …………………………………………… (204)
- 三 小结 ………………………………………………………… (207)

第九章　佛教之愿行——以华严系经显示的普贤愿行为中心 …… (208)
第一节　从文殊愿行到普贤愿行 …… (208)
　　一　文殊与普贤 …… (208)
　　二　从文殊愿行到普贤愿行 …… (210)
第二节　普贤愿行 …… (213)
　　一　愿行 …… (213)
　　二　普贤行 …… (214)
　　三　普贤行愿 …… (218)
第三节　普贤境界 …… (219)
第四节　普贤愿行与普贤清净刹土 …… (222)
第五节　普贤愿行与西方净土 …… (227)
　　一　往生入、神通别入与神通遍入 …… (227)
　　二　往生入与西方净土 …… (228)

第十章　佛教之现代变型——以释印顺的"人间佛教"思想为中心 …… (233)
第一节　"人"与"人间"概念：人正性 …… (233)
第二节　"佛"概念：人佛性 …… (236)
第三节　"佛教"与"人间佛教"概念：人本佛教 …… (238)

略评 …… (243)

附录

《究竟一乘宝性论》"佛宝品"简说 …… (249)
　　一　序说 …… (249)
　　二　"佛宝"名义 …… (250)
　　三　"佛宝品"简说 …… (251)

上 篇

唯识明义论

第 一 章

有为依唯识学与无为依唯识学

印度大乘佛教瑜伽行学（简称唯识学）可区分为两种基本类型，即有为依唯识学与无为依唯识学。① 其中，有为依唯识学是在以有为性的第八识阿赖耶识为一切法（存在）的根本所依的立场上融贯唯识观所建立的唯识学，无为依唯识学是在以无为性的心性真如为一切法的根本所依的立场上融贯唯识观所建立的唯识学。这两支在印度唯识学的展开过程中渐渐区别开来，在传到中国后都得到进一步纯洁化、严整化，其差别在性质上被放大，最终成为在中国佛教史上引发佛教意识形态对立的基本思想原因。② 本章围绕唯识学二分作一些澄清与阐明，主要从三个方面予以论说，一者二分安立的性质，二者二分的异同，三者二分在中国唯识开展史上的佛教意识形态紧张。③

---

① 参见拙著《唯心与了别——根本唯识思想研究》，中国社会科学出版社2004年版；《唯识、心性与如来藏》，宗教文化出版社2006年版；《唯识通论——瑜伽行学义诠》，中国社会科学出版社2009年版。

② 在此二分说提出后，有几位学者提出商榷或者予以批评，其中吴可为的说法有代表性。他提出这样的疑问："所谓有为依与无为依的区别，能否真正成立？这种分别会不会只是一种解释学的想象？"吴可为（笔名慕藏）：《阿赖耶识、真如空性与如来藏心（续）》，载《浙江佛教》2008年第1期等。

③ 本章只针对印度与中国的唯识思想，而不涉及东亚其他国家的唯识思想，因为朝鲜半岛、日本所弘传的唯识学可认为是中国唯识学的余绪。

第一节　唯识学二分的安立：历史性与逻辑性

对有为依唯识学与无为依唯识学二分的安立，最易遭到质疑的是无为依唯识概念。因为大乘早期佛性如来藏[①]思想本来是相对于唯识思想独立成学的，但笔者所描述的无为依唯识思想，即唯识学中的佛性如来藏思想（可称心性如来藏思想），与有为依唯识思想并不相互独立，似乎不能在唯识学中形成一学。在此意义上，全体唯识学就应该是有为依唯识性质。在一定意义上这样的看法是有道理的，也符合印度后来唯识家的唯识意趣与努力方向。确实，由于不满佛性如来藏思想与唯识思想的合流，印度中后期的唯识家都在试图弱化无为依唯识思想在唯识学中的存在意义，将其边缘化，从各个角度消解其在唯识学中成学的可能。具体而言，他们采用了两个策略：一是限定无为依唯识思想的重要性，将其视为一种非了义的方便说；二是将有为依唯识思想判为了义与正宗，尽可能在唯识学中消除无为依唯识思想的痕迹。所以在唯识学的中后期发展中，唯识学就以有为依唯识形态作为标准模式而实现纯粹化，无为依唯识学则不再在唯识学范畴内发展，而是以心性如来藏思想的面目独自成学，甚至成为了印度佛教密宗的基本思想形态之一。

有为依唯识学与无为依唯识学的差异主要是其本体观造成的，即主要根于"有为依"与"无为依"二者的不同，因此，试图以有为依唯识学约化无为依唯识学的努力主要通过两个角度进行：一是根据三性说中依他起性与圆成实性互不独立，相互关联，所谓不一不异的关系，这样，作为依他起性的"有为依"（阿赖耶识）与作为圆成实性的"无为依"（唯心性的心性真如）相待而不相离；二是根据因果平等原则，在因果关系中亲因（发生因）与果必须是有为法，因此，无为性的心性真如不能是缘起的亲因，在无为依唯识学中亲因仍必须为有为法，从而"无为依"不能离开"有为依"。由这种关联性，确保无为依唯识学相对于有为依唯识学的附属性，从而完全消解其独立意义。

[①] 笔者一般以佛性如来藏思想摄大乘涅槃思想、心性本净思想、一乘思想与佛性、如来藏思想，心性如来藏思想也是如此。

但无论如何，这些都改变不了唯识学存在二分的结论，否则，就不能反映印度唯识思想的真实面貌，也无法解释后来在大乘密教以及中国佛教中无为依唯识思想作为心性如来藏思想独立于有为依唯识思想的继续发展。实际上，不论从唯识思想的具体历史展开即历史性角度，还是从佛教内在义理的逻辑展开即逻辑性角度看，唯识学二分都是成立的，换言之，不论是从描述性还是从建构性角度，都必须承认二分的确当性。

而且，有为依唯识学与无为依唯识学二分在本体观上的不一不异的关联，并不影响二者各自成学。二者在本体观上的关系，相似于"一总二别"中别门间的关系。"一总"是指一切有体法，"二别"是指一切有体法可分为有为法与无为法两分。有为法是差别性法，有无量种种，而无为法虽也有种种，但都是真如的异名，而真如为无差别性法。这其中，有为法与无为法间是不一不异的关系。当分别从有为与无为角度去观察与统摄一切法时，就成立了有为门与无为门，从而形成了"一总二门"的结构。此二门由于在本体观上的关联而不可能相互独立，但却各成一学，也就是无为门之学与有为门之学。同样，当从"无为依"之门去融贯唯识学时，成无为依唯识学，而当从"有为依"之门去融贯唯识学时，则成有为依唯识学。所以本体观上的关联，并不妨碍二者各成其学。

下面就从学说的历史展开与义理的逻辑展开角度对唯识学二分给出描述性与建构性的说明，从而表明二分的确当性。由于二学的差异根本在于本体观即"无为依"与"有为依"的不同，下面的分析主要围绕此二者进行。

一 从佛教思想史的角度看

按照其意趣，唯识学是诸佛菩萨以大智大悲所安立的，既有相应于诸佛菩萨所证真实境界的一面，又有善巧观待众生的根器平台、方便度化众生即随宜示教的一面，因而其出现在外相上多随顺世间历史因缘的显现。正是在后者的意义上，可以从佛教思想史角度观察唯识学的兴起。

具体而言，印度唯识思想形成有为依唯识思想与无为依唯识思想两种形态，既反映了对所化众生的根器平台的针对性，又反映出其作为思想历史显现与展开的复杂性。唯识学作为义学在印度佛教思想史上属于集大成的性质，其相当多重要思想要素在阿含佛教、部派佛教以及早期大乘佛教中都已经出现。按照世间的历史观，后期思想的兴起必有前行思想作为背景与准备条件。由此可以说，依于唯识观与部派佛教说一切有部、经量部的思想的融摄，形成了有为依唯识学；依于唯识观与早期大乘佛性如来藏思想的融摄，则形成了无为依唯识学。

笔者对唯识学的二分的认知是有一个过程的。最初在唯识学方面的熏习，完全是奘传唯识即新译唯识思想，当时在笔者心中留下了两个重要印象：一者，只有奘传唯识是真正的唯识学，它完全代表了印度唯识学；二者，玄奘没有佛教宗派意识形态之见，其翻译反映了印度大小乘思想的完整面貌。但笔者在作博士论文的过程中发现，玄奘恰恰在翻译唯识经典时放弃了系统翻译、反映全貌的旨趣。众所周知，他在翻译十大论师对《唯识三十颂》的释论时，并没有将十种全译，而是以护法的释论为正义，选列其他诸家观点为旁义，而糅译成一部《成唯识论》。笔者进一步注意到，玄奘对其他印度唯识学典籍也仅是部分译传，而且在选择上带有明显的倾向性，其中印度唯识学所宗的六经十一论中的一些重要经论如《楞伽经》、《密严经》、《大乘庄严经论》等都未翻译。在笔者看来，已译与未译的两类重要经典在性质上有所不同，分属不同思想类型，所谓有为依与无为依类型。玄奘所译传者属于有为依类型，而未译的一类属无为依类型。在此意义上，奘传唯识只是玄奘所宗的唯识，并不能反映印度唯识思想的全貌。

玄奘所译唯识经典最主要是《解深密经》、《瑜伽师地论》、《显扬圣教论》、《摄大乘论》、《大乘阿毗达磨集论》、《成唯识论》等这种有为依思想类型，因为其基本思想特征是在唯识观基础上，以有为性的阿赖耶识为一切法的根本所依。从学说史角度看，有为依唯识学以印度部派佛教说一切有部、经部（经量部）学说为其前驱学说，特别是经部思想有其相当多的思想要素。经部以种子为心、色所摄一切存在之因，甚至进一步主张有异熟识摄一切种子而为一切法的根本所依与发生因。可举一例。如《大乘成业论》云：

> 若尔，云何许灭定等诸无心位亦有心耶？应如一类经为量者所许细心彼位犹有，谓异熟果识具一切种子，从初结生乃至终没，展转相续，曾无间断，彼彼生处由异熟因品类差别相续流转，乃至涅槃方毕竟灭。即由此识无间断故，于无心位亦说有心；余六识身于此诸位皆不转故，说为

无心。①

这样的异熟识实际就是一种本体识，或者说根本识。瑜伽行学在唯识观下所建立的根本识阿赖耶识就与此相似。瑜伽行学正是以阿赖耶识为一切法的根本所依以及发生因，并与唯识观相融贯，而形成有为依唯识学。其理论开展过程可分为印度与中国两个阶段。在印度由弥勒、无著、世亲依据佛陀的唯识学经教（瑜伽行经教）建立成型，经过陈那、安慧、护法等系统化，最后在中国由玄奘、窥基等全面严整化。有为依唯识学在中国的形态可称为护法——玄奘唯识，或者简称奘传唯识、新译唯识，或者唯识新学。

玄奘对唯识经典的选择性翻译的另一方面，是有意未翻译强调心性本净思想、佛性如来藏思想（统称佛性如来藏思想）的唯识典籍，如《楞伽经》、《密严经》、《大乘庄严经论》、《辨法法性论》、《佛性论》等。笔者发现，这些唯识典籍的唯识思想与前述有为依唯识思想性质不同，是依据以无为性的心性真如为一切法的根本所依的立场而与唯识观相融贯建立的，所以可称为无为依唯识思想。② 无为依唯识学在印度大乘早期佛性如来藏思想中就有其前行。例如《胜鬘经》云：

> 生死者依如来藏，……非如来藏有生有死。如来藏者，离有为相，如来藏常住不变，是故如来藏是依、是持、是建立。……不离不断不脱不异不思议佛法，……断脱异外有为法依、持、建立者，是如来藏。③

这样的如来藏是一切法（"不离不断不脱不异不思议佛法"与"断脱异外有为法"）的根本所依，在其他早期佛性如来藏经典中被解释为非唯识性的、于一切法平等的法性真如。④ 在瑜伽行经教以及弥勒、世亲等的论著中，通过将此非唯识性的法性真如转换为唯心意义上的心性真如，而形成以心性真如为一切法的根本所依以及众生的佛性、如来藏的无为依唯识思想，也就是唯识学中的佛性

---

① 《大乘成业论》，《大正藏》第三十一册，第784页。
② 玄奘在无为依唯识思想方面只翻译了无为依唯识思想色彩不是太浓的《辨中边论》。翻译的原因大致是由于《辨中边论》主要为一部简明的重要法相学著述，在三性说与唯识观上诠说充分。
③ 《胜鬘师子吼一乘大方便方广经》，《大正藏》第十二册，第222页。
④ 《佛说无上依经》卷上，《大正藏》第十六册，第470页。

如来藏思想，笔者称为心性如来藏思想。它可分为两个维度：第一是在印度将唯心意义上的心性真如释为法性心、自性清净心、第九心，而在中国被真谛三藏等进一步释为阿摩罗识，这是无为依唯识学的自我进化维度；第二是将唯心意义上的心性真如释为佛性、如来藏，这是无为依唯识学扩释为心性如来藏学的转义维度。这样，无为依唯识学与心性如来藏学构成一体两面的关系而互相融摄。无为依唯识学/心性如来藏思想在唯识旧译阶段传到中国，经过译师的传译、改造，以及地论师与摄论师的传习与发展，形成了其最精致的形态，这集中反映在《大乘起信论》中。而以此为主要理论基础，再经过创造性诠释，与般若中观思想的调制，最终形成了中国化佛教的种种形态。

从前述分析可知，由于有为依唯识与无为依唯识概念是对唯识思想的历史展开的两种思想脉络的描述，或者说刻画，可以称为是描述性图像。

二　从理论的内在逻辑看

如前已述，有为依唯识与无为依唯识概念是在对已有唯识原典思想予以分析的基础上，再兼顾其在思想显现史上的关联脉络而建立的，可以视为描述性概念。但这两支也可视为是依据唯识思想的内在逻辑，即在类似思辨的意义上建立的，又可称为建构性概念。

唯识学就其义理特征而言，最基本有两方面：一是就一切法的存在性而言，建立三性说；二是就一切法的发生与显现而言，建立唯识观。唯识学的基本思想模式就是这二者融贯而成的。其中，唯识观可略括为一句话，所谓"无境唯识"。三性说就是有无观，[①] 是对存在性的判摄，承许遍计所执性、依他起性与圆成实性。遍计所执性是言说所显，或者说所执著的一切的存在性，但体实无；依他起性是缘起性/缘生性，所谓的如幻之有；圆成实性是离言、离分别、无造作的无为性、殊胜之有，即于一切平等的真如。这三种存在性包括了凡圣境界所摄的一切存在。

在具体的道理观察中，由对三性的各性的分别凸显，可得到三种路线：一是针对遍计所执性而立的视角；二是针对依他起性而立的视角；三是针对圆成实性而立的视角。当然，由于三性是相互融贯的，从任一性出发都能摄其他二

[①] 有无观探讨一切法的存在性问题。

性，所以这三个角度可以视为三门，即遍计所执性门、依他起性门与圆成实性门。这三条路线与唯识观有融贯与否两种情况，由此可得不同的具体道理呈现形态。

1. 根据未与唯识观融贯的三性说所建立的道理之门

三性在未与唯识观融贯时的表述可见《解深密经》：

> 云何诸法遍计所执相？谓一切法名假安立自性差别，乃至为令随起言说。云何诸法依他起相？谓一切法缘生自性，则此有故彼有，此生故彼生，谓无明缘行，乃至招集纯大苦蕴。云何诸法圆成实相？谓一切法平等真如。①

此中，相即性。此三性是对普遍的一切法（存在）而言的，还未用唯识观显示。遍计所执性是以言说所显的种种自性、差别，是所执性；依他起性是缘生/缘起性；圆成实性是平等真如。依据这样的三性说可得到大乘本体观②的两种形态，即无所依与有所依形态，从而可建立相应的无所依与有所依之学。其中，本体指一切法所依存的根本所依。

第一是依于无体性的遍计所执性建立的，即以遮立说，是一种反本体主义的立场，所谓无所依之学，不承许任何实存性，对任何形式的存在承诺予以除遣。这是针对凡夫境界建立的大乘立场。由于遍计所执性指言说所显、凡夫境界所摄的一切，对其必然是除遣，由此而说一切法无相、无自性、空、无住、无所得。这也就是般若思想形态，所谓"空说"（Śūnyatā-vāda），唯就凡夫所执的一切作遍遮的观察与判定。般若思想以遮的方式建立，不会在本体观上立所依本体这样的东西，因此，可称无所依之学。

第二是依于有体性的依他起性或圆成实性建立的，有本体承诺，所谓有所依之学。这种依于有体法安立一切法的方式，称为"假必依实"原则。③ 进一步看，依据不同的实有，可建立不同形态之学。其中，依他起性是有为性，即有

---

① 《解深密经》卷二一切法相品第四，《大正藏》第十六册，第693页。
② 此处的本体观，或者本体论，主要探讨一切法在存在意义上的最终根据问题，所谓一切法的根本所依问题。
③ 《成唯识论》卷八，《大正藏》第三十一册，第47页。

相、有造作性，以依他起性法作为一切法的根本所依，就称有为依，由此形成有为依之学。圆成实性真如是无为性，即无相、无造作性，以圆成实性法作为一切法的根本所依，就是无为依，由此形成无为依之学。

就具体的形态而言，在印度大乘佛教中，在未与唯识观融贯的情况下，还没有系统的依于依他起性而建立之学。要注意，虽然印度的中观学派大谈缘起性，但其意趣是以缘起性说明无自性之空，并没有承诺缘起性自身有体性，更没有依于缘起性建立完整学说。但在未与唯识观融贯的情况下，依于圆成实性真如建立了佛性如来藏思想，即大乘早期的佛性如来藏思想，具体是以非唯识性的、于诸法平等的法性真如为佛性、如来藏立说，这在前文已述。

这两类思想路线及其所立学可显示如下：

$$未与唯识观融贯之三性说\begin{cases}遍计所执性…无所依性——无所依之学——大乘般若学\\ 圆成实性……有所依性——无为依之学——大乘早期佛性如来藏学\\ 依他起性……有所依性——有为依之学——？\end{cases}$$

2．根据与唯识观融贯的三性说所建立的道理之门

与唯识观融贯的三性说可见《摄大乘论》：

> 此中何者依他起相？……如此诸识皆是虚妄分别所摄、唯识为性，是无所有、非真实义显现所依，如是名为依他起相。此中何者遍计所执相？谓于无义唯有识中似义显现。此中何者圆成实相？谓即于彼依他起相，由似义相永无有性。[1]

此中，"诸识"即"身身者受者识，彼所受识，彼能受识，世识，数识，处识，言说识，自他差别识，善趣恶趣死生识"，[2] 指能显现一切外境的识（"了别"，vijñapti）分类。在唯识观下，遍计所执性是指依他起性所显现的外境，依他起性是指唯识性所摄的一切识，圆成实性是指在依他起性上无外境所反显的心性真如。换言之，唯识性的诸识其当体是依他起性，其外相（所显现相）是遍计所执性，其实性是圆成实性。

---

[1]《摄大乘论本》卷二所知相分第三，《大正藏》第三十一册，第137—138页。
[2] 同上书，第138页。

在唯识意趣下，亦可根据三性得到两种形态的学说，即无所依与有所依之学。

由第一遍计所执性，表明言说所显、凡夫所执的一切境界是无体的，这在唯识观下仍然成立，只是将这种所执境界称为了外境。这样，对凡夫境界的除遣，就变成了无外境之说。这实际就是般若思想的另外一种表达。由此可知，唯识思想谈诸法的存在性，是在谈空的般若思想的基础上开展的，以般若思想为前提。事实上，《般若经》也是唯识学所宗的大经之一。在此意义上，由遍计所执性，仍可成立般若学。

由第二依他起性，建立的是有为依唯识学。在与唯识观融贯的情况下，依他起性即是唯识性/唯心性的缘起性/缘生性，由此以依他起性为根本所依就进一步归结到以有为性的阿赖耶识为一切法的根本所依。阿赖耶识是依他起性，作为有为性的根本所依，也简称有为依，由此为中心所成立的唯识学作为有所依之学，称有为依唯识学。

由第三圆成实性，建立的是无为依唯识学。以圆成实性为中心，就是以圆成实性真如为一切法的根本所依，这在大乘早期佛性如来藏思想中，就已经得到阐述。在与唯识观融贯的情况下，就转变为以唯识性的心性真如为一切法的根本所依。由于心性真如是无为性，即是无为性的根本所依，所谓无为依，据此建立的唯识学就是无为依唯识学。从中可以看出，在未与唯识观融贯时，以于一切法平等的法性真如即非唯识性的法性真如为一切法的根本所依以及佛性如来藏，即是大乘早期的佛性如来藏思想，可称法性如来藏思想；在与唯识观融贯后，所成之学作为无为依唯识学，将非唯识性的法性真如转换为唯识性/唯心性的心性真如，并以其为佛性如来藏，而称心性如来藏学。

由上可知，由三性说与唯识观相融贯而成之学，可图示如下：

$$
三性说\begin{cases}遍计所执性 \longrightarrow 无所依 \longrightarrow 般若学\\ 依他起性 \longrightarrow 有所依/有为依 \longrightarrow 有为依唯识学\\ 圆成实性 \longrightarrow 有所依/无为依 \longrightarrow 无为依唯识学/心性如来藏学\end{cases} 唯识观
$$

3. 小结：印度大乘佛教之学

按照瑜伽行学，一切学说只有正确理解了或者说只有与三性说相一致，才是佛学。因此，大乘佛教的诸种类型，必然可以根据三性说予以说明。事实上，从前面三性说与唯识观融贯与否所建立之学看，实际上已经包括了印度大乘佛教所展开的基本类型。

依据遍计所执性，遮除一切言说所显的凡夫所执境界，建立一种无所依之学，即般若学。

依据与唯识观融贯的依他起性，即以唯识性的依他起性为一切法的根本所依，建立了一种有所依之学，即有为依唯识学。

依据圆成实性，则建立了两种有所依之学，即两种无为依学。其中，在圆成实性未与唯识观融贯的情况下，以非唯识性的法性真如为一切法的根本所依，建立了法性真如所摄之学，即早期佛性如来藏学，其基本类型是法性如来藏学。在圆成实性与唯识观相融贯的情况下，以唯识性的心性真如为一切法的根本所依，建立了心性真如所摄之学，即无为依唯识学／心性如来藏学。可图示如下：

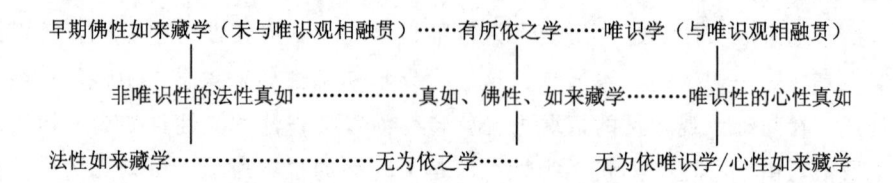

```
早期佛性如来藏学（未与唯识观相融贯）……有所依之学……唯识学（与唯识观相融贯）
        │                                │                        │
非唯识性的法性真如……………真如、佛性、如来藏学………唯识性的心性真如
        │                                │                        │
法性如来藏学…………………无为依之学……           无为依唯识学／心性如来藏学
```

此中应注意，前文谈依遍计所执性建立般若学，是就佛教之经而言的；如果包括佛教论师所造论，则应是建立般若中观学，即佛教的般若学与中观派的中观学。

简而言之，大乘之学可以包括无所依之学与有所依之学两类，而有所依之学又可分为有为依之学与无为依之学，可图示如下：

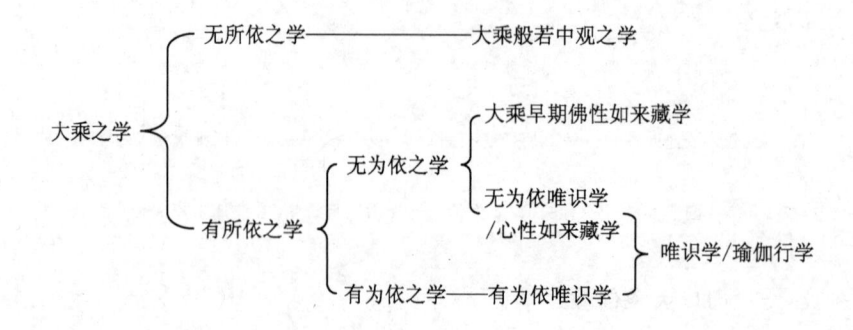

```
            ┌─无所依之学─────────大乘般若中观之学
            │
大乘之学    │              ┌─大乘早期佛性如来藏学
            │      ┌─无为依之学
            │      │       └─无为依唯识学
            └─有所依之学   ／心性如来藏学────┐
                   │                            ├─唯识学／瑜伽行学
                   └─有为依之学──有为依唯识学─┘
```

上述对大乘之学的分类，反映了瑜伽行学对大乘之学的判摄。此中也可看到瑜伽行学之所以被称为大乘的集大成学的原因。必须强调，由于三性间的相互融贯，上述无所依之学、无为依之学与有为依之学三学是在相互联系的基础上成立的，不能在相互独立的意义上处理三者的关系。否则，般若思想就易成"顽空见"，无为依思想则易成"梵我见"，而有为依思想则易成世学的唯心论。

第二节　唯识学二分的特质：一致性与差别性

从基本特征看，虽然有为依唯识思想与无为依唯识思想都主要是依据三性说与唯识观的融贯而形成的思想形态，有一致性，但毕竟属不同形态，更有种种差异性。这可略归为五个方面来说明，即经典、渊源、内容特征、形式特征、性质。略述如下：

一者，从经典看，二者各有直接所宗的经典，即此二唯识思想各有体现其形态特征的经典，如前文所述。但这并非意味这两类经典没有被互宗的情况，如《摄大乘论》曾引述《大乘庄严经论》，《成唯识论》有引《楞伽经》之处，等等。因为这两种唯识思想有一些共许的内容，如三性说与唯识观等。

二者，从学说的源流看，二者一方面随顺瑜伽行教经，另一方面又有其前行佛教思想之缘。在后者的意义上，可以看到两条鲜明的思想路径。其中，在显现上，有为依唯识思想与小乘部派佛教说一切有部、经量部等的思想极有关联，而无为依唯识思想则可看成是受大乘早期心性本净与佛性如来藏思想的影响所成。

三者，从具体思想形态特征看，二者有种种不同，可分为八个方面：

第一，这两种唯识思想在唯识观上是共许的，也正是这样皆可称为唯识思想，但二者所"唯"之识不同，有为依唯识思想许八识，即眼识、耳识、鼻识、舌识、身识、意识、末那识、阿赖耶识，而无为依唯识思想许九识，即眼识、耳识、鼻识、舌识、身识、意识、末那识、阿赖耶识等八识，与第九识，后者实际是心性真如，《楞伽经》称第九心，《大乘庄严经论》称法性心（dharmatā-citta）、心真如（citta-tathatā），真谛在唯识学旧译中多称阿摩罗识（amala-vijñāna），即无垢识。①

第二，从本体观角度看，有为依唯识思想在八识中以阿赖耶识为体，由此，有为性的阿赖耶识成为了诸识乃至一切法的根本所依，而无为依唯识思想在九识中以第九心即心性真如为体，即以无为性的心性真如为一切法的根本所依。也正因为如此，二者分别可称为"有为依"性质与"无为依"性质的唯识思想。此中需要注意，作为根本所依的阿赖耶识，或者心性真如，都是在三性的意趣下建立的。阿赖耶识作为依他起性，必须与遍计所执性、圆成实性不一不异，否则就会成为一般世学、小乘所说的实体法。而心性真如作为圆成实性，必须与遍计所执性、依他起性不一不异，否则就会成为印度吠陀奥义书所说的"梵我"。

第三，从唯识观看，二者都强调一切法是有为性的心识所直接显现或变生。其中有两种立场，一种称无相唯识观，强调一切法为心识的显现，而所显现者为外境，是无体的；一种称有相唯识观，强调虽然所显现者作为外境是无体的，但能显现者作为内境是有体的，换言之，心识生时，转变而生内境，内境似外境显现，凡夫于中执为外境。有为依唯识与无为依唯识思想虽然都有无相唯识观与有相唯识观，但二者还是各有偏重。有为依唯识学以阿赖耶识为本体识，摄一切诸法种子，强调法的差别性，因此，对识的内在构成最为关注，从而有识的见分与相分（内境）等的区分，更偏重有相唯识观。无为依唯识学以心性真如为一切法的根本所依，强调一切法的平等性而不凸显一切法的差别性，因此，更注重无相唯识观。

第四，从缘起观看，二者有所不同。有为依唯识思想以阿赖耶识作为种子体，其所摄种子是一切法生起的亲因，也就是发生因，真如只是缘起的增上缘，如所缘缘等。无为依唯识思想则强调心性真如的因性。但因为因果平等原则要求亲因必须是有为性，所以在无为依唯识思想中，无为性的真如实际是根本因，所谓依因，②而亲因仍是种子。如大地与麦种之于麦苗，前者是生起麦苗所依的根本因，后者是亲因。其中，必须注意，大乘早期佛性如来藏思想没有直接谈到真如作为佛性如来藏为因的问题，是在瑜伽行派无为依唯

---

① 在有为依唯识学中，阿摩罗识/无垢识是有为性，是佛位的清净第八识。
② 真谛译《决定藏论》云："阿摩罗识亦复不为烦恼根本，但为圣道得道作根本。阿摩罗识作圣道依因，不作生因。"其中，阿摩罗识即真如。见《决定藏论》卷一心地品第一之一，《大正藏》第三十册，第1020页。

识经典如《楞伽经》、《究竟一乘宝性论》等中才明确真如作为佛性如来藏是缘起之因。

第五，从染净观看，有为依唯识学以无覆无记性（属杂染性）阿赖耶识为根本所依，意味其从凡夫的杂染心出发，趣求断染成净，而最终转换为佛的清净心，即佛位阿摩罗识，成就佛果，如同一个革命性的进化过程；无为依唯识学以胜义清净的心性真如为根本所依，意味其从生佛平等的清净性出发，通过去除此清净性在凡夫位所受的缠垢，而在佛位豁现此清净性，成就佛果，如同一个返本还原性的开显过程。

第六，从净因观看，众生的成佛之因，在有为依唯识学那里，是阿赖耶识所摄的本有无漏种子，由此称为种姓、种性，是有为性净因，而在无为依唯识学那里，是心性真如，也就是佛性、如来藏，为无为性净因。

第七，从教化观角度看，二者正相对立。有为依唯识思想注重差别性，主张五种姓的差别是决定的，由此，三乘道是决定的，所谓究竟，而一乘道只是相对于不定种姓的方便。但无为依唯识思想强调无差别性，因此，认为五种姓的差别非为决定性，而是方便说，这样，三乘也就是方便说，而一乘方为究竟。这样，在前者看来，并非一切众生都可成就佛果，而在后者看来，一切众生皆可成佛。

在无为依唯识经典中，《大乘庄严经论》在教化观上有特殊的安立。该论以心性真如为佛因，但又持五种姓决定说，因而并非一切众生都可成佛。[①] 在此意义上，它在教化观上并非是纯粹类型。实际上，《大乘庄严经论》采取的立场是一般有为依唯识学与无为依唯识学的教化观的折衷。后世中国唯识宗关于理佛性与行佛性的安立就是根据于此的，即以心性真如为理佛性，而以本有无漏种子为行佛性。

第八，从转依观看，二者的差异相当大。前者的转依体为有为性，后者的转依体为无为性。具体而言，有为依唯识思想以第八识为转依体，当阿赖耶识所摄杂染种子现行时，是杂染境界所摄，而当阿赖耶识的杂染种子被断除，转变成第八清净识，所谓阿摩罗识，唯是清净种子现行时，为清净境界所摄，即入佛位。无为依唯识思想以心性真如为转依体，当心性真如为杂染法所覆蔽，

---

① 《大乘庄严经论》卷三菩提品第十，《大正藏》第三十一册，第603—604页；卷一种性品第四，第595页。

所谓为"客尘"所染，则是凡夫位，而当去除客尘杂染，心性真如则现前，而为法身，即得转凡成圣，是为佛位。

四者，从形式特征看，有为依唯识学可称纯粹唯识学，无为依唯识学可称杂糅唯识学。这是因为，唯识学的这两种形态都是三性说与唯识观相融贯而成的，根据融贯的方式就可判断出是否纯粹。有为依唯识学在此融贯下而形成的本体观与唯识观内在一致，本体观承许以有为性的阿赖耶识作为一切法的根本所依，即本体，而唯识观也是以有为性的识为中心建立的，二者在存在性上皆是有为性，直接相一致，因此称为纯粹类型。无为依唯识学的本体观与唯识观内在并非直接相一致，其本体观承许以无为性的心性真如为一切法的根本所依，即本体，而唯识观则以有为性的识为中心安立，二者一为无为性，一为有为性，虽然非一非异，但性质毕竟不同，因此称为杂糅类型。

五者，从性质上看，这两类学说的自我判定不同，实际上也反映了二者在瑜伽行学中的相对位置。根据《解深密经》，凡承认胜义谛真如之学，是为"三时"即第三阶段的了义教，[①] 在此意义上有为依与无为依唯识思想皆为了义。但针对二者作进一步判教时，就显示出差别来，一者自判为了义教，一者自判为非了义教。

有为依唯识学自判为了义教。这有两方面的原因。第一是因为其内在的一致性。以依他起性的阿赖耶识为一切法的根本所依，可与唯识观彻底融贯，由此也就彻底贯彻了以依他起性统摄三性，乃至一切法的思想原则，从而获得了内在的一致性。第二是以依他起性为中心，获得了在存在性意义上的中道性。依他起性作为缘起性，既统摄了无体的遍计所执性，又统摄了有体的圆成实性，而成非有非无的中道性。

而无为依唯识学自判为非了义教。[②] 这也有两方面原因。第一是因为其内在的非一致性。以心性真如为一切法的根本所依，即是以圆成实性为中心，与唯识观以依他起性为中心并非内在一致。第二以心性真如为根本所依，即是以圆成实性为中心，强调胜义有，即偏重有的一面，因而修学者不善巧理解时易堕入有执，如同般若学强调空，修学者易堕入空执一样。在此意义上，无为依唯识学就是非了义性。特别是在将心性真如解释为佛性、如来藏的情况下，无为

[①] 《解深密经》卷二无自性相品第五，《大正藏》第十六册，第697页。
[②] 了义指显明、决定与无余的阐示，不需补充，否则即是不了义。如在瑜伽行学看来，其三性说是对一切法存在性的了义开显，而般若学的空说是对一切法存在性的非了义开显，还需补充说明。

依唯识学作为心性如来藏思想，显得与印度吠陀奥义书传统的"梵我论"相似，其非了义性就更为鲜明地凸显出来。正因为如此，作为无为依唯识代表经典的《楞伽经》说如来藏思想是为接引我执（指梵我执）重者入于佛教的方便。① 无为依唯识思想与"梵我论"的相似性，即所谓的"梵化"色彩，在大乘早期的佛性如来藏思想中相当明显。早期佛性如来藏思想将真如佛性、如来藏称为真我、第一我，确实易被执为梵我。无为依唯识典籍为了避免心性真如作为佛性、如来藏的梵化色彩，一方面强调真如是无我性所显的，绝非常一自在之"梵我"或者"众生我"、"法我"，如《楞伽经》说"无我如来之藏"，② 另一方面强调心性真如在缘起中虽然是根本因，即依因，但非亲因（发生因）。不过，当无为依唯识思想作为心性如来藏思想被大乘密教以及中国化佛教吸收后，强化真如的实体性，如说真如实有、本觉，以及强调真如的因义，如说真如与无明互熏，梵化色彩甚至超过大乘早期佛性如来藏思想，在性质上常常与"梵我论"几无差别。总之，按照佛教教理的意义判定，无为依唯识思想相对于有为依唯识思想，确实在了义程度上较低。

上述印度唯识学的两种形态的基本特点的差别可归为十二个方面，如下表所示：

	印度有为依唯识思想	印度无为依唯识思想/心性如来藏思想
1. 所宗主要经典	《解深密经》、《阿毗达磨大乘经》、《瑜伽师地论》、《摄大乘论》、《唯识三十颂》等	《楞伽经》、《密严经》、《大乘庄严经论》、《辨中边论》、《辨法法性论》等
2. 前行之学说	小乘部派佛教说一切有部、经量部等的心识、种子等学说	大乘早期佛性如来藏思想，包括大乘早期心性本净、涅槃思想、一乘思想、佛性思想与如来藏思想
3. 心识说	八识说，即眼识、耳识、鼻识、舌识、身识、意识、末那识、阿赖耶识	九识说，即眼识、耳识、鼻识、舌识、身识、意识、末那识、阿赖耶识、第九心。第九心即是心性真如，又称法性心

---

① 《楞伽阿跋多罗宝经》卷二一切佛语心品之二，《大正藏》第十六册，第489页。

② 同上。

续表

		印度有为依唯识思想	印度无为依唯识思想/心性如来藏思想
4.	本体说	有为性的阿赖耶识（第八识）为一切法的根本所依，即有为依。此阿赖耶识作为依他起性，是与遍计所执性、圆成实性不一不异的，否则即成一般世学、小乘所说的实体法	无为性的心性真如（第九心）为一切法的根本所依，即无为依。此心性真如作为圆成实性，是与遍计所执性、依他起性不一不异的，否则即成印度吠陀奥义书传统所说的"梵我"
5.	唯识观	有相唯识观与无相唯识观皆可，但更偏重有相唯识观	有相唯识观与无相唯识观皆可，但更偏重无相唯识观
6.	缘起观	强调种子的直接因/亲因/发生因意义，但真如仅为增上缘，比如所缘缘等	强调真如作为因的意义，实际是以真如为缘起的根本因，即依因，但非直接因/亲因/发生因，直接因仍是有为法
7.	佛因观	阿赖耶识所摄本有无漏种子作为种姓，而为佛因，属有为佛因	心性真如为自性清净心、佛性与如来藏，而为佛因，属无为佛因
8.	教化观	五种姓为决定；三乘究竟、一乘方便；并非一切众生皆可成佛	五种姓非为决定，是方便；三乘方便、一乘究竟；一切众生都可成佛
9.	转依观	以阿赖耶识为转依体，断尽杂染种子而显清净第八识阿摩罗识，即入佛位	以心性真如（佛性、如来藏）为转依体，断除杂染缠缚（即离垢）而显真如之体，即为法身，入佛位
10.	意趣性	据杂染立说，谈从凡位杂染到圣位清净的转换	据清净立说，谈从凡位清净到圣位清净的转换
11.	形式特征	纯粹唯识思想形态。因为其本体承许与唯识观是内在直接一致的	杂糅唯识思想形态。因为其本体承许与唯识观内在并非直接相一致
12.	自判教	强调依他起性，更契中道，而为了义之说	强调胜义有，偏重有的一面，似有梵化色彩，而为非了义的方便说

第三节　唯识学二分在佛教意识形态上的
　　　　关系：疏离与紧张

　　印度唯识学在中期的展开中，无为依唯识思想被边缘化，而被逐渐清理，有为依唯识思想成为唯识学的正统形态，其代表就是陈那与十大论师的唯识学。十大论师即亲胜、火辨、德慧、净月、难陀、安慧、护法、胜友、最胜子、智月。这十大论师都持有为依唯识思想的立场，但在唯识观上大有区别，形成了无相唯识观与有相唯识观，其代表人物分别是安慧与护法。[①] 陈那与十大论师的唯识学是有为依唯识思想在印度发展的纯粹形态，并有严整的系统化，类似"经院化"的产物。其中最为突出的特色就是唯凸显阿赖耶识作为一切法根本所依的意趣，而将真如的角色限定为了诸法缘起的增上缘，以及圣法生起的所缘缘，或者说在智慧上的迷悟依，极力消除将真如解释为一切法根本所依的无为依唯识意趣。简言之，在印度唯识学史的中后期，唯识学的开展，是一个唯识学的自我纯洁化过程，而唯凸显有为依唯识形态，以其为唯识学的标准与正统形态。在此过程中，虽然无为依唯识学的主要经典《楞伽经》、《密严经》等的一些内容如唯识观还在为有为依唯识著述所引用，但它们事实上更主要是作为佛性如来藏经典流布。

　　唯识学传到中国后，这两支的命运发生了逆转，无为依唯识思想与有为依唯识思想走向了不同的归宿。中国本土传统文化思想的哲理倾向并非是唯心的，因此最初唯识学在中国的传播甚至遭到过抵制。典型的如真谛译传唯识典籍时，曾感到阻力很大，传播不易，试图离开中国。如《续高僧传》云：

　　　　真谛虽传经论，道缺情离，本意不申，更观机壤，遂欲泛舶往楞伽修国。……时宗恺诸僧，欲延还建业，会杨辇硕望，恐夺时荣，乃奏曰："岭表所译众部，多明无尘唯识，言乖治术，有蔽国风，不隶诸华，可流荒服。"帝然之。[②]

[①]　现代学者多有根据署名安慧的梵文《唯识三十颂释》，判定奘传唯识系统将安慧归为无相唯识派有误。但玄奘留学印度十余年，而且离安慧的时代很近，因此其结论更为可信。

[②]　《续高僧传》卷一，《大正藏》第五十一册，第430页。

当时南朝士大夫对"无尘（境）唯识"观的态度实际表明了唯识学在中国的传播要受中国本土文化思想选择。这直接决定了有为依唯识思想这种纯粹唯识形态在中国的命运，令有为依唯识思想水土不服，始终处于客位，而被边缘化，不过对无为依唯识思想却有不同。具体而言，这种态度只是延缓了中国佛教界对无为依唯识思想的接受，并没有真正排斥它。因为无为依唯识学在本体观上实际是与中国本土思想相似的。本土思想中的形而上学本体观的代表是道家的"无名，天地之始"的"无名之有"思想，即以"无名"为万物的最终本体，而无为依唯识思想的无为依性质的本体观是离言、离分别的胜义真如，二者明显有相似性，更被中国学人视为相通，或者说一致。结果，无为依唯识思想融入了中国文化。中国文化对唯识学两支的选择，也导致这两支思想的追随者间的佛教意识形态对峙。

　　唯识思想在中国的译传，可以分为两个阶段，即玄奘译传之前的旧译阶段与玄奘的新译阶段。这两个阶段正好分别以译传无为依唯识思想与有为依唯识思想为主。

　　从中国对大乘佛教思想的整体译传看，5—6世纪间，在般若思想的译传后，主要是佛教无为依思想的译传。其中无为依思想的一些主要经典在中国得到了译传，如大乘早期佛性如来藏思想的《大般涅槃经》、《如来藏经》、《大法鼓经》、《无上依经》、《不增不减经》等，与无为依唯识经典《楞伽经》、《宝性论》等，再加上真谛对有为依唯识典籍的无为依化的改译与诠释，形成了无为依思想或者说佛性如来藏思想的传播高潮。由于其与中国本土思想在本体观上的相似性，在中国大为流行，出现了传习的不同学派，如涅槃师、地论师与摄论师，由他们的传习与消化，引发了新形态思想的创生，即《大乘起信论》、《楞严经》等。不论《大乘起信论》是否与真谛直接关联，但其思想确实属于真谛倡导的无为依唯识思想性质。从其具体形态看，生灭门所摄形态是地地道道的纯粹印度无为依唯识思想，也就是心性如来藏思想，而真如门所摄形态以及二门所归的"一心"形态则是中国化圆教、顿教的思想基础。

　　此中特别要注意真谛对唯识经典的改译。唯识旧译中最有代表性的是真谛的翻译，其特点是改译、节译、编译较多，当然也有错译。真谛的改译多属于有意误读，通常将有为依唯识性质的论典改为无为依唯识性质，即将印度唯识学解释为无为依唯识类型，也就是心性如来藏思想类型。其基本的做法是增加第九识心性真如，多称阿摩罗识。如《决定藏论》是有为依唯识典籍《瑜伽师地论》其中一分的翻译，在第八识外引入了第九识真如体性的阿摩罗识；《转识论》是有为依唯识典籍《唯识三十颂》释论的翻译，也在八识外引入实为真如的阿摩罗识，并以其为诸心识根本的所依，以及众生佛转依的最终所依体；而《摄大乘论释》本为有为依唯识典籍，但在真谛的译文中将本来属杂染性的阿梨耶识（阿赖耶识），释译为"解"性阿梨耶识，①即将其释为无为性与有为性的和合，即染净的和合；②等等。这些都是将原本纯粹的有为依唯识论典改造为了无为依唯识论典，在思想性质上造成了转变，而使其"无为依化"了。真谛这样处理，可能一方面是本于其宗见立场，另一方面是受当时的佛教思想氛围的影响，因为在那个时期，相继译出了一批大乘早期佛性如来藏与无为依唯识经典，随着传习的开展，出现了涅槃师、地论师。在这样的背景下，真谛的"无为依化"的改译就可以理解了。后来，新译唯识/奘传唯识学人指责真谛等的旧译错谬，如言真谛"莫闲奥理，义多缺谬，不悟声明，词甚繁鄙，非只一条，难具陈述"。③他们的指责实际在很大程度上针对的是改译。但他们没有意识到，或者有意忽略，真谛的改译就文本而言可以说是有误，但就思想而言仍是在唯识学范畴内。

玄奘翻译时更明确依于其宗见的选择。他最初发心取经，是出于对旧译的大乘早期佛性如来藏与无为依唯识典籍中的思想不满，到印度后又成为了有为依唯识大师、护法弟子戒贤的关门弟子，所以在回国后的翻译中有意不翻译他认为不了义的无为依性质的经典即早期大乘的佛性如来藏经典以及无为依唯识学的经典，并不出人意料，虽然这些无为依唯识经典如《楞伽经》、《密严经》（《厚严经》）、《大乘庄严经论》、《辨法法性论》、《究竟一乘宝性论》、《佛性论》等重要经典，对全面反映唯识面貌、准确把握唯识思想必不可少。玄奘的唯识宗见对其翻译的选择的决定性影响，还可从其种姓观看出。新译唯识坚持弘传五种姓决定说，及其相应的三乘究竟、一乘方便之说，不同意无为依思想类型普遍持有的五种姓非决定说及其相应的三乘方便、一乘究竟之说。在印度求学时，玄奘对此曾有所顾虑，但为他的师傅戒贤所呵斥。

在笔者看来，玄奘与真谛的弘传方式都遮蔽了印度唯识思想的全貌，是对

---

① 《摄大乘论释》释依止胜相中众名品第一之一，《大正藏》第三十一册，第156页。
② 《大乘起信论》中的阿梨耶识就是生灭（染）与不生灭（净）的和合。
③ 窥基：《唯识二十论述记》卷上，《大正藏》第四十三册，第978页。

各自立场的一次佛教意识形态的强化与纯化，客观上造成了唯识学派内部的佛教意识形态紧张。事实上新译学人对旧译的批评，并没有止于翻译本位上，表达出对旧译典籍的思想的不满。旧译唯识主要作为无为依唯识思想与新译唯识作为有为依唯识思想，在性质上迥异，这才是新译唯识宗人对旧译几乎全盘拒斥的最根本原因。

在旧译唯识与中国文化环境逐渐融合的情况下，多少让人惊讶的是，新译唯识即奘传唯识，作为唯识新学，成为了中国唯识宗的宗学，即中国唯识学的正统，代表唯识学，而随顺旧译唯识的唯识旧学，在唯识学范畴内被边缘化，而遭排斥。但这并不妨碍旧译唯识在中国佛教中发挥越来越大的作用。从中国化佛教的成长史看，随顺旧译的地论师说与摄论师说，作为无为依唯识思想性质，孕育了中国化佛教的基本要素，孵生出《大乘起信论》，从而通过对本觉说、真如缘起思想以及一心二门的思维模式的重新诠释，在般若中观思想的补充下，奠定了中国化佛教宗派天台宗、华严宗、禅宗等的思想基础。因此真谛等的唯识旧学，通过《大乘起信论》的整合表达而中国化，从而在中国化佛教的判教中，成为了中国化佛教的一部分，即中国化佛教的三教圆教、顿教与终教中的终教，获得了比判为相始教的奘传唯识新学更高的位置。这是比较吊诡的。因为在印度唯识学的自我判教中，无为依唯识思想要比有为依唯识思想在意义上要低，在中国唯识宗学中也是如此。但在中国化佛教中，这两种唯识学的地位完全被颠倒过来。

随顺新译唯识的中国唯识宗学与融入了中国化佛教版图的旧译唯识学之间的佛教意识形态疏离与对立，自觉不自觉地体现了在中国文化背景中唯识印度化与唯识中国化之间的文化选择的紧张，在后来逐渐转化为中国唯识宗学与中国化佛教间的紧张与对立，到现代更被放大为支那内学院与中国传统佛教界之间的对立与相互批判。

但不得不说，从佛教自身的真理观看，新译唯识更为纯粹。相较而言，虽然旧译唯识还可以非了义性质纳入佛教唯识学范畴，但与其关系紧密的中国化佛教则应该受到审慎反思，因为可以毫不夸张地说，后者在相当程度上属于过度诠释与超界发展，融入了不少非佛教思想因素。

第 二 章

法相分学与唯识分学

第一节 法相分学与唯识分学
——从汉译《集论》与《摄论》之"识"谈起

一 法相与唯识之区分

在印度瑜伽行派经论中，其理境的展开方式，大致可归为两类：一者是唯识方式，可称唯识门；二者是法相方式，也就是阿毗达磨方式，可称法相门。前者类似一种本体论立场，将一切存在显示为唯识性。后者类似一种差别论立场，显示一切诸法的自性差别、有无、染净、因果等。在此意义上，从理境角度将唯识学判为法相与唯识二分，即法相分学与唯识分学，是理所当然的。

法相分学与唯识分学二者在不同的著述中以不同的意趣展开，都有不同的具体展开方式。比如，唯识分学在《辨中边论》中围绕识（梵文 vijñāna，藏文 rnam par shes pa）立说，主张外境作为能取、所取二取，是错乱之识即虚妄分别的显现，由此成立唯识性；而在《辨法法性论》中围绕了别（梵文 vijñapti，藏文 rnam par rig pa）立说，主张外境作为二取，是错乱之了别即虚妄分别的显现，由此成立唯识性（唯了别性）；等等。又如，法相分学在《大乘阿毗达磨集论》中以三科即蕴、处、界立说，主要以能缘所缘门统摄一切法相；而在《大乘百法明门论》中以五位法即心、心所、色、心不相应行、无为法立说，以有为无为门统摄一切法相；等等。

但无论如何，唯识分学与法相分学作为唯识学的统一体的二分，是相互含摄与融贯的，统一在唯识观上。唯识分学是对唯识观的直接说明，即直指唯识性本身，将一切归摄为唯识性；法相分学是对唯识观的间接说明，在唯识性基础上展开种种法相。二者的不同意趣决定二者对"唯识性"中所"唯"之"识"诠释不同，而这种诠释的差别反过来又成为了在内在机理上区分法相与唯识分学的基本出发点。这在无著的法相著作《大乘阿毗达磨集论》（简称《集论》）与唯识著作《摄大乘论》（简称《摄论》）中体现得最为清楚。

《集论》与《摄论》分别是无著的法相与唯识方面的代表著作。《集论》主要以认知论角度论说，围绕能缘与所缘即识及其所缘境展开内容。《摄论》则以本体论贯穿全篇，围绕识及其显现展开内容。二论对识的含义的不同诠释，直接显示了二者的基本差别。下面作具体分析。

二　法相分学：识作为了别/识别

前文已述，《集论》作为法相学著作，主要从认知论角度统摄诸法，即将一切法归摄为能缘与所缘，即识与识所缘之境。具体而言，该论以三科组织诸法。三科中蕴者，即五蕴，所谓色、受、想、行、识蕴。其中，色作为境是所缘，受、想、行分别是受心所、想心所、思心所摄者，与识所摄诸识，皆为能缘。这样，五蕴最终落实在能缘、所缘，即识及其所缘境两方面。处者，谓十二处，即色等外六处，与眼等内六处。其中，外六处色、声、香、味、触（所触）、法处，即六识的所缘境；内六处眼、耳、鼻、舌、身处，即五根，是清净色，意处即诸识，诸根与诸识都可归为能缘。当然也可将诸根摄在所缘中，而唯以诸识为能缘。故十二处也可归为识及其所缘境。界者，谓十八界，即色等六界，眼等六界，眼识等六界。其中，色界、声界、香界、味界、触（所触）界与法界，为六识的所缘境；眼界、耳界、鼻界、舌界、身界与意界，即六根，可摄入能缘，也可摄为所缘境；眼识界、耳识界、鼻识界、舌识界、身识界与意识界，即是诸识，为能缘。这样，十八界也可归为识及其所缘境。此中，识对应梵文 vijñāna，藏文 rnam par shes pa。

综上所述，三科皆可概括为识及其所缘境之能所关系。识与境相对，作为能、所不可分离，互相依待，地位相当，具有相同的实在性，皆是阿赖耶识所摄种子作为亲因而生起之法，所谓依他起性。境是所缘，作为助缘能引生识，而识作为能缘，能了别境。此中，作为能缘之识（vijñāna），其相是了别（梵文 vijñapti，藏文 rnam par rig pa）。识就其本来意义而言，是识别（梵文 vi-jñā, vi-jñāna，藏文 rnam par shes pa, rnam par shes par byed pa），即对境的认知作用，这是《集论》中识作为认知作用的基本含义。由此，作为识相之了别，在法相学中实际是识别义。识对境之了别，也就是识对境之识别。而此了别/识别，皆是对境之认知作用，有所对之境。

识相作为识别之了别，在部派佛教思想中，就有明确说明。但一般部派如说一切有部的识与境，皆有常一自在的自性，是能取、所取，所谓遍计所执性。而在《集论》中识与境皆由阿赖耶识所摄种子所生，是依他起性法，不再是具有常一自在自性之法，但二者仍是平等之有体法，具有能所之形式。而识与境之能所二元形式，说明识的生起需境之缘助作用，即根、境相对，境作为所缘缘，而助识之生起。此乃属于受用缘起之义。

以阿赖耶识所摄种子所生、具有能所形式的能缘识与所缘境统摄依他起性的一切法，是唯识学法相方面的著述组织学说的基本方法之一，在《解深密经》、《瑜伽师地论》、《大乘阿毗达磨集论》这类具有鲜明法相色彩的经论中有明确的显示。

三　唯识分学：识作为了别/显现

《摄大乘论》以十相殊胜语为纲，而纲中之纲即为"唯识性"，梵文 vijñapti-mātratā，藏文 rnam par rig pa tsam nyid，直译为"唯了别性"。此中"识"者，梵文 vijñapti，藏文 rnam par rig pa，实即了别，与《集论》的识、境能所关系中之识（rnam par shes pa）不同。在《摄论》中，无外境，唯有"了别（rnam par rig pa）"。此"了别"之义即"显现"，藏文本为 snang ba，非是《集论》中的"识别"义。由于识以了别为相，因此《摄论》中的识义为了别/显现。

此中的"唯了别"义，乃瑜伽行派"唯识"之根本义，成为了后来一切唯识思想的主要表述形态。"唯了别"观，即"唯了别（rnam par rig pa），无义（don，即外境）"。即没有凡夫所执的独立于识之外境（义），只有由阿赖耶识所摄种子所生起之识，而此识，作为了别，作为如幻的缘起法，无外境但显现为外境（义）（藏文 don tu snang ba）。换言之，该论认为，一切唯是识（即了别）之显现（snang ba），所显现之境属于遍计所执性，完全无体。由此可知，此中作为识之了别，是无对境的，在生起时自显现为外境，或者说似外境显现，但外境实无，唯有了别。

在《集论》的汉文译本里的能所关系中的"识"，梵文为 vijñāna，藏文为 rnam par shes pa，直译是识；在《摄论》汉译本里的"唯识"的"识"，梵文为 vijñapti，藏文为 rnam par rig pa，直译是了别。对识与了别二者，在汉文译本中没有区别，皆译为识。① 原因在于，前者的识 rnam par shes pa，其相为了别（rnam par rig pa）；后者的识 rnam par rig pa，直译即为了别；汉文译本由此而不加区分。而且在瑜伽行派著述的汉译文本中，一般都没有区分，皆译为识。但无著的"唯识"的"识"（rnam par rig pa）虽直译为"了别"，但实际上是"显现"义，与《集论》中的能所关系中的"识"（rnam par shes pa）的"识别"义完全不同。或者说，在《集论》中，了别是有对境的，境与能了别境之识皆是阿赖耶识所摄种子所生；而在《摄论》中，了别是无对境的，境作为了别之所显现，根本不存在，不同于能显现之了别，后者虽然如幻，但为阿赖耶识种子所生，还是有体的。简言之，在此二论中，可认为了别与识等同使用，但在两种文本中含义大异。在《集论》中，识，或者了别，是从能所对待之认知论角度阐释的，强调识（了别）对境的能动的认知作用，而在《摄论》中，识（了别）是从本体论角度而言的，强调识（了别）的显现作用，是所显现外境假相后面的所依之体，即能显现。

吕澂看到了藏文中对"识"在这两种情况下的区分，但认为二者在意思上一致而没有重视；韩镜清亦看到了二者的不同，而且予以特别的重视。他将处于能、所关系中的"识"（rnam par shes pa）译为"辨别识"，将"唯识"的"识"即了别（rnam par rig pa）译为"了别识"。② 但这样处理也存在问题，因为所谓"辨别识"的"识"（rnam par shes pa）实即"了别"义，故还是没有将二者分开。笔者给出一个翻译：《集论》中能所关系中的"识"（rnam par shes pa）仍可直译为"识"，义译为"识别"；《摄论》中唯识的"识"（rnam par rig pa）可直译为"了别"，意译为"显现"。

---

① 《摄论》的梵本已不存在，不便比较。而在一般的梵本之藏译中，是把 vijñāna 翻译为 rnam par shes pa，把 vijñapti 翻译为 rnam par rig pa。这种对应关系被认为在《集论》、《摄论》的翻译中也是保持的。

② 黄心川主编：《玄奘研究》，陕西师范大学出版社1999年版，第204页。

《摄论》以"唯了别性（rnam par rig pa tsam nyid）"组织学说，八识之识（rnam par shes pa）被直接释为了了别（rnam par rig pa）。这样，一切唯识（rnam par shes pa tsam）即成为一切唯了别（rnam par rig pa tsam）。在此意义上，《摄论》把一切分为身身者受者识、彼所受识、彼能受识、世识、数识、处识、言说识、自他差别识、善趣恶趣死生识九识。① 此中"识"者藏文为 rnam par rig pa，即了别。此九"识"即九了别。前三"识"（rnam par rig pa，了别）身身者受者识、彼所受识、彼能受识属眼等六内界、色等六外界，及眼识（rnam par shes pa）等六识（rnam par shes pa）界；其余世识等六种"识"（rnam par rig pa，了别）为前三"识"（了别）上的进一步安立。而此中了别是显现之义，即能显现。这样，此九"识"（了别），实是九种显现，或者说九种能显现。如"身身者受者识（rnam par rig pa）"即是"身身者受者之显现/能显现"，具体而言，是"显现为身身者受者的能显现"，"彼所受识"等余八种了别则是"显现为彼所受的能显现"等八种能显现。在真谛所译的《显识论》中称前九种"识"为显识，所谓"显识者有九种，一身识，二尘识，三用识，四世识，五器识，六数识，七四种言说识，八自他异识，九善恶生死识"，明确说明了此中的"识"（了别）是显现之义。②

《摄论》云，依他起相是阿赖耶识（rnam par shes pa）为种子、虚妄分别（ma yin pa'i kun tu rtog pa）所摄诸"识"（rnam par rig pa，了别）。③ 从中可以看出，虚妄分别与"识"（rnam par rig pa，了别）同义，因此亦即"能显现"义。换言之，虚妄分别于"无义（don，外境）"分别执著为"义（外境）"，被解释为"无义（外境）显现为义（外境）"。如论中遍计所执性解云，"于无义唯有'识'（rnam par rig pa，了别）中，显现为义（don）"，④ 更明确地说明了"分别执著"即是"显现"。故有结论，"识"（rnam par rig pa，了别）的分别即是无对境的显现，这不同于《集论》中以了别为性的识（rnam par shes pa）的分别是有对境的识别。

从上述分析可知，在《摄论》里，能所关系中的识（rnam par shes pa）与了别（rnam par rig pa）同义，皆是"显现"义，即将《集论》中的能、所关系

---

① 见《摄大乘论本》卷中所知相分第三，《大正藏》第三十一册，第138页。
② 见《显识论》，《大正藏》第三十一册，第878—879页。
③ 见《摄大乘论本》卷中所知相分第三，《大正藏》第三十一册，第137—138页。
④ 同上书，第138页。

之识（rnam par shes pa）由"识别"转释为"显现"义。此"显现"之"识"（了别）由阿赖耶识中的种子生起，是依他起性（"他"即阿赖耶识的种子），不得自在，生已不能停留，刹那即灭，被譬喻为幻梦。此"识"（了别）之"显现"义，揭示了诸法的假相本质。总之，《摄论》中之"识"（了别），从"有"的方面说，为"虽非实有而如是显现"，从"无"的角度说，为"虽如是显现而非实有"，是一种幻性存在。此显现义，是唯识学的唯识观特阐之深义。

四　有相唯识与无相唯识之别：识别与显现

前述关于识的含义的讨论，不仅可以用于观察法相分学与唯识分学之别，而且还可以用于观察唯识分学自身，比如对唯识分学类型的区分。[①] 在奘传唯识中，区分了无相与有相唯识。[②] 前者指难陀、安慧系唯识学，即"有见分而无相分"或"既无见分亦无相分，只有识体"的唯识；后者指陈那、护法系唯识学，即"相、见分皆有"的唯识，尤以护法的"四分说"为代表。而近世之吕澂区分出古唯识与今唯识。前者称是无著、世亲及忠实于他们的学说的传承，后者则是变异性发展。如说："实则无著世亲唯识之学先后一贯，后人有祖述二家学说而推阐之者，是为古学；有演变二家学说而推阐之者，是为今学。古谓顺从旧说，今谓推衍新说，此其大校也。"[③] 他将难陀归为古学，而将护法归为今学，但认为安慧折衷于二者。必须注意，古学与今学并非分别相当于无相与有相唯识。而且释印顺指出，今学接续的是弥勒之《瑜伽师地论》，更应是古学，[④] 笔者同意此说，《解深密经》、《瑜伽师地论》出现最早，今学甚至比古学更早。因此，古学与今学之划分不成立，但将唯识学从唯识观角度划分为无相与有相唯识是恰当的。

[①] 笔者认为，此中的区分是在识境论意义上的，并非对唯识学整体而言。见周贵华《唯心与了别——根本唯识思想研究》，第20—21页。

[②] 见窥基《成唯识论述记》卷一（本），《大正藏》第四十三册，第237页。印度晚期唯识中在术语上明确了此二分，即sākāra（有相）与nir-ākāra（无相）。见高崎直道等《唯识思想》，李世杰译，华宇出版社1985年版，第251—294页。

[③] 见《吕澂佛学论著选集》第一卷，齐鲁书社1996年版，第73页。

[④] 释印顺说："玄奘所传的《成唯识论》，是综集当时中印度东部——那烂陀大成的唯识学。当然是经过近二百年的发展，可说是后起的，但从瑜伽唯识的发展来说，正是复归于《瑜伽》的古义。"见释印顺《印度佛教思想史》，印顺文教基金会网络版，第350页。

前面所举的《摄论》显然属于无相唯识。在该论中，无著的"唯识"的含义为"唯显现"。在此"显现"中，"能显现"的识体有，但"所显现"的"义（外境）"非有。而且唯识的"识"（rnam par rig pa，了别）、能所关系中的"识"（即八识的识，rnam par shes pa）义同，皆是"显现"含义，而识（rnam par shes pa）/了别（rnam par rig pa）之对境即"所显现"之"义（外境）"，非有，是遍计所执性。所以，识/了别实际是无对境的。但二者本身是缘起之依他起性有体法。把缘起与显现统一陈述，则有：阿赖耶识种子生起识/了别，识/了别显现为义（外境）。可图示如下：

$$\text{阿赖耶识种子} \xrightarrow{\text{生起}} \text{识（了别/能显现）} \xrightarrow{\text{显现}} \text{义（外境）}$$

即识/了别由种子生起而言，是缘起性；就能显现而言，是显现性。故识可由"缘起"与"显现"二门解说。在此逻辑结构中，能显现之识是有（依他起性），而所显现之外境为无（遍计所执性），因此，是典型的无相唯识思想。这种义趣在后世被难陀、安慧等继承与发挥。此"唯识"一般被称为"唯有识"的"唯识"。

《集论》以识（rnam par shes pa）与境的能所二元形式统摄诸法，属于有相唯识。这是源于《解深密经》、《瑜伽师地论》等的思想，以阿赖耶识之种子为因，生起相对待之识与境，依此安立种种法之差别。在这种识境相待的关系中，境是引生识之所缘缘，识是对境之了别（识别）。因此，不仅识是因缘所生之有体法，境也是如此。二者在皆为阿赖耶识种子所生而不是阿赖耶识之外独立存在之意义上，说为唯识。自然，这样成立的唯识，是有相唯识。如图示：

$$\text{阿赖耶识种子} \xrightarrow{\text{生起}} \text{境（所缘缘）、识（了别/识别）}$$

这种以识为了别（识别）的法相学传统，[①] 构成了有相唯识对识的解释的基础。在有相唯识的发展中，皆明确此义。即能所关系中的识（梵文 vijñāna，藏文 rnam par shes pa，共八识）与唯识的识皆为了别/识别义。即唯识所"唯"之"识"是识/了别/识别，而非无相唯识中之识/了别/显现。结果，考虑统摄一切

---

① 更远在部派佛教阿毗达磨（对法）中就如此安立。

法之五位法，识外之四法色为识（rnam par shes pa）之所缘、心所法为识之助伴、心不相应行法为识及色之差别、无为法为识之实性，皆被识所摄，而成"唯识"（梵文 vijñāna-mātra，藏文 rnam par shes pa tsam）。在此唯识之诠释语境中，虽然离识（梵文 vijñāna，藏文 rnam par shes pa）之外境没有，但似外境之内境存在，并与识构成能所式结构，被称为见分与相分。此"唯识"一般被称为"不离识"的"唯识"。

若从缘起角度看，当识体从阿赖耶识种子生起时，转变为见分与似义（似外境）之相分（内境）；① 此中见分、相分皆是依他起性，非遍计所执，而成能缘与所缘。见分于相分上的颠倒分别，执著相分为外境，换言之，将似义（似外境，相分）颠倒执著为义（外境）。由此，此缘起论与认知论过程可以简述为：阿赖耶识种子生起识体，识体转变为见分、相分，见分又于相分上执著为义（外境）。即如图示：

```
阿赖耶识种子 ──→ 识体 ──→ 见分、相分 ──→ 义（外境）
    生起        转变        执著
```

故此"唯识"可用"缘起"、"转变"、"执著"三门解说。

由上可知，在无著的著述中其法相著作可归"有相唯识"义，而唯识著作可归"无相唯识"义，实际上瑜伽行派的另两位开山大师弥勒、世亲的著述亦兼有这两种义趣。② 因此，无相义与有相义绝不能用于指称对唯识学发展阶段的区分。③ 二义的不同在早期瑜伽行派（弥勒与无著）的著述中凸显出法相学与唯识学之区别，而且也表征出唯识观之两种类型。世亲通过引入识的转变概念，而将识的了别/显现义用法相学对识的解释即了别/识别义取代，将唯识学与法相学统一为有相意趣，这在后世被陈那、护法等进一步发展，成为印度瑜伽行派唯识观之主流。

---

① 转变（pariṇāma）概念为世亲引入。
② 弥勒的《瑜伽师地论》属有相义，而《辨中边论颂》、《辨法法性论颂》、《大乘庄严经论颂》属无相义。世亲的《唯识三十颂》、《大乘百法明门论》等属有相义，而《唯识二十论》、《三自性论》等属无相义。
③ 吕澂按有相与无相意趣将唯识学区分为今学、古学甚为不当。

第二节　关于法相与唯识的"分合之辩"

法相与唯识的区分，在古印度的"五科佛学"中就已经有明确显示，但在以后的佛教义学演变中逐渐湮没无闻。直到 20 世纪上半叶，欧阳竟无先生与太虚法师对法相与唯识的"分合之辩"，才重新激活了这个问题。

一　欧阳竟无：法相与唯识"二事也"

在 20 年代，支那内学院欧阳竟无先生在一些著述中，将瑜伽行派学说区分为法相与唯识两部分。他在《辨法相唯识》中说：

> 盖弥勒学者，发挥法相与唯识二事也。初但法相，后创唯识。……是法平等曰法相，万法统一曰唯识。二事可相摄而不可相淆，亦复不可相乱，此弥勒学也。[1]

此中，他将瑜伽行派学说统摄为弥勒学，并区分为法相学与唯识学二分。接着，欧阳先生对瑜伽行派学说从别、总角度予以界定，认为诠一切法别别而平等，是法相学；诠一切法统归于唯识，是唯识学。换言之，前者从种种法之本位出发，抉择诸法之性相等，后者从诸法之归趣而言，阐明一切法唯识。

可以看出，在欧阳先生的叙述中，法相学与唯识学二者虽然别门而立，但实际是相互关联的。因为在他看来，瑜伽行派学说是一个内在一致的整体，法相学与唯识学是其组成部分。正是在此意义上，欧阳先生说，法相与唯识"二事可相摄而不可相淆，亦复不可相乱"。而且这种相对独立性由于二者出现的先后阶段性得到加强。先有法相，后有唯识，一方面表明法相学是独立于唯识学建立的，而且表明唯识是在繁广的法相基础上向精深统一的方向发展。这种意趣欧阳先生在《唯识抉择谈》中有说明：

---

[1]　黄夏年编：《欧阳竟无集》，中国社会科学出版社 1995 年版，第 130 页。

> 法相赅广，五姓齐被；唯识精玄，唯被后二。①

这是他对二者基本特点的归纳。即法相摄广泛义，唯识究精玄义。"赅广"则普摄一切道之学，如来、独觉、声闻、不定、一阐提种姓皆可依法相学之抉择而各得所宗。"精玄"则唯为如来、不定种姓阐大乘了义甚深之教。

欧阳先生从教与理两方面对法相与唯识二相进行了深入的分析、比较。在佛陀之教方面，他举《楞伽经》、《密严经》为证。他说：

> 所以唯识法相必分为二者，世尊义如是也。世尊于《楞伽》、《密严》，既立五法、三自性之法相矣，而又立八识、二无我之唯识。②

即是说，在这两部经中，释迦牟尼佛一方面以五类法摄一切法，又以三自性（遍计所执性、依他起性、圆成实性）诠五类法所摄一切法的性（体）相，这就是法相学的基本内容；另一方面，又立八识作为一切法之体，以二无我明无外境（无能所二取），由此摄一切法归于唯识，这是唯识学的基本思想。通过这样的解读，欧阳先生在经中找到了立论的根据（圣教量）。他又引无著的《摄大乘论》中的一段话作为菩萨之教：

> 无著《摄大乘》之言曰：若有欲造大乘法释，略由三相应造其释：一者由说缘起，二者由说从缘所生法相，……缘起者，本转种子之唯识也；法相者，三性之一切法也。③

此中，前者在《摄大乘论》中指依"所知依"阿赖耶识立说，以阿赖耶识为一切法之根本所依、种子，说明一切法的缘起，即以阿赖耶识的种子缘起统一切法；后者依"所知相"三自性立说，以三自性诠一切法的性相、有无、染净等。欧阳先生认为，无著所说的这两分，相当于佛教中常说的"缘起"与"缘生"两方面。他在《百法五蕴序》中也说：

---

① 黄夏年编：《欧阳竟无集》，中国社会科学出版社 1995 年版，第 120 页。
② 同上书，第 130 页。
③ 同上。

约缘起理，建立唯识宗；……约缘生理，建立法相宗。①

即在欧阳先生看来，缘起与缘生相应于因（种子）与果（万法）两方面，条然区别出诠阿赖耶识种子缘起的唯识学与诠种子所生一切法相的法相学。

在佛、菩萨的教示的前提保证下，欧阳先生又从理的角度进行了比较、抉择，如在《瑜伽师地论序》中归纳十义等，以比较法相学与唯识学的差异。简而言之，他主要从五方面作了比较论说。

一者，从意趣看。唯识是为对治外道、小乘之心外有境而立，而法相是为对治初期大乘末流之恶趣空而立。②

二者，从理上看。唯识谈依心种子缘起，就因、就体立说；而法相谈缘起所生之法，就果、就用立说。换言之，当从以因、体成果、相（用）之门观察一切，就成立种种差别法相，而有法相学；当从摄相（用）、果归体、因之门观察时，万法就摄归心识，而成唯识学。

三者，从法的角度看。法相者，辨诸法性相、有无、染净等，于三乘所说平等处理，例如谈《辨中边论》有说：

《辨中边论》，是法相边论，三乘莫不皆法，故适用平等义也。一切法者，赅染与净，净法是有，染法亦应是有。若染不立有，则何所灭而何所存耶？③

而唯识者，独尊大乘不共之一分，如说：

如《摄大乘论》，是唯识边论，大乘对小乘，故适用尊胜也。④

所以，他说："法相摄十二部经全部，唯识摄方广一部。"⑤

四者，从有情的角度看。分为三：第一，针对不同种姓的所化有情。如前文所引，"法相赅广，五姓齐被；唯识精玄，唯被后二"。即法相学所化机范围

---

① 见黄夏年编《太虚集》，中国社会科学出版社1995年版，第141页。
② 见王雷泉编《欧阳渐文选》，上海远东出版社1996年版，第194页。
③ 黄夏年编：《欧阳竟无集》，中国社会科学出版社1995年版，第131页。
④ 同上书，第130—131页。
⑤ 同上书，第120页。

是包括大小乘种姓、无种姓的一切众生,而唯识学专化不定种姓与如来种姓。后者是根据《摄大乘论》等的意趣而言的。① 第二,根据众生听法乐略、乐广之不同。广者即为法相,略者只谈尊胜唯识以一统诸法。② 第三,就菩萨行者的菩萨乘体相对于余乘体的殊胜与平等两方面看。欧阳先生的《集论序》说,"菩萨乘体亦有其二,一者,深义殊特义,简别于声闻,(为)菩萨增上学,是乘名唯识。二者,广义平等义,通摄于一切,(为)菩萨道相智,是乘名法相"。③

五者,从著述的特点看。欧阳先生对汉传唯识宗所宗主要论典依法相与唯识作了区分,将瑜伽行派的著述分为三类:唯识类、法相类、共类。如《百法五蕴叙》说:"抉择于《摄论》,根据于《分别瑜伽》,张大于《二十唯识》与《三十唯识》,而怀胎于《百法明门》,是为唯识宗,建立以为五支。抉择于《集论》,根据于《辨中边论》,张大于《杂集》,怀胎于《五蕴》,是为法相宗,建立以为三支。如是二宗八支,《瑜伽》一本及《显扬》、《庄严》二支括之。"④

简言之,欧阳先生主要从全体佛教与不共大乘的立场判瑜伽行派学说为法相、唯识二分。

二 释太虚:"法相必宗唯识"

太虚法师不赞成欧阳竟无先生的判分,认为法相与唯识互相摄括,密不可分,唯识为本,法相为末,法相必宗唯识。他对欧阳先生的主要观点进行了逐一驳斥,思考接续了二十年,直到他圆寂的前一年,还有有关言论发表。

太虚法师在《论法相必宗唯识》一文中,对法相与唯识之相作了界定。对法相之相说道:

> 空后安立依识假说之一切法曰法相:……法相云者,赅染净尽。染谓杂染,五法之相、名、分别,三相之遍计、依他属之;净谓真净,五法之正智、如如,三相之依他、圆成属之。如是染法净法,皆是识所变缘,安

---

① 《摄大乘论本》云:"为引摄一类,及任持所余,由不定种姓,诸佛说一乘"。见《摄大乘论本》卷下彼果智分第十一,《大正藏》第三十一册,第151页。
② 黄夏年编:《欧阳竟无集》,中国社会科学出版社1995年版,第131页。
③ 见欧阳竟无编《藏要》第四册,上海书店,第371页。
④ 《太虚集》,第143页。

立施设，后得为用。①

此中，他将法相所说的对象定义为赅摄染净的一切法，而这些法是识所变现，依识假名安立。因此，一切法无有自性，体性如幻。凡夫于此颠倒遍计，执为离心实有。而圣者由后得智知为心所变现，如幻如梦。这样定义的法括括尽由识所变的一切法并摄其法性，而成唯识性，当然离不开唯识。所以他说："法相必是不离识而唯识的。"② 太虚法师还界定了唯识之相：

> 约众缘所生法相皆唯识所变现，曰唯识：……依众缘，众缘生法，唯识所缘，识所缘法，唯心所现，故一切法唯识。③

即唯识者，意为仗因托缘而起的一切法（相），为心识所缘，皆心识所变现，因此，一切法唯识。唯识即是谈一切法的唯识性，离不开一切法（相）。

根据上述定义，太虚法师对法相与唯识的关系有一个概括性说明，这是他分析二者关系的原则立场：

> 识所唯法，法相而已。是故称法相即括唯识，谈唯识即摄法相。④

即法相与唯识本不可分，即使强将瑜伽行派学说破分为二，看到的也是二者的紧密联系，而不是二者间有相互独立性。他认为，"唯识"的"识"所"唯"者，正是"一切法"，换言之，说"唯识"，即是说"万法唯识"，是说一切法皆是唯识性。因此他说，由法的唯识性，称法相必括唯识；由唯识所目为一切法，谈唯识必摄法相。本着这个基本立场，太虚法师对法相与唯识的关系作了进一步分析，并对欧阳先生的观点进行了批评。

首先，他否定了欧阳先生依缘起与缘生区分唯识与法相的观点。他说：

> 然种现因果不即不离，缘之所起，即从缘所生之一切法，究明一切法

---

① 《太虚集》，第140—141页。
② 同上书，第153页。
③ 同上书，第141页。
④ 同上书，第140页。

能起之缘，即唯识之理显。据此二理正见，施设法相，必宗唯识，不应离唯识而另立法相宗。①

此中是说，缘起即诠因缘和合能生一切法，缘生即诠一切法是因缘和合所生，这样，从缘所生一切法与能生一切法的因缘，由于构成因果关系，二者虽然不能说是一体，但绝非相互独立，而是不即不离的关系。一切法由心生起、为识变现，一切法相对于心识而言是末，而心识是本。因此，一切法必以识为宗，也就不能离开唯识宗义再成立法相宗义。太虚法师说：

> 宗者，谓所尊、所崇、所主、所尚，若离唯识，则法相以何为主？……是知法相明法，唯识明宗；法为能宗，宗为所宗，能所相合，宗乃成立。离法相则唯识是谁之宗？离唯识则法相以谁为宗？缘起理是明法相之宗，缘生理是明识宗之法，何得别为二宗？②

此中，太虚法师认为法相与唯识是能宗与所宗的关系，能所不离，二者相合才能成宗。这实际上反映的是一切法与心识作为相（用）与体的关系。在这种关系中，欧阳先生注意了摄相（用）归体以及以体成相（用）二者形成的唯识与法相相对的独立性，而太虚法师则在二者中看到体与相（用）间相摄的一致性，并且从唯心识所现的角度，说明法相必宗唯识，不能独立成宗。

很明显，太虚法师主要是以不共的大乘（瑜伽行派）为本位立说，区别于欧阳先生在不共的大乘立场上与全体佛教平等观待的立场上说明问题，但是，在太虚法师看来，欧阳先生的两种立场间不具有内在一致性，即欧阳先生从全体佛教平等的角度认为法相学平等统摄三乘，是与大乘立场相矛盾的。太虚法师说：

> 空前之法执非法相：……是故五法、三相是法相。虽然、五法也，三相也，皆菩萨空后安立。然二乘之阿毗达磨，足证此空后所施设乎？纵览婆沙、俱舍，都无是理。是故二乘法执之法是法相唯识之所破，非可滥同

---

① 《太虚集》，第142页。另外，第148页亦有论说。
② 同上书，第142页。

唯识之如幻有。①

此中，他认为小乘的阿毗达磨如《大毗婆沙论》及《俱舍论》的"法"是有法执的法，非属大乘与空相应的法相性质。因此，不能将小乘之"法"滥同于大乘的幻有法相。这样，将法相学含义宽扩到括入小乘的阿毗达磨，有坏大乘体性，当然不能成立为大乘学说。太虚法师意为，坚守不共的大乘立场，结果必定到达法相必宗唯识的结论。

既然法相不能独立成宗，因此，太虚法师批评欧阳先生将唯识宗所宗论典截然判分为法相与唯识两类著述的做法。他认为，这些论典中，没有纯粹的法相著作，也没有纯粹的唯识著作，比如《摄大乘论》被划为宗唯识的著作，根据卷上谈所知依可以这么说，但卷中谈所知相如何能被判为唯识？所以，太虚法师总结道：

> 十支诸论，若摄论、若显扬、若百法、若五蕴，或先立宗后显法，或先显法后立宗，无不以唯识为宗者。若于立、显之先后微有不同，强判为唯识与法相二宗，则不仅十支可判为二宗，即一支、一品亦应分为二宗。如是乃至识之与唯，亦应分为二宗；以能唯为识，所唯为法故。诚如所分，吾不知唯识如何安立？②

总之，太虚法师本着不共大乘（瑜伽行派）立场，坚决反对将瑜伽行派学说一分为二的判分。

三 释印顺："唯识必是法相的，法相不必宗唯识"

在欧阳先生与太虚法师的这两种针锋相对的观点最先提出20年后，印顺法师采取了一种学术立场对二位大师的观点进行了分析。印顺法师在《辨法相与唯识》一文中说：

---

① 《太虚集》，第144页。另见第153页亦有分析。
② 同上书，第143—144页。

> 我觉得法相与唯识，这两个名词，不一定冲突，也不一定同一。①

从字面意思上看，这好像是一种对欧阳先生与太虚法师的观点进行居中调和的语气。但事实上，印顺法师是从佛教思想史角度分析得出的结论。他认为法相一语在阿含佛教（他称原始佛教）时就已出现，是大小乘共用的概念。他说：

> 可以这么说，佛所开示的，佛弟子所要理解的，就是法；而法的种种意义，就是法的相——种种的法相。……佛入灭后，佛弟子对佛法的研究，即是古代的阿毗达磨论师。阿毗达磨是研究法相，以自相、共相为法相探究的主要内容。②

即法相是佛所安立的种种法的相，表明的是法的种种意义，从阿含佛教起就是佛弟子进行佛法研究的主要对象。到部派佛教时期，出现了专门的阿毗达磨论师，对法与法相进行系统化分析、抉择，撰作成《阿毗达磨论书》。他对法相思想的演变有简略的说明：

> 从学派思想的发展中去看，"法相"，足以表示上座系阿毗昙论的特色。……所以阿毗昙论，特别是西北印学者的阿毗昙论，主旨在抉择自相、共相、因相、果相等。说到一切法，即用五蕴、十二处、十八界来类摄，这是佛陀本教的说明法，古人造论即以此说明一切法相。……后来，佛弟子又创色、心、心所、不相应行、无为的五类法，如《品类足论》即有此说。③

即在释迦的本教《阿含经》中，已用三科五蕴、十二处、十八界来统摄一切法。在阿含佛教时，佛弟子对法相的讨论主要是分析自相、共相问题，而部派佛教的上座系又扩大到因相、果相等方面。进一步的发展是《品类足论》根据蕴、

---

① 《太虚集》，第150页。另见《印顺法师佛学著作集》的《华雨集》（四）六"辨法相与唯识"，光盘版。
② 《谈法相》，载《印顺法师佛学论文集》的《华雨集》（四）七，光盘版。
③ 《太虚集》，第150页。

处、界，提出了五位法即色、心、心所、不相应行、无为法来统摄一切法。从三科到五位法，标志着法相学对法的分类发生了重大变化，印顺法师认为是从"主观"到"客观"的诠释方式的转换。他说：

> 佛陀的蕴、界、处说，本是以有情为体，且从认识论的立场而分别的。现在色、心、心所等，即不以主观的关系而区分，从客观的诸法体类而分列为五类。①

即蕴主要是依有情无我之心物和合性而立，而界处主要是以认知之能所关系而立，皆从"主观"之角度出发。但色、心、心所、不相应行、无为五位法则是根据法的体性而分类，因此具有"客观性"。提出色等五位法，意味从有情本位开始转向法为本位。以蕴界处及五位法摄一切法，并抉择法的种种相，成为部派佛教法相著述《阿毗达磨论书》的主要内容。即使是瑜伽行派的祖师无著、世亲的早期著述亦是这样撰作的。印顺法师说：

> 无著、世亲他们……他们起初造论，大抵沿用蕴、处、界的旧方式，可说旧瓶装新酒。但等到唯识的思想圆熟，才倒转五法的次第，把心、心所安立在前，建立起以心为主的唯识大乘体系。所以，在无著论中，若以蕴、处、界摄法，都带明共三乘的法相；以唯识说，即发挥大乘不共的思想，一是顺古，一是创新。②

此中，他认为瑜伽行派祖师起初造论，顺小乘阿毗达磨的形式，以蕴、处、界三科及五位法摄一切法，"明共三乘的法相"；后来唯识的思想成熟，建立起以心为根本的大乘唯识体系，发挥"大乘不共的（唯识）思想"。因此，从顺古、创新两方面，很自然地将法相与唯识区分开来。换言之，印顺法师认为瑜伽行派祖师所造的法相著作，并非是内在地统一于唯识思想的，而是多少反映了部派佛教，特别是有部与经部的法相思想，其唯识思想恰是在法相思想的基础上，以心识为根本统摄一切法而成立的，表征了瑜伽行派思想向精深方向的发展。

---

① 《太虚集》，第150页。
② 同上书，第150—151页。

在此意义上，他认为欧阳先生对法相与唯识的区分是合理的。但他又认为，瑜伽行派思想的归趣是唯识思想，瑜伽行派祖师的驳杂不纯的法相思想，经过一个不断扬弃的过程，最终统一于精纯的唯识思想。因此，本着不共大乘的立场，不断剔除小乘的有执的法相痕迹，将法相思想根植于大乘唯心如幻的立场，恰是瑜伽行派思想的内在发展逻辑。所以，印顺法师说：

> 即是起初西北印系的法相学，到后来走上唯识，所以也不妨说法相宗归唯识。①

即无著、世亲的多少随顺小乘阿毗达磨的法相学，最终趣归于唯识学，在此意义上，可说太虚法师的法相必宗唯识的观点也是合理的。下面这段话可以看成是对前面观点的总结：

> 实在，两家之说都有道理，因为无著、世亲的思想是须要贯通的，割裂了确是不大好。但在说明和研究的方便来说，如将无著系的论典，作法相与唯识的分别研究，确乎是有他相当的意思。②

综上所述，印顺法师作为一位佛教学术研究家，依据学术立场主张法相与唯识的分合皆有其合理性，但如果偏执己见，则皆有局限性，不能如实反映瑜伽行派学说的历史发展面貌。

欧阳先生与太虚法师的观点，皆据瑜伽行派的自身立场着眼，是一种"内部思想"分析，即使是欧阳先生的全体佛教平等观，亦是基于瑜伽行派作为大乘的视角（可称"内部性"的全体佛教观）。印顺法师在《辨法相与唯识》一文中，则放弃了"内部思想"分析的立场，把法相与唯识放在"外部性"全体佛教的思想历史视角下重新观察。在前面已述，法相学是大小乘的共学，但部派佛教的法、法相与瑜伽行派的法、法相的含义大为不同。比如有部承认"三世实有"，色、心、心所、不相应行、无为法这五位法皆是有常一不变的自性的，而瑜伽行派的心、心所、色、不相应行、无为法这五位法却是唯心性的，

---

① 《太虚集》，第151页。
② 同上书，第150页。

二者的旨趣大相径庭。因此，印顺法师认为，从"外部性"的全体佛教的立场看，法相即是全体法相，包括大小乘之一切，不可能统归于唯识。这与欧阳先生、太虚法师的立场不同，后二者皆认为法相思想与唯识思想构成了内在相互含摄的整体。印顺法师还从非唯识观的义理抉择的角度进一步说明这个观点。他说：

> 由心识的因缘而安立，是可以说的，然说色法唯是自心所变，即大有问题。心识真的能不假境相为缘而自由的变现一切吗？"自心还见自心"，以自心为本质的唯识论，实是忽略识由境生的特性，抹煞缘起幻境的相对客观性，而强调心识的绝对性、优越性。①

此中表明了他对唯识立场的批评态度。在大乘方面，印顺法师倾向于中观派，而判唯识为不了义说，因此不赞成万法唯识的观点。他将心与境的关系限定在四方面：第一，心识、境皆是缘起性的，如幻；第二，境引起心识生起；第三，心识缘虑境；第四，境由心识的缘虑取相而得假名安立。由此，他称境是依心而有、非即是心。由于境并非唯识所变现，反映到法相与唯识间的关系方面，自然不能将全体法相归为唯识。当然这并不妨碍法相摄括唯识。所以，印顺法师作出结论：

> 唯识必是法相的，法相不必宗唯识。②

这是他从非唯识观的佛教立场观察的结果，也是其依据学术立场得出的结论。后期的太虚大师亦有类似的结论，不过是从全体大乘的角度出发的。③

四 小结

在太虚法师看来，欧阳竟无先生对法相与唯识的区分是对"一味唯识"的割裂，是偏离大乘求真本位的思想行为。他从两方面予以批评：一者，堕入琐

---

① 《太虚集》，第152页。
② 同上书，第153页。
③ 同上书，第154页。

碎的名相分析。他在《论法相必宗唯识》一文中说：

> 近人不明能宗之教相，与所宗之宗趣，务于名相求精，承流不返，分而又分，浸假而唯识与法相裂为楚汉！浸假而唯识古学今学判若霄壤！不可不有以正之，以免蹈性相争执之故辙！此余讲此之微意也。①

二者，混淆三乘法相思想，将二乘有法执的法"滥同"唯识如幻法相。他认为这是为二乘法的常识性或科学性所蔽的结果。他在《阅〈辨法相与唯识〉》一文中说道：

> 故吾谓大乘三宗②皆哲学（小乘住蕴、界、处等法，但常识或科学，未达哲学。哲学即究竟了义之谓）：不过从所依教门，一为常识哲学，一为科学哲学，一为玄学哲学。牵制以常识或科学或玄学而不通彻，遂为所限，每生偏蔽。③

此中意为，为常识、科学或玄学所蔽，则达不到哲学高度。而对本已达到哲学高度的唯识学（科学哲学），如果为常识等所蔽而加以割裂歪曲，则坏大乘法体。

太虚法师对欧阳先生的批评如从瑜伽行派本位而言，是一种误解。欧阳先生对法相与唯识的区分，应是受古代印度瑜伽行派主持那烂陀寺时所分佛学五科因明、戒律、对法、中观、瑜伽的启发而创的。五科中对法科主要有《俱舍论》与《集论》，讲法相学，而瑜伽科就是瑜伽行派的"一本十支"，以唯识学为中心。④ 显然这两科的区分是建立法相与唯识的样本。因此，区分法相与唯识，恰恰表明了欧阳先生试图严守瑜伽行派法度，并非是他个人的一己之见。而且不难看出，欧阳先生认为法相学可摄三乘，并非是说法相学是三乘各自学说的混合，而是意为法相学是在大乘思想基础上对大小乘的整合。在此意义上，可说太虚法师并没有真正把握对方的立场。

---

① 《太虚集》，第146页。
② 指法性空慧、法相唯识、法界圆觉三宗。
③ 《太虚集》，第154页。
④ 见黄夏年主编《吕澂集》，中国社会科学出版社1995年版，第293—299页。

太虚法师对欧阳先生的批评实际是在曲折地反映中国传统佛教（中国化佛教）本位与印度瑜伽行派本位间的冲突。这可从两方面看：一方面是中国传统佛教强调义理通观与印度瑜伽行派强调名相分析间的冲突。印度瑜伽行派的特色是既注重完整性又注重差别性，逻辑谨严、界定清晰，因此，该派学人注重名相分析与义理阐释论证，其著述与论说风格常不免流于烦琐。这与中国佛教重悟而轻言、重通观大略而轻细致分析的传统相异。如前所说，欧阳先生严守瑜伽行派法度，而太虚法师则以中国传统佛教通观思维方式解读瑜伽行派思想，二者间发生思想冲突是可以理解的。但二者发生思想冲突还有另一方面的原因，也许是最主要的原因。欧阳竟无领导的支那内学院对中国传统佛教进行了批判性反思，认为中国传统佛教背弃了印度大乘佛教的思想传统，是一种相似佛教，倡导回到印度大乘佛教，回到瑜伽行派的清晰教理中去。这导致了支那内学院与中国传统佛教界的紧张关系。在一定程度上可以这样说，太虚法师与欧阳先生之间的这场论辩，就是这种紧张关系的反映。因此，太虚法师对欧阳学说的批评，可以看成是中国传统佛教思维方式对支那内学院的反思运动的反击，带有维护中国传统佛教"意识形态"的色彩。①

但印顺法师对欧阳先生与太虚法师的"分、合"之辩的评论，具有不同的色彩。一是离开了当年激烈的"佛教意识形态"之争的背景多年，二是本着现代学术的立场，此二者使得他的评述似乎较为客观公正。但印顺法师的立场外在于佛教本位，这是可诟病之处。

总之，欧阳先生、太虚法师从佛教本位出发，皆赞成瑜伽行派学说是一有机整体。欧阳先生的观点是"一而分观"，即认为瑜伽行派学说虽是一整体，但内部具有两分结构，也就是法相与唯识学，二者构成了末与本的关系。太虚法师的观点是"一而合观"，将瑜伽行派学说看成一个统摄于唯识思想的整体，任何区分都是一种割裂。印顺法师则从学术本位的学说发展史的立场出发，否定瑜伽行派学说是一个有机整体，认为瑜伽行派驳杂之法相与精纯之唯识，虽然

---

① 在太虚法师开始批评欧阳先生此说之前两年，他所领导的佛学院与欧阳竟无的支那内学院为一些法义进行了反复论争。如印顺法师编《太虚大师年谱》所说："是年（民国十二年），大师之佛学院，与欧阳竟无之内学院，每为法义之诤。初有史一如与聂耦庚关于因明作法之争；次有唐畏三（慧纶）与吕秋逸关于释尊年代之辩；后有大师与景昌极关于相分有无别种之诤。大师与大圆、一如、维东等，表现中国传统佛学之风格。"还包括关于《大乘起信论》的论争。

有联系，但具有的差异却是异质性的。这种联系与差异恰恰反映了瑜伽行派学说具有一个内部发展过程。印顺法师的这种学术立场与欧阳先生、太虚法师的信仰立场形成鲜明对照。后二师认为法相与唯识是佛、菩萨度化众生所立之圣教量，不存在发展问题。

第 三 章

"唯识"与"唯了别"

第一节 "唯识"与"唯了别":用语差别与意义相通问题

一 "唯识"与"唯了别"用语之差别问题

"唯心"、"唯识"与"唯了别"作为唯识学[①]的根本性概念,在印度唯识学原典中皆频繁出现。唯心,梵文为 cittamātra, 或 cittamātratā（cittamātratva,唯心性）,藏文为 sems tsam, 或 sems tsam nyid；唯识,梵文为 vijñānamātra, 或 vijñānamātratā（vijñānamātratva, 唯识性）,藏文为 rnam par shes pa tsam, 或 rnam par shes pa tsam nyid；唯了别,梵文为 vijñaptimātra, 或 vijñaptimātratā（vijñaptimātratva, 唯了别性）,藏文为 rnam par rig pa tsam, 或 rnam par rig pa tsam nyid。其中,心与识用法有别,从直接含义看,前者以集积或者集起为性,后者以识别或者了别为性,但二者也可指称同样一个事物,所谓同体异名,即同一体但以不同侧面的作用而分别命名。在唯识的意义上,万法由心种子所集起,与万法由识所现起,二者含义可通。由此,在唯识学中,一般"唯心"与"唯识"意义被许为相当,而等同使用。正因为如此,"唯心"或"唯识"多被

---

① 在称名上,本书一般沿用传统做法,称唯识学。

笼统解释为"唯有心识，而无外境"之义。在印度唯识著述中，都理所当然地接受二者相通，没有什么疑问。但在对待"唯识"与"唯了别"的关系方面，印度唯识著述的立场却相当复杂。较早多立"唯识"（"唯心"），稍后多立"唯了别"，最后在"唯了别"意义上将"唯识"与"唯了别"融合起来。[①]

"唯心"或者"唯识"成为唯识思想的核心观念，从佛教思想的逻辑发展看是相当正常的，但以"唯了别"来表征唯识思想，却成为一种色彩殊异的展开。特别是，考诸梵、藏文本，在唯识学著述中，"唯识"多被代以"唯了别"，不能不引起严肃的关注与深思。可以肯定，这种取代绝对不是随意的行为，定是有深意趣的。对此，后世的唯识学者似乎必然会发问：为什么会有"唯了别"出现？"唯了别"为何能取代"唯识"？二者的关系究竟为何？但遗憾的是，这种情况并没有出现。因为在汉传唯识学译典中，基本看不到"唯了别"的踪影，一般只有"唯心"或者"唯识"。事实上，如果对照梵、汉文本或藏、汉文本就可发现，在梵本或藏本原本是"唯了别"的地方，汉译本一般出现的是"唯识"。换言之，在汉译本中"唯了别"被"唯识"替代了。这意味着，梵本有意以 vijñaptimātra（唯了别）代替 vijñānamātra（唯识），又被汉文译师如著名的真谛、玄奘等，有意地颠倒回来，而译为"唯识"。由于汉文译师们模糊了"唯识"与"唯了别"在意义上的差别，在翻译中对"唯了别"与"唯识"予以再换位，致使后世中国的研学者甚至不知道很多"唯识"字样在梵文典籍中原本应该是"唯了别"。

与汉译典籍一味使用"唯识"一语相一致，中国玄奘唯识学派围绕"识"（相应于 vijñāna）对唯识观给出了一个标准解释："唯识"（相应于 vijñāna-mātra，或 vijñāna-mātratā）即无外境（"义"，artha）而不离识。具体而言，奘传唯识的"唯识"观念有两方面基本含义：一者遮诠义；二者表诠义。其中，前者即无离识的（外）境；后者又分五：（一）限定识唯有八种，即眼识、耳识、鼻识、舌识、身识、意识、末那识、阿赖耶识（八识都必有心所与其相应，在后不再指出）；（二）一切众生都有八识聚；（三）识摄四分，即相分、见分、自证分与证自证分；（四）相分作为识的内境，与识相待，不离识而存在；（五）真如作为识的实性，也不离识而存在。即通过不离识而摄一切存在。简言之，此"唯识"义不是"唯有识"，而是"不离识（vijñāna）"。这是随顺护法

[①] 见周贵华《唯心与了别——根本唯识思想研究》，第 289—442 页。

（Dharmapāla）唯识思想的"唯识"观念。依此，奘传唯识对此"唯识观"作了极端"有相化"的诠释与发展，比如立挟带说与三类境说等。此后，由于奘传唯识成为汉传唯识正宗，其对"唯识"观念围绕"识（vijñāna）"的"单面化"诠释成为独尊不易的标准。

直到20世纪前期，在语言学、文献学与考据学等学术发达起来后，西方与日本学者重新检视唯识学之梵文与藏译文献并与汉译唯识文献相对照，才发现汉译唯识文献中的"唯识"字样在梵文与藏文中一般并不指依于"识（vijñāna）"的"唯识（vijñāna-mātra，或 vijñāna-mātratā）"，而多是"唯了别（vijñapti-mātra，或 vijñapti-mātratā）"，由此揭开了在汉传唯识中尘封千年的事实。比如，《成唯识论》所释颂本《唯识三十论颂》的梵本名是 *Triṃśikā vijñapti-mātratā-kārikā*，以及《唯识二十论》的梵本名是 *Viṃśatikā vijñapti-mātratā-siddhiḥ*，对照梵汉名可知，唯识的"识"对应的梵文是 vijñapti，即"了别"。具体而言，短短的《唯识三十论颂》，汉译文连同标题共出现"唯识"字样七次，其中，连同标题有五次实应是"唯了别"，即 vijñaptimātra，或 vijñaptimātratā（vijñaptimātratva，唯了别性），一次是代词形式 tanmātra，一次是"唯识" vijñānamātratva（唯识性）。藏文对应有六次"唯了别" rnam par rig pa tsam（rnam par rig pa tsam nyid），或简略形 rnam rig tsam（rnam rig tsam nyid），一次代词形式 de ni tsam。值得注意的是，藏译将梵文本的唯一一次"唯识" vijñānamātratva，译成了"唯了别" rnam par rig pa tsam。总之，在汉译文中全译为"唯识"，而藏译文则相反，全译为"唯了别"。在《唯识二十论》中，汉译连同标题有两处说"唯识"，梵文皆为"唯了别" vijñaptimātra（vijñaptimātratā），藏译文为"唯了别" rnam rig tsam；还有一处汉译为"内识"，对应梵文为"唯了别" vijñaptimātra，藏文为"唯了别" rnam par rig tsam nyid。再看汉文《摄大乘论》，其中约有四十处"唯识"或者"唯有识"，对照藏文本除一处是"唯识" rnam par shes pa tsam nyid 外，其余都可归为"唯了别" rnam par rig pa tsam（rnam par rig pa tsam nyid）。其中，约有四处是"唯了别"的代词形式 de tsam，一处将"唯了别"省略，一处是"唯了别"的变形 rnam par rig pa thams cad，而直接是"唯了别" rnam par rig pa tsam（rnam par rig pa tsam nyid）的约有三十几处。总之，从前三部唯识学代表性著述的梵本与藏译本看，成熟的唯识思想主要以"唯了别"观念为中心进行诠释。但在汉译本中，几乎毫无例外地将所有 vijñaptimātra（vijñaptimātratā）即"唯了别"，翻译为"唯识"。这在汉译唯识文献中造成唯识义是以"唯识"（vijñānamātra）观念为中心诠释的印象，结果，汉传唯识修学与研究者皆熏习、接受与认定了这样的观念。

　　在现代中国，在西方与日本的唯识学术研究的影响下，借助梵本与藏译本，吕澂也注意到汉文"唯识"应有"唯识"与"唯了别"原语文的不同，但基本是默许古代汉译家的做法，没有区分二者的意义。[①] 直到20世纪七八十年代，香港佛教学者霍韬晦以及北京唯识学者韩镜清等才真正开始注意二者的不同意义。[②]

　　对唯识思想主要以"唯了别"观念说明的这种呈现形态，真谛、玄奘等作为精通梵文的唯识翻译大师，当然是清楚的。现代通梵藏文的唯识学者，像吕澂等，从日文著述以及梵藏文本知道了这种差别，但为何仍不作区分？这到底反映了"唯识"与"唯了别"二者的含义完全一致，还是出于其他原因，比如流派立场？但后者即使有，也不会是主要原因，因为不同的唯识大师竟然不约而同地作出同样的结论，发人深思。就此而言，含义被认为无差别的可能性大些。由此，大致可以判断说，"唯了别"与"唯识"在汉文译师那里不加区分，是因为他们认为二者在意义上相通，甚至完全等同，或者至少是不相违的。换言之，汉文译师形成了这样的共许："唯识"与"唯了别"在唯识学中意义相通，可以不加区分，至少二者等同使用不会引起对义理的理解出现大的偏差。

二　"唯识"与"唯了别"意义之相通问题

　　"唯识"与"唯了别"观念分别依赖于"识"（vijñāna）与"了别"（vijñapti）。从内在看，真谛、玄奘等翻译大师之所以以"唯识"去取代"唯了别"，原因在于他们认为vijñapti（了别）与vijñāna（识）一义。我们可以围绕vijñāna与vijñapti推断一下古代唯识学汉译大师们的思路。

　　在一般佛教典籍（特别是在阿毗达磨文献）中，"识"（vijñāna，藏文为rnam par shes pa）与"了别"（vijñapti，藏文rnam par rig pa）是关联在一起的。了别作为认知功能，在与识的关联中成为识之性（相），典型的说法是：识以了

　　[①] 欧阳竟无编：《藏要》第四册，上海书店1991年版，第495页。
　　[②] 参见霍韬晦《安慧【三十唯识释】原典译注》，香港中文大学出版社1979年版，第44、111页；韩镜清：《唯识学的第三次译传》，《玄奘研究》第二届铜川国际玄奘学术研讨会文集，陕西师范大学出版社1999年版，第204页。

别为性。即在功能作用的意义上，识以了别为内在本质。在一般的用法中，识可从两方面理解：一者即认知功能或者说作用；二者即产生认知作用之体。通常二者是合一的，识被理解为具有认知方面的功能作用之（常一自在或者凝然）实体，这在唯识学中被概括为"能取"（grāhaka），而其认知对象即境，作为（凝然）实体性存在，相应被概括为"所取"（grāhya）。以此为前提，vijñapti 被限定为识相（性），也就是识的认知作用，也正是在此意义上被译为"了别"。在部派佛教法相学（亦即阿毗达磨）著述的代表性译本奘译中，在 vijñapti 作为识之功能作用而认知与呈现境的情况下，都是这样处理的。

但在瑜伽行派唯识著述的唯识观中，vijñapti 与 vijñāna 的关系发生了变化。因为瑜伽行派作为大乘思想流派，不承许像能取与所取这样的凝然实体性存在（谓遍计所执性），识即被遮除了能取这样的实体性，而被限定为依他起性的如幻存在。在此意义上，识相当于认知之功能作用。而识以 vijñapti 为性，就意味着完全以 vijñapti 为识体。正是在 vijñapti 可以代表识之体的意义上，玄奘等唯识学汉译师们才将其译为"识"。总之，vijñapti 唯指功能作用时，仍被译为"了别"，但在可以转指识体时，与识可通，而可译为"识"。在真谛、玄奘等看来，在"vijñaptimātra"中，vijñapti（"了别"）自然是指识体性，将 vijñaptimātra 译为"唯识"也就毫不犹豫了。

在唯识学说中，vijñapti 作为功能作用方面，仍译为"了别"，可举二例说明。如汉文奘译《摄大乘论》卷上云："识复由彼第一依生，第二杂染，了别境义故，等无间义故，思量义故……"① 勘藏文此中"识"对应 rnam par shes pa（识），"了别"对应 rnam par rig pa（了别），而 rnam par rig pa 再对应到梵文应是 vijñapti，汉译即将 vijñapti 直接译为了别（真谛将"了别"译为了"缘"。② 但从意义上看，二者是相当的）。又如汉文奘译《唯识三十论颂》云："谓异熟、思量，及了别境识。"③ 此中以前六识为对境了别之识，而"识"对应梵文为 vijñāna（识），"了别"对应梵文为 vijñapti（了别），后者是直译，在藏译文中亦是如此。总之，在上述情况下，vijñapti（了别）一般被直译为了别，而不是识。

---

① 《摄大乘论本》卷上，《大正藏》第三十一册，第 133 页。
② 真谛译《摄大乘论》卷上云："此烦恼识由一依止生，由第二染污，由缘尘，及次第、能分别故，此二名意。"《大正藏》第三十一册，第 114 页。
③ 《唯识三十论颂》，《大正藏》第三十一册，第 60 页。

vijñapti 可作为识体，而与识等同，举一例说明。《唯识二十论》云："安立大乘三界唯识，以契经说三界唯心，心、意、识、了，名之差别。"① 此中的"了"，勘梵文，为 vijñapti，即"了别"。将了别与心、意、识等同起来，即是承许了别与心、意、识一体。

根据以了别为识体的意趣，玄奘在《摄大乘论》、《唯识三十论颂》等基本唯识典籍的汉译中，把 vijñaptimātra（"唯了别"）中的 vijñapti 都译为了"识"。如《唯识三十论颂》的梵文本中的 vijñaptimātra 共有五处，玄奘汉译本全部译为"唯识"。在《摄大乘论本》卷中的所知相分第三对应的藏文本中，有三十余处 rnam par rig pa（了别），在玄奘的译文相应处皆是"识"。虽然藏译文与汉译文是独立地译自梵文，但考虑到藏译文对梵文的 vijñāna（识）与 vijñapti（了别）分别有对应的词 rnam par shes pa（识）与 rnam par rig pa（了别）对译，可以认为藏译文的三十余处 rnam par rig pa（了别）对应了梵文的三十余处 vijñapti（了别）大致没错，进一步可以认为汉译文是将前述梵文的三十余处 vijñapti（了别）全部译为了"识"。在 vijñapti 可指识体的意义上，这种译法应该说是可得到辩护的，虽然这样处理会遮蔽唯识学的相当多精义。

上面分析了在唯识思想中在何种意义上 vijñapti（了别）与 vijñāna（识）相当，从而说明了为何在汉译中普遍以"唯识"代替"唯了别"。但到此，问题并没有真正得到解决。我们仍要继续追问：为何梵文唯识原典在出现 vijñaptimātra（唯了别）的地方不用 vijñānamātra（唯识）而用 vijñaptimātra 呢？换言之，如果说在 vijñapti 可指识（vijñāna）之体的意义上，vijñaptimātra（唯了别）可以被 vijñānamātra（唯识）替代，但为何无著、世亲等唯识祖师在相应之处不直接用 vijñānamātra（唯识）而选择用 vijñaptimātra（唯了别）？一句话，用 vijñaptimātra（唯了别）而不用 vijñānamātra（唯识）的意趣何在？对此问题，笔者不认为真谛、玄奘等大师甚至吕澂等没有给予注意，只是他们认为二者的区分事实上是表观性的，没有太多的实质性内容。如果真是如此，那为何唯识梵典有不同用法，而且现代的唯识学研究者又开始强调二者的差异呢？这是笔者所要关注之处。

---

① 《大正藏》第三十一册，第 74 页。

第二节 "唯识"与"唯了别":意趣问题

现代学者对"唯识"（vijñānamātra）与"唯了别"（vijñaptimātra）意义的区分主要从两方面入手，一者是根据语言学方面，二者是根据唯识学义理方面，而这两方面的分析的基础是识（vijñāna）与了别（vijñapti）在相应方面之细致区分。

语言学方面是基于识（vijñāna）与了别（vijñapti）相对于词源动词 vi-jñā（识别，区分，知道，认知等）的关系。胜吕信静云："vijñapti 是将 vi-jñā（分别而知）之使役法 vijñapayati（令知）之过去受动分词 vijñapta（在被知着）改为名词形的。汉译者通常把这个译为'识'。可是 vijñāna 也同样译为'识'。此语是 vi-jñā 加上了结尾辞的 ana 所作之名词，这是表示'知的作用'（认知作用）。……在佛教里，为表示认知机能之术语，早就使用有 vijñapti 一词，而至于唯识说，再加之，演变成使用着 vijñāna 一词。"①正如胜吕信静所说，vijñāna 是 vi-jñā 直接的名词化，而 vijñapti 是 vi-jñā 的役使式与被动式的名词化。巫白慧亦分析了 vijñāna 与 vijñapti 在构词意义上的不同，他说："jñāna 是从'√jñā'的直陈式异化而成的抽象名词，jñapti 是从'√jñā'的役使式异化而成的抽象名词。"② 在 jñāna 与 jñapti 二者前加上前缀 vi-，即成 vijñāna 与 vijñapti。显然，一个渊源于直陈式，一个渊源于役使式，差别明显。但巫白慧没有提及 vijñapti 还有被动式的因素，似有疏忽。总之，从构词的角度看，vijñāna 与 vijñapti 二者是源于同一动词的两种不同名词形态。

vijñāna 作为 vi-jñā 直接的名词化，首先表示的是行为，即认知作用，是主动性意义，一般仍被译为"识"，但韩镜清认为此作用是"辨别"，而笔者认为

---

① 高崎直道等：《唯识思想》，华宇出版社 1985 年版，第 124 页。胜吕信静虽然认识到识（vijñāna）与了别（vijñapti）有区别，但忽略了识（vijñāna）一语本身有认知作用之义且早就有使用的情况，所以错误地说"演变成使用着 vijñāna"。

② 巫白慧：《梵本〈唯识三十颂〉汉译问题试解》，《法音》2006 年第 2 期。

是"识别"。① 其次，vijñāna 表示能发出行为之体，仍可按照通常的译法称为识。而 vijñapti 作为 vi-jñā 的役使式与被动式的名词化，在佛典中表示认知作用时，一般被翻译为完全主动化的"了别"（或者"缘"），藏译一般亦以完全主动化的名词 rnam par rig pa 对应。但事实上由于 vijñapti 具有役使式与被动式的语源，从而直接获得了两方面的含义。第一，vijñapti 有"使……了知"之意味，后在佛典中，转而有显表或者显现之义。霍韬晦就是将 vijñapti 限定在此意义上来理解的。他说："因为 vijñapti 一字，原来是有所表或有所呈现的意思，由表示'知'（to know）的意义的语根√jñā 采取使役结构之名词形式（jñapti），再加上表示'分离'或'别异'（apart, different）意义字头 vi-组合而成，意思就是指一个自身具有某种内容而使他人得以知之的呈现。"② 此中他将 vijñapti 看成是"一个自身具有某种内容而使他人得以知之的呈现"，"某种内容"是 vijñapti 内在地具有的东西，由 vijñapti 从内在自我呈现出来，使人能够分明了知。在此意义上，他将 vijñapti 译为"表别"。第二，作为认知作用之 vijñapti，由于在构词上有被动意义的来源，当与所认知的对象相关连时，即带有一点受动的意味。换言之，如果说 vijñāna 作为识别是纯粹的主动行为，是对境的分别与辨识，完全是属于识的能动作用，那 vijñapti 虽是识的主动行为，但含有一分受动于认知对象的意义，是对境的了了分明的呈现。③ 这样，vijñapti（了别）就具有了自内而向外之显表/显现之义，与对境之呈现两类含义。由于霍韬晦与巫白慧均忽略了 vijñapti 的来源中被动因素的意义，使他们无法正确了解 vijñapti 具有的"对境之呈现"的这个含义。上述分析表明，从构词角度看，识别（识）与了别在基本意义上是有着明显差别的。

再依据佛典继续考察 vijñapti 与 vijñāna 的用法与意义。根据前文的分析，不

---

① 韩镜清将识（vijñāna）的直接认知功能称为"辨别"，试图说明 vijñāna 作为能取，对所取之境有辨别作用，强调其能动性并有所对之外境。这是根据阿含佛教、部派佛教对"识（vijñāna）"的一般用法诠释的，但在瑜伽行派的著述中，vijñāna 也有无对境的用法，如在《辨中边论》、《大乘庄严经论》、《三自性论》等中的"唯心说"（citta-mātra-vāda，或"唯识说"，vijñāna-mātra-vāda）所界定的"识 vijñāna"概念。而且即使是有所对境，也是阿赖耶识种子所生的内境，如《瑜伽师地论》、《大乘阿毗达磨集论》、《唯识三十颂》等所述。所以，本文不用被赋予强烈取境作用的"辨别"，而用可有对境、也可无对境的"识别"概念，作为识相的直诠，而且后者有明确的经典根据。参见韩镜清《唯识学的第三次译传》，《玄奘研究——第二届铜川国际玄奘学术研讨会文集》，第 204 页。
② 霍韬晦：《安慧【三十唯识释】原典译注》，香港中文大学出版社 1980 年版，第 38 页。
③ 周贵华：《唯识与唯了别》，《哲学研究》2004 年第 3 期。

难作出如下推断：vijñāna 与 vijñapti 虽然源于同一词源，但由于有本于直陈式与役使式、被动式的差别，可以想见在佛典文本的具体用法上必然会表现出差异。在此意义上，应当说，在佛教典籍中将了别（vijñapti）作为识（vijñāna）之功能作用，相当费解。因为，如前所述，作为识之功能作用的直诠相应该是识别（vijñāna）而非了别（vijñapti）。在笔者看来，根据构词与佛典中的用法，可从两种相描述识的功能作用：一者即直接相，所谓识别，二者即了别。[①] 窥基曾在《成唯识论掌中枢要》中云："诠辨作用是识义也，了别于境是识用故。"[②] 其中对识的功能作用作了区分。"了别"是用，"诠辨作用"作为识的直接之义，亦是用，即识别。实际上他对"识"区分了两种认知作用：识别与了别。

但在一般的佛教文献中，多以了别为识之性，或者说多以了别为识相，而不直接以识别为识相。而且要注意，在瑜伽行派唯识学出现之前的"了别"的用法中，只取了 vijñapti 的"对境之呈现"义。但由于此义是作为识相而给出的，必然还会融入"识别"之义。实际也是如此。在"了别"的实际用法中，兼具了别与识别的作用，有时强调识别的方面，有时强调了别的方面。在此意义上，了别既是对境的识别，即分别与辨识，又是对境的呈现。这样，以了别为相之识与所对境构成了能取、所取，或者说能缘、所缘的关系，此识与境皆是（常一自在或者凝然的）实体性存在。而了别（vijñapti）的另一义"显表/显现"，最早不是在识的用法中体现的，而是在"表色"（vijñapti-rūpa）、"表业"（vijñapti-karma）的用法中出现。《入阿毗达磨论》卷上在谈到无表色时云："无表色者，谓能自表诸心心所转变差别，故名为表；与彼同类而不能表，故名无表。"[③] 此中所说的"表"，梵文即 vijñapti，即是把自己内在的东西表显出来。

如前文所述，在一般用法中，识与境（外境）皆是凝然实体，构成能取与所取，由此，识别是对外境的辨别，[④] 而了别是对外境的呈现。但在瑜伽行派唯识思想中，否定能取与所取，不承认有丝毫外境之存在，识也被抽掉其凝然实体性，仅是依他起性的幻存。结果，识即以其功能作用为自体，即识在意义上等同于识别，或者了别。其中，识别作为识的直接意义，可与识直接等同，换

---

① 周贵华：《唯识与唯了别》，《哲学研究》2004 年第 3 期。
② 《成唯识论掌中枢要》卷上（本），《大正藏》第四十三册，第 609 页。
③ 塞建陀罗阿罗汉造，玄奘译：《入阿毗达磨论》卷上，《大正藏》第二十八册，第 981 页。
④ 在有外境的情况下，识别作为能取对所取的分别与辨识，可简称辨别。但在无外境的情况即唯识观下，识别就不能称为辨别。

言之，识是直接建立在识别上，可表示为识/识别。

而且在唯识观下，识/识别与了别都显示出不同义。具体而言，外境之不存，使识/识别对境不再有执取外境性质的辨别，而是对内境的分别（vikalpa），即虚妄分别（abhūta-parikalpa）。此时，识/识别与内境（如眼识与色等）相待而存，皆由阿赖耶识所摄种子所生，而是依他起性之法。再看了别。了别作为对外境之呈现，在外境缺失的情况下，就转义为内向外之显现，即转义为似外境的显现（pratibhāsa, ābhāsa 等）。换言之，无外境，而显现为外境，所谓无义但显现为义。这样，了别的此显现义即与其另一本义"显表/显现"相汇合。但必须注意，在"表色"、"表业"的用法中的"表"（vijñapti），以及 vijñapti 的本义中的"表显/显现"义，皆是将自己内在的东西显表出来而令他知，与唯识义中的"了别"（vijñapti）义还是有所不同。后者虽是将内在的东西显表于外，但是显现为特殊的形态，即外境，或者说显现为义（artha）/能取所取/所取。这种显现，由于是 vijñapti 作为识性之显现，即是识/心的显现，重在自我之显现，而不重在令他知，虽然亦令他知。这在《解深密经》、《辨法法性论》、《摄大乘论》、《唯识二十论》等中诠释得最为清晰与充分。[①] 简言之，在唯识意趣下，识别作为识的直接相，其基本义是分别，所谓虚妄分别，而了别的基本义是显现，所谓虚妄显现。

在唯识经论中，识别作为分别，与了别作为显现，皆为识相，所以多有互摄。即不仅了别摄识别而显示分别与显现之两种功能作用，而且识别也摄了别而显示此两种功能作用。比如在《辨中边论》中，承许识为虚妄分别，而错乱显现为能取所取，即外境。[②] 此中是以识别摄显现而成分别与显现二义。又如在《摄大乘论》中，承许了别（rnam par rig pa）为虚妄分别（ma yin pa'i kun tu rtog pa），而显现为外境（don）。[③] 这是以了别摄分别而成显现与分别二义。但必须指出，在识别与了别的相摄中，都是以了别的显现义为基础的。

综上所述，在瑜伽行派唯识学之前的大、小乘佛教中，识/识别 vijñāna 与了别 vijñapti 皆是有外在认知对象即外境的。在这种情况下，识/识别与了别分别

---

① 但要结合梵文本、藏文本才能看出。如《解深密经》卷三云："我说识所缘唯识所现故。"勘藏文本，"唯识所现"中的"识"是"了别"（rnam par rig pa）。又如在《摄大乘论本》卷中所知相第三以九种识说明一切法之显现，其中九种识勘藏文本是九种了别（rnam par rig pa）。

② 参见《辨中边论》卷一辨相品第一与卷三辨无上乘品第七，《大正藏》第三十一册。

③ 参见《摄大乘论本》卷二所知相分第三，《大正藏》第三十一册。

是对外境的辨别与呈现。而在唯识典籍中，识/识别与了别无所对外境，其含义发生转变。其中，辨别的一面转义为无外境的分别即虚妄分别，呈现的一面转义为自我显现，即将内在自身显现于外之显现，或者说似外境之显现。

必须注意，正因为在唯识观中 vijñapti 的本义是一种自我显现能力，能显现为外境，而使人明见，就造成了误读。具体而言，"了别"（vijñapti）作为似外境之显现，是识之功能作用，是能动性的行为，即能显现，这是《辨法法性论》、《摄大乘论》、《唯识二十论》等的本意。但 vijñapti 显现为外境，意味心识有所现之相，即所显现相，就被一些人将能显现之 vijñapti，与所显现之境混淆，而视 vijñapti 为境。霍韬晦就是如此。而且他不知道在相当多唯识经论如《唯识三十论颂》等中，了别是摄识别义的。在此意义上，他的看法就更不能成立。他批评玄奘、窥基将作为境之 vijñapti，误解为认知作用，即从"主体指向对象的活动"。他在分析玄奘对《唯识三十论颂》的翻译时说："但事实上，vijñapti 是境而不是识的指向作用，所以在这里我们将之译为'表别'，一来是玄奘在他处译'表'之意，二来是借此境的表别性，来说明境（梵文作 vijñaptirviṣayasya，直译是'境之表别'，即以表别的性质来界定境）。"① 在玄奘直接将了别与识别等同的意义上，他的批评是有道理的。确实，了别自身作为显现，是显现为外境，而不是由主体指向客体。但了别经常不仅具自身的显现义，还摄识别义，而识别是有指向对象的意义的。在此，他发生了误读。在奘译《唯识三十论颂》中云："此能变为三，谓异熟、思量、及了别境识。"② 此对应梵文原文为："pariṇāmaḥ sa ca tridhā: vipāko mananākhyas ca, vijñaptirviṣayasya ca。"在奘译中，将 vijñapti 译为了别，将 vijñaptirviṣayasya 译为"了别境识"，显然多增加了"识"。如果完全直译，前句应译为："此能变为三，谓异熟、思量、及境之了别。"笔者赞成后译。藏译也是如此，如将 vijñaptirviṣayasya 译为"yul la rnam par rig pa"（于境了别）。引文是谈识之三类，其中一类偏重以异熟为性，一类偏重以思量为性，一类偏重以了别为性，依次是阿赖耶识、末那识、前六识。实际在《唯识三十论颂》中不仅说前六识以了别为性，即以能了别自境为性，而且亦说阿赖耶识是了别，例见谈后者功能作用、性质时，有言："不可知执受、处了"，梵文为"asaṃviditakopādi sthānavijñaptikaṃca"，其中"了"对应

---

① 《安慧【三十唯识释】原典译注》，第38—39页。
② 《唯识三十（论）颂》，《大正藏》第三十一册，第60页。

梵文为"vijñapti",即了别。也就是说,八识虽其作用各有自己的突出方面,但就其与境的关系而言,皆以了别(vijñapti)为性。在《唯识三十论颂》中,毫无疑问,vijñapti 是能动性之功能作用,而且是能指向内境的认知能力,即识别(vijñāna)之义。由此可以明确地说,在《唯识三十论颂》中霍韬晦将 vijñapti 诠释为境,是误读。总之,不论是在了别的本义上,还是在了别摄识别的泛义上,他将 vijñapti 译为境含义之"表别"、"表相",以及进一步译 vijñaptimātra 为"唯表",是不当的。

胜吕信静在这方面的见解堕入了同样的误区。他认为在佛教的一般用法中,作为"认知机能"之 vijñapti 与作为认知作用的识相当,所以被译为了别,这是正确的。但他接着认为在唯识思想中,vijñapti 的基本用法不再是作为识相的认知作用,而是显现出来的表象,并认为这与"表业"(vijñapti-karma)之"表"(vijñapti)同义,却有误。他说:"vijñapti 的基本的意思,是持有了如此具体的意思内容之表象,此事,我认为在唯识里的 vijñapti 的用例,也是同样的情形。"① 由此他称 vijñapti 为"表象",而不是"了别"。高崎直道也如此。② 在此类诠释中,vijñapti 被作为心显现或者变现出来之表象,不再是能显现外境之了别。在此方向上更有将 vijñapti 理解为由识所造之实物的观点。如渥德尔认为:"……识的所缘境只是识的所造物。……值得注意的是所有的 vijñapti(识、识造、了别、了别所生物)在语法上是造格的形式,意指有意识的行为所引起的或所制造的事物,以别于简单的识 vijñāna。"③ 此中将 vijñapti 解为"有意识的行为所引起的或所制造的事物",显然比"表别"或者"表象"之义走得更远。简言之,以作为境的"表别"、"表象"、"事物"诠释唯识中的 vijñapti,是与唯识意趣相违的,无需赘言。

现在回过头来对 vijñapti 的译名作一些探讨。在佛典中,从心识与境角度反映 vijñapti 对境之呈现义时,一般译为了别(也有译为缘的),但在反映似境之显现义时,是否就应转译为"显现"呢?笔者认为不必。因为在梵文原典与藏译文本中皆一直分别是 vijñapti 与 rnam par rig pa,所以在汉文中继续使用"了别"之译名是合适的,只要注意,了别有"呈现"与"显现"二义,前者是"对境了了分明之呈现",后者是"似境了了分明之显现",就不会误读。韩镜清

---

① 《唯识思想》,第 125 页。
② 同上书,第 9 页。
③ 渥德尔:《印度佛教史》,王世安译,商务印书馆 1987 年版,第 399 页。

认为vijñapti是"了别"之义，但他为了强化"了别"是能动性的认知功能，而译其为"了别识"，处理欠妥。① 笔者认为，在"了别识"中，"了别"与"识"含义重叠，应该去掉"识"字而单用"了别"即可。

在汉译瑜伽行派唯识经论中，"唯识"观念所"唯"之"识"，对应梵文可以是vijñāna（识/识别），也可以是vijñapti（了别）。对识/识别与了别的具体用法可总结为下述几点：一者，识是在"识别"意义上直接建立的，体现在"分别（vikalpa）"或者"虚妄分别（abhūta-parikalpa）"之意义上；二者，了别则直接建立在"显现"（pratibhāsa，ābhāsa等）意义上；三者，识/识别与了别都有按照各自本义的使用，在此情况下，唯识/唯识别与唯了别意义相别；四者，识作为识别，多将了别之义摄在其中，所以就一方面谈虚妄分别，另一方面又谈显现；而在使用了别时，也多摄识别之义，所以一方面谈显现，另一方面又谈虚妄分别；在这两种情况下，唯识/唯识别与唯了别二者相融相通。另外，在谈唯识观时，心、意、识三者相通，所谓异名同体，可以互相统摄，因此常出现的"唯识"、"唯心"可相互替代。可根据唯识思想展开史予以具体说明。

瑜伽行派所宗有经有论。就经而言，《解深密经》谈识作为识别（rnam par shes pa）与其内境在阿陀那识所摄种子所生意义上的相待，以及认为所谓心所取的一切法并非心外之物，唯是了别（rnam par rig pa）所显现，因而有唯识（唯识别）与唯了别两种意趣并存；《阿毗达磨大乘经》中则直接标出"唯了别"（rnam par rig pa tsam），并以四种道理说明外境唯了别所显现的思想。

而在瑜伽行派三大祖师弥勒（Maitreya）、无著（Asaṅga）、世亲（Vasubandhu）的著述中，阐释唯识观的方式更多，有从识/识别与了别或相摄，或非相摄的角度的种种说明。

非相摄的例子如弥勒的《瑜伽师地论》"本地分"、无著的《大乘阿毗达磨集论》等，这些论围绕识/识别（及其所对内境）立说，属唯识说；又如弥勒的《辨法法性论颂》、无著的《摄大乘论》、世亲的《唯识二十论》等则主要围绕

---

① 韩镜清：《唯识学的第三次译传》，《玄奘研究》，陕西师范大学出版社1999年版，第195—204页。

了别（vijñapti，rnam par rig pa）立说，表明外境（或能取、所取）为了别所显现，属唯了别说。

相摄的例子如弥勒的《辨中边论颂》、《大乘庄严经论颂》、世亲的《三自性论颂》等，这些论基本是从显现立说，谈心（citta）或识（vijñāna）作为虚妄分别的显现，表面提阐唯识、唯心，但实际是唯了别；又如世亲的《唯识三十论颂》从识/识别转变角度立说，虽然主要提到唯了别，但意趣是唯识。

由上可知，在识/识别的意义上，或者识别与了别相摄的意义上建立的唯识观，将其译称为 vijñāna-mātra（唯识）是恰当的。这也是古代瑜伽行派的汉译大师如真谛、玄奘这样处理的依据。对比到西藏瑜伽行派译典也可看到相似的情况。虽然藏译严格将 vijñāna-mātra 与 vijñapti-mātra 对应地译为 rnam par shes pa tsam 与 rnam par rig pa tsam，但其对唯识学或者整个瑜伽行派学说的代称仍多是 sems tsam，即唯心，而不是 rnam par rig pa tsam（唯了别）。但在印度唯识经论中有明确以唯了别独立成说的著述，凸显了了别与识别角度的差别，必须得到重视。而且，唯了别反映了唯识观的基本意趣，实际是建立一切完整唯识观的思想基础。此中，完整唯识观意味，既要显示显现的一面，又要显示分别的一面，二者相融贯方能完整体现佛陀圣教的唯识意趣。

必须注意，由于 vijñāna-mātra（或 citta-mātra）与"vijñapti-mātra"的直接意义差异甚大，二者的区分、换用与相摄代表了对唯识思想的诠释意趣的改变。在最早出现的《解深密经》以及《瑜伽师地论》的"本地分"中，识与境（如眼识与色等）保持似能所形式，都以阿赖耶识（阿陀那识）所摄种子为因生起，因此没有常一自在的自性，即以和合缘起否定了凝然实体的可能；同时，在《解深密经》提出了别的显现观念后，进一步的展开将在外境意义上的能所这种二元形式予以消解。《辨中边论颂》、《大乘庄严经论颂》以识/心作为虚妄分别之体，错乱显现能所二取，而二取实无，凸显心识非能取、非所取的幻性；《辨法法性论颂》以及随顺《阿毗达磨大乘经》的《摄大乘论》等则以了别显现外境（所谓"义"，摄二取），将心识的显现最终诠释为了别的显现。由此，显现之义成为了一切唯识观的基础。即心识或了别作为依他起性存在，有错乱（能）显现相，其所显现之能取、所取（或外境）是遍计所执性，决定无。此中的"显现"义，遮除实有能取、所取，但许可能取、所取作为所显现相的明了现前。换言之，在遣除了能所二取的凝然实有幽灵后，心识（识别）、了别皆为因缘和合而起，虽显现为能取、所取（或外境），但能取、所取非有，唯有错乱之显现。在此意义上成立的唯识观，或被解释为"唯有识（vijñāna，或，心 citta）"，或被解释为"唯有了别（vijñapti）"。但必须注意，唯心、唯识的表述方式，虽然是在否定常一自在的凝然实体的意义上以"识别"义使用"心"、"识"的，但仍易引起凝然实体之执，因此，完全以识相了别为基础阐释唯识观，显得特别重要。正是在此意义上，无著将识（心）的显现说，转换为了别的显现说，彻底以唯了别说取代了唯识说（唯心说），在《摄大乘论》中构造出旨在破除外境（能取、所取）的唯了别说（vijñapti-mātra-vāda），完成了唯识观的第一类标准形态。而世亲（Vasubandhu）则在《唯识三十论颂》中，依照《瑜伽师地论》的识境似能所形式，在识/识别的"转变"（pariṇāma）意义上，重新确立似能所结构，建立了旨在凸显识及其结构的以识摄内境的"不离识"的唯识观念，即唯识说/唯识别说（vijñāna-mātra-vāda），完成了唯识观的第二类标准形态。但世亲的唯识意趣与无著的唯识意趣形成鲜明对照，显示出唯识说与唯了别说的区别。而且从无著学到世亲学，代表了唯识观的主流从"无相（Nirākāra）"唯识思想到"有相（Sākāra）"唯识思想的转变，后者为玄奘唯识学派所移植、继承与发展，并最终定型。

但无论如何，在无著以后，世亲以及印度中后期唯识学，其唯识观都必须兼容唯了别思想，即都在了别与识别相摄的意义上来构建整体唯识观。以世亲的著述为例。在其最后唯识著述《唯识三十论颂》中，引入了转变说（pariṇāma-vāda）诠释唯识机理，但仍主要以"唯了别"（vijñaptimātra）标示唯识，并与"唯识"（"唯识别"，vijñānamātra）等同运用。① 到此可以说，在唯识学中，谈唯识观，其核心概念是了别，即以了别的"似外境之显现"之义为立论的基础，再加入认知内境的识别义，从而了别与识别互摄。如胜吕信静云："在佛教里，为表示认知机能之术语，早就使用有 vijñapti 一词，而至于唯识说，再加之，变成使用着 vijñāna 一词。从这点看，在唯识学派，vijñāna 乃被限定为 vijñapti 的意思，所以把两者看作是同义语，可作如是之解释。"②

简言之，由于了别与识别互摄，了别与识别即相通，从而既有似外境显现而构成能显现与所显现的一面，又有建立内境相分，而构成见分与相分相待的一面。这反映了唯识学的内在意趣，也是建立整体唯识观的要求。所以在《唯

---

① 梵本《唯识三十颂》连同标题出现"唯了别"五次，出现"唯识别（唯识）"一次。
② 《唯识思想》，第 124 页。

识二十论》中说:"安立大乘三界唯识,以契经说三界唯心。心、意、识、了,名之差别。"① 其中,"了(vijñapti)"即了别,与心、意、识一体名异。

也正是在此处,中国的唯识学修学与研究者陷入理解的误区,即只接受"唯识"与"唯了别"之同一,而拒绝二者有什么差异,结果当然就误解了唯识之性质、意义与意趣,模糊各种唯识思想形态之差异,以及唯识思想之展开与变化,而有意无意地维持唯识思想之本来面目继续被遮蔽之局面。② 如前所述,这与唯识学的诸译师真谛、玄奘等将涉及唯识义的 vijñapti 与 vijñāna 不加区分地译为"识"有关。所以胜吕信静云:"汉译者把 vijñapti 与 vijñāna 都译为'识',所以两者是同义语,可说是不认定两语有意思上的差别。"③ 所有这些使后世学者辨析唯识义变得困难,当然意义也因而变得更大。

---

① 《唯识二十论》,《大正藏》第三十一册,第74页。
② 周贵华:《唯识与唯了别》,《哲学研究》2004年第3期。
③ 《唯识思想》,第124页。

第 四 章

唯识学之有无思想

第一节　言说与有无
——以早期唯识关于言说与有无的论说为中心

有无是指一切法的体性之有与无，即在存在论意义上的真实与虚妄。佛教主张通过把握真理而获得涅槃，因此，对有无乃至一切法相之辨明与证悟，是佛教的基本诉求之一。特别是到了大乘佛教，从解脱中心论转到了菩提中心论上，更以此方面为其教法安立的基础与根本。从大乘佛教的阶段开展看，中观行派与瑜伽行派展示出不同的特色。中观行派偏重在对世俗见与下乘见的遮遣或者说批判的方面，所以主要谈空，无自性，与无所得。而瑜伽行派在遮的基础上揭阐表的方面，因而有遮有表，建立三自性说，将一切法在有无意义上予以确定的判摄。可以说，瑜伽行派重遮，这体现了大乘精神的最基本方面，但更重表，这体现了瑜伽行派自身的特色。一般而言，中观行派与瑜伽行派由在遮与表或者说有与无方面各有偏重而在学说性质上互为补充。从学说的组织与内容看，瑜伽行派的有无说无疑是更为成熟与更为完整的。

按照历史的呈现，《瑜伽师地论》之"本地分"与《解深密经》、《辨中边论》等中的有无说在瑜伽行派的有无说中是最早的代表性学说，从其中可以观察到瑜伽行派的有无说的基本特质与基本模式。

一 言说与有无

在阿含佛教中，有无说较为素朴，主要体现在关于色、受、想、行、识五蕴的无常、苦、空、无我的共相说中。在部派佛教中，有无说有不同的深入开展，上座系如说一切有部建立假实说，大众系将有无与凡夫的言说及执著直接关联起来，这些到大乘佛教有全面的深化与系统建立。在大乘显现的初期即般若思想阶段，一方面从存在上揭示一切法本空，另一方面从机制上揭示空的道理。按照般若思想的意趣，一切法本来无相、不可得，但凡夫于此执为有或者无。此有与无之执着，是源于心识之虚妄忆想分别，但其发生的中介是言说。具体而言，一切法无非是言说之安立，或者说是假名安立、假名施设，即名言之假安立／假施设。这样，所谓的有与无，即是于名言所说执着而成，换言之，是心识之虚妄忆想分别所成。如《光赞般若波罗蜜经》云：

> 色谓我所而不可得，痛痒思想生死识谓是我所亦不可得。所以者何？为假名耳。……影响野马芭蕉幻化但有假号，若如字空而空无名，譬如名地水火风空，地水火风而自不名。所以名曰戒定慧解脱知见事须陀洹斯陀含阿那含阿罗汉但有名号，声闻辟支佛亦复如是，但有假号，所谓菩萨及菩萨字但假号耳。所名曰佛，诸佛之法，亦无实字但假号耳。……不当住于文字，不当住文字说。……所以者何？谓文字文字则空，无有异空。文字自然为空，其为空者无有文字。文字本空，其为空者无有名字。[1]

此中，将一切法区分为两类，即世间法与出世间法。世间法由五蕴即色、受、想、行、识（"色痛痒思想生死识"）所摄，五蕴唯是假名／假号，言说所立，而非实有，这样，世间一切法也是如此，唯是假名／假号，言说所立，绝非实有。不仅世间法，一切出世间法，所谓"戒定慧，解脱知见事，须陀洹，斯陀含，阿那含，阿罗汉"，"声闻辟支佛"，菩萨，佛，一切佛法（"诸佛之法"），但为假名／假号，所谓唯名，而非实有。这些世间出世间法的非实有性，引文用"影响野马芭蕉幻化"等譬喻来说明。"影"即影子，"响"即山谷的回响，相对于

---

[1] 《光赞般若波罗蜜经》卷三摩诃般若波罗蜜假号品第八，《大正藏》第八册，第167—169页。

原物而言，都是虚幻不实的。"野马"是指沙漠中由太阳的烈焰与风等相合而形成的所谓"阳炎"现象，如同海市蜃楼，状如奔马，似真而实为假。"芭蕉"似树，从外观看是结实的，但其干内空虚而不实。"幻化"者，幻指似是而非，如同魔术师所变之戏法，化指无根地产生一物，似原物而非原物。总之，幻化是指似物而非物，眩惑人眼目而令其误执。这些譬喻意在表明，一切法无非是依据言说安立的，其自性及其种种差别相，都是名而已，即唯名无别，所谓"唯以文字为假号耳"。因此，如名所指无实物，离名也没有实物，一句话，依名离名都无法捕捉到什么。而且名自身也是如此，虚幻不实。正是在此意义上，该经说："不当住于文字，不当住文字说"，以及"文字本空，其为空者无有名字"等等。可知，一切法都是无所得，无所住，而不可得，不可住的，都是"因缘法合而有假号"。但凡夫不知，而"住"于名，"计"于名，而起种种自性与种种差别之想。[①]

在般若思想中，一切法都是假名安立，因而说有说无，都是于名所起的种种分别，这种主张在初期瑜伽行派学说中得到了继承。《瑜伽师地论》的"本地分"即在此意趣下对有与无进行了阐释。《瑜伽师地论》说：

> 所言二者，谓有非有。此中有者，谓所安立假说自性，即是世间长时所执，亦是世间一切分别戏论根本，或谓为色受想行识，或谓眼耳鼻舌身意，或复谓为地水火风，或谓色声香味触法，或谓为善不善无记，或谓生灭，或谓缘生，或谓过去未来现在，或谓有为，或谓无为，或谓此世，或谓他世，或谓日月，或复谓为所见所闻所觉所知所求所得意随寻伺，最后乃至或谓涅槃，如是等类是诸世间共了诸法假说自性，是名为有。言非有者，谓即诸色假说自性，乃至涅槃假说自性，无事无相，假说所依一切都无，假立言说，依彼转者，皆无所有，是名非有。[②]

此中明确指出，所谓的有，实际是言说所安立的，换言之，依于言说而立一切法，并由此判其为有。具体而言，于名言上而得出的有，是于名言上执著而成的，或者说根于世间凡夫于名言反复执著从而生起的关于有的牢固信念。由此

[①] 《光赞般若波罗蜜经》卷三摩诃般若波罗蜜假号品第八，《大正藏》第八册，第167—169页。
[②] 《瑜伽师地论》卷三十六本地分中菩萨地第十五初持瑜伽处真实义品第四，《大正藏》第三十册，第486—487页。

对有的执著为基础，世间的一切自性与差别，乃至一切法之种种，才得以安立。其所言之一切法，如同前述般若思想，包括了一切世间与出世间法，从五蕴等世俗法，到涅槃等出世法，都在名言所摄范围之内。简言之，一切法皆名言所立，其自性即为假说性质，这样的有就是依于名言的有。但依于名言的有，非是真有/实有，所谓"无事无相"。这是因为名言所安立之有是无根的，其所依者本无所有。由于所依本无，依之而安立的种种法也无体性。这种有、无都是指凡夫境界。换言之，在凡夫境界中，说有说无都非真实，皆远离存在的真实相，所谓"先所说有今说非有，有及非有二俱远离法相所摄真实性事，是名无二"。① 有与无是执著所成的两边，离两边而无二，才能显示真实相。

作为瑜伽行派早期经典之《解深密经》，也将一切法归为言说，如在该经中解甚深义密意菩萨对如理请问菩萨说：

> 善男子，言有为者，乃是本师假施设句；若是本师假施设句，即是遍计所执言辞所说；若是遍计所执言辞所说，即是究竟种种遍计言辞所说，不成实故非是有为。善男子。言无为者，亦堕言辞施设。……善男子，言无为者，亦是本师假施设句；若是本师假施设句，即是遍计所执言辞所说；若是遍计所执言辞所说，即是究竟种种遍计言辞所说，不成实故非是无为。善男子，言有为者，亦堕言辞。②

此中意为，一切凡夫境界之法，是言说所诠，也是其心识所执，无疑是无体的，而且佛陀随顺凡夫世俗言说而安立的一切法，也是无体的。具体而言，有为、无为所摄一切法，皆是释迦牟尼佛（"本师"）随顺凡夫而安立，但这些法，不论有为，还是无为，皆非真实有为与真实无为，而是言说之假施设/假安立，所谓"假施设句"。引文进一步论证假施设句决定了一切法都是"不成实"的。这是因为，假施设句意味其是由"遍计所执言辞"所构成，而"遍计所执言辞"又是"究竟种种遍计言辞"，从而不能诠指真实之物。这给出了一个逻辑的推理关系：有为或者无为法——一切法——假施设句——遍计所执言辞——究竟种种遍计言辞——非实有。在其中，一切法作为言说之假施设，归结为"遍计所

---

① 《瑜伽师地论》卷三十六本地分中菩萨地第十五初持瑜伽处真实义品第四，《大正藏》第三十册，第487页。

② 《解深密经》卷一胜义谛相品第二，《大正藏》第十六册，第688—689页。

执言辞"与"究竟种种遍计言辞"。其中，遍计所执言辞可以看成是施设所认知对象之言辞，究竟种种遍计言辞则可看成是施设能认知者之言辞，而此能认知者由于能遍计种种，即是意识。这说明了这样一个原理：言说离不开意识，因此一切法作为言说，是由具有周遍分别力的意识安立的。意识的所缘对象是一切法，其能周遍分别与执著一切法，而被称为能遍计。在意识的遍计下，能现凡夫境界所摄的无量种种遍计所执之法。如《摄大乘论》云：

> 复次，有能遍计，有所遍计，遍计所执自性乃成。此中何者能遍计？何者所遍计？何者遍计所执自性？当知意识是能遍计，有分别故。所以者何？由此意识用自名言熏习为种子，及用一切识名言熏习为种子，是故意识无边行相分别而转，普于一切分别计度，故名遍计。又依他起自性名所遍计。又若由此相令依他起自性成所遍计，此中是名遍计所执自性。①

此中意为，意识具有无边行相之分别力，能于一切周遍计度，所以称为能遍计；意识于所缘之一切能周遍计度，所以所缘之一切称为所遍计；此能遍计之意识于所遍计之一切周遍计度，其所执著而成者即为遍计所执，或者说遍计所执自性。其中，所缘之一切，即所遍计，是言说施设的一切法，而所执著而成者，即遍计所执，是于名言所施设之法的增益性执著，即于非实有执为实有。在此意义上，狭义而言，前文之"遍计所执言辞"相当于所遍计，即凡夫于中产生执著的言说安立，为依他起性，"遍计所执"相当于所谓的"外境"，为遍计所执性；广义而言，"遍计所执言辞"与"究竟种种遍计言辞"皆属所遍计，由此二者所成的"遍计所执"即外境，是"所取"与"能取"，所谓的"二取"。

由意识于种种名言安立而起种种遍计，而成遍计所执，再由此而安立名言，这样周而复始地构成循环，即是名言与执著相互作用的机制。此机制的动力性核心是意识，而作用的对象是名言，如《摄大乘论》所言：

> 复次，云何遍计能遍计度？缘何境界？取何相貌？由何执著？由何起语？由何言说？何所增益？谓缘名为境，于依他起自性中取彼相貌，由见执著，由寻起语，由见闻等四种言说而起言说，于无义中增益为有，由此

---

① 《摄大乘论本》卷中所知相分第三，《大正藏》第三十一册，第139页。

遍计能遍计度。①

此中说明的是意识作为能遍计对所遍计之对象予以周遍计度的原理。具体而言，由能遍计意识对所遍计之依他起性（名言）周遍计度而形成遍计所执，是以名言为所缘境，于与此名言相应之依他起性而取其相，由意识实即是其见分于此相产生执著，此时，即以此相为实有存在，所谓"于无义中增益为有"，并由寻之思维力以及见闻觉知四种感知力而发起言说，这构成了于名执义以及据此执著而起言说的一环。在此基础上，又可进行相类似的下一环，而形成言说与执著之循环。这种执于名言而起遍计所执的关系，在《摄大乘论》中称为依名执义，如《摄大乘论》所说：

> 如是遍计复有五种：一依名遍计义自性，谓如是名有如是义；二依义遍计名自性，谓如是义有如是名；三依名遍计名自性，谓遍计度未了义名；四依义遍计义自性，谓遍计度未了名义；五依二遍计二自性，谓遍计度此名此义如是体性。②

此中将名（依他起性）及其所诠之义（遍计所执性）的关系列为五种，但实际其中主要是第一种，即依名遍计义，所谓依名执义。

从上面瑜伽行派经典关于言说与有无之关系的学说中可以看出，《解深密经》在其中起到了承先启后的作用，即在《瑜伽师地论》"本地分"中有无依于言说的主张的基础上，通过意识作为能遍计而于言说起遍计所执的思想启发无著在《摄大乘论》中建立了言说与遍计所执相关联的发生机制。

二　离言自性

大乘佛教指出，名言为安立凡夫境界之有无的所依，即依于名言，凡夫有有与无之判定。换言之，一切法/事物的存在是依于名言增益或损减而成的，即依名执义所成。但在大乘不同流派中，具体意趣还是有巨大差别的。大乘最早

---

① 《摄大乘论本》卷中所知相分第三，《大正藏》第三十一册，第139页。
② 同上。

出现之般若思想，以及继承与发扬其精神的中观学派，强调一切法的唯名性，完全将事物的存在归于言说。凡夫于此名言，而起增益，谓有自性，乃至种种差别，是为实有执，或者说增益执。正因为一切法依于言说，可说一切法为空，为无相，为无所得，为不可住。由此，依止于言说的假安立性，而有般若中观思想所强调的彻底的遮诠意趣。但这种意趣易被误执而堕入歧途，中观末流就是如此，趋于否定一切之极端，即虚无主义，或者说，损减执，所谓的"顽空见"。依于名言的增益执与顽空执在瑜伽行派的《瑜伽师地论》"本地分"中有清晰的表述：

> 有二种人于佛所说法毗奈耶俱为失坏，一者于色等法于色等事谓有假说自性自相，于实无事起增益执；二者于假说相处于假说相依离言自性胜义法性，谓一切种皆无所有，于实有事起损减执。于实无事，起增益执妄立法者所有过失，已具如前显了开示。于色等法实无事中起增益执有过失故，于佛所说法毗奈耶甚为失坏。于色等法实有唯事起损减执，坏诸法者所有过失，由是过失，于佛所说法毗奈耶甚为失坏，我今当说，谓若于彼色等诸法实有唯事起损减执，即无真实，亦无虚假。如是二种皆不应理。譬如要有色等诸蕴，方有假立补特伽罗，非无实事而有假立补特伽罗。如是要有色等诸法实有唯事，方可得有色等诸法假说所表，非无唯事而有色等假说所表。若唯有假，无有实事，既无依处，假亦无有，是则名为坏诸法者。①

此中意为增益执与损减执，都违背诸法实相，从而违背佛陀所安立之佛法意趣。具体而言，色等世间法，乃至涅槃等出世间法，作为名言安立，其如言所诠之自性、差别，都是假说性质，不成实，凡夫依此言诠而执为实有，此为增益执，即于实无倒执为实有。与此相反，于实有倒执其非有，则为损减执。即一切法虽无如言之自性，但并非说一切法成立的依据根本不存在。一切法还是有其真实之处，所谓"实有唯事"，即离言自性。也就是说，一切法如言自性绝无，但离言自性实有，所谓胜义法性。正是以离言自性为最终所依，一切法才能有所

---

① 《瑜伽师地论》卷三十六本地分中菩萨地第十五初持瑜伽处真实义品第四，《大正藏》第三十册，第488页。

安立。损减执就是否定此真实存在，而拨一切皆无，即将实有而损减为非有。由此损减，一切法皆不能成立，所谓真假，乃至一切，都归为无益、无意义。所以被称为"坏诸法者"。这类坏诸法者，在《瑜伽师地论》中是指对大乘空性见曲解者，实即指中观派思想末流者，如该论所说：

> 如有一类闻说难解大乘相应、空性相应、未极显了密意趣义甚深经典，不能如实解所说义，起不如理虚妄分别，由不巧便所引寻思，起如是见，立如是论，一切唯假，是为真实，若作是观，名为正观。彼于虚假所依处所实有唯事，拨为非有，是则一切虚假皆无，何当得有一切唯假，是为真实？由此道理彼于真实及以虚假二种俱谤，都无所有。由谤真实及虚假故，当知是名最极无者。……如是无者，能自败坏，亦坏世间随彼见者。①

此中所谓"难解大乘相应、空性相应、未极显了密意趣义甚深经典"指大乘之般若经典，因以阐释空性为本，而称空性相应。瑜伽行派认为，大乘空性经典主要是阐释空义，而对全面阐释诸法实相用力不多，诸法之实相还有待进一步诠显，因此，此类经典是甚深性，是"未极显了密意趣义"经，所谓不了义经者也。对此"未极显了密意趣义"之甚深经典，根性不够者不易悟入，易将空直接理解为虚无，导致否定一切。换言之，由于不能善巧把握空性，而起一切皆无、一切皆假的顽空见，所谓的"恶取空"。持此见者，首先直接否定了一切真实存在的可能性，进而否定了一切虚假法的可能性，即真实与虚假都不可能存在。在此意义上，即坏一切法，坏一切见，坏一切智慧，从而败坏世间道，又败坏出世间道。总之，自坏坏他，所谓堕"最极无者"。对此"恶取空"者，《瑜伽师地论》有说：

> 云何名为恶取空者，谓有沙门或婆罗门，由彼故空亦不信受，于此而空亦不信受，如是名为恶取空者。何以故？由彼故空彼实是无，于此而空，此实是有。由此道理可说为空。若说一切都无所有，何处、何者、何故名

---

① 《瑜伽师地论》卷三十六本地分中菩萨地第十五初持瑜伽处真实义品第四，《大正藏》第三十册，第488—489页。

空？亦不应言由此、于此即说为空。是故名为恶取空者。①

此中直接表明，恶取空是对空的错误认知。引文意为，空是一种限定性之遮诠概念，即唯将人们所执著的东西遮除，而不遮除真实存在的东西。如果空是一种无限之遮除，那它也只能用在彻底与无余遮除所执的意义上，而不是用在否定一切的意义上。其中，否定一切即是恶取空的误区。在空作为恰当否定的意义上，只遮除该遮除的东西，所谓"由彼故空"之"彼"，而不遮除不该遮除的东西，或者说，要显示不该遮除的东西，即真实之存在，所谓"于此而空"之"此"及其所显空性。将这里所说之"彼"与"此"及空性皆遮，或者说将虚假与真实一概否定，即是"顽空"，或者说，"恶取空"。

在瑜伽行派看来，恶取空者因为损减真实存在，从而否定了一切所知境界以及解脱的可能性，不能建立种种法以及谛理，由此，其对恶取空者深恶痛绝，如《瑜伽师地论》引佛陀的言教说："宁如一类起我见者，不如一类恶取空者。"② 所以《瑜伽师地论》说："如是无者，一切有智同梵行者不应共语，不应共住。"③

般若思想重遮，甚至是唯遮，这种倾向在早期佛性如来藏思想中被超越。后者强调，空不仅是遮，而且是通过遮之显，即显示一切法有其究极真实之性。如《大般涅槃经》说：

> 是诸外道所言我者，如虫食木偶成字耳，是故如来于佛法中唱是无我。为调众生故，为知时故，说是无我。有因缘故亦说有我，如彼良医善知于乳是药非药，非如凡夫所计吾我。凡夫愚人所计我者，或言大如拇指，或如芥子，或如微尘，如来说我悉不如是。是故说言，诸法无我，实非无我。何者是我？若法是实，是真，是常，是主，是依性，不变易者，是名为我。如彼大医善解乳药，如来亦尔，为众生故，说诸法中真实有我。④

---

① 《瑜伽师地论》卷三十六本地分中菩萨地第十五初持瑜伽处真实义品第四，《大正藏》第三十册，第488页。
② 同上。
③ 同上。
④ 《大般涅槃经》卷二寿命品第一之二，《大正藏》第十二册，第378—379页。

此中即示一切法之实性并非是无，而是恒常不变性、真实性、我性、主性、所依性，换言之，诸法显现为无常相、无我相，但其实性却是恒常、自在之我性。而外道虽用我之名而实不知何者为我，其所说我实即是对法的颠倒执著，所以佛陀说无我言教予以对治，而真正了义之教却是诸法实性为我之有我说。简言之，一切法无凡夫所执我相，但有真实之我，即其究极之自性，胜义之实有。

瑜伽行派学说作为大乘的后起之学，将般若思想重空与早期佛性如来藏思想重胜义有两种倾向融贯起来，其中，诸法空与诸法具有胜义之实性，在瑜伽行派著述中被表述为：一切法没有如言之性，但有离言之性，所谓离言自性。离言自性作为一切法之真实自性，由于非是依名执义所显，其界定使用了遮后反显的方式。如《瑜伽师地论》所说：

> 以何道理应知诸法离言自性？谓一切法假立自相，或说为色，或说为受，如前广说，乃至涅槃。当知一切唯假建立，非有自性，亦非离彼别有自性是言所行，是言境界。如是诸法非有自性如言所说，亦非一切都无所有。如是非有，亦非一切都无所有，云何而有？谓离增益实无妄执，及离损减实有妄执。如是而有，即是诸法胜义自性，当知唯是无分别智所行境界。[1]

此中说世俗境界即是执取之境界。具体而言，在凡夫之分别心的呈现中，不论是执有依名之存在，还是执有不依名之存在，都是与执取相应，实际都是言说所涉境界，都是言语分别之认知对象。换言之，一切法都是依于言说建立的，即其性相都为依名之假立，从世间之安立，如色受想行识五蕴等，到出世间之安立，如涅槃等，都为假名安立，而无如名所诠之义，或者说，无如名之自性。在此意义上，一切名言法，即一切名言所成之法，皆假法。然而《瑜伽师地论》强调，名言法虽是假法，其所诠非有，但并不意味一切皆无，所谓并非"一切都无所有"。因为，一切假说最终之所依绝不能说非有。这样，离于如言之有，离于否定一切之非有，即于名言不堕有与无两边，由此能显示真实之有。这样的有，由于"离增益实无妄执，及离损减实有妄执"，显现的是一切法的本来面

---

[1] 《瑜伽师地论》卷三十六本地分中菩萨地第十五初持瑜伽处真实义品第四，《大正藏》第三十册，第488页。

目，即诸法实相。而且，此有由于是诸法之真实性，称"自性"，即真实自性；非是如言所显，而称"离言自性"；非是分别心之所缘，而是无分别智的认知对象（"所行境界"），所以称"胜义自性"。

此等意趣在《瑜伽师地论》中还有相似的说明：

> 于色等想法，建立色等法名，即以如是色等法名诠表随说色等想法，或说为色，或说为受，或说为想，广说乃至说为涅槃，于此一切色等想法色等自性，都无所有，亦无有余色等性法，而于其中色等想法离言义性，真实是有，当知即是胜义自性，亦是法性。①

此中强调，于色等想法建立色等法名，但色等想法并无如名（言）之色等自性；而于色等想法上离"言义"（"色等"）所显，即是"离言自性"，真实是有，为胜义之存在，是诸法之实性，所谓"法性"。

离言自性于名言不堕有与无两边而显现，如《瑜伽师地论》所说：

> 又安立此真实义相，当知即是无二所显。所言二者，谓有、非有。……有及非有二俱远离法相所摄真实性事，是名无二。由无二故，说名中道。远离二边亦名无上。佛世尊智于此真实已善清净，诸菩萨智于此真实学道所显。②

此中所说"有"，即是于名言法所诠义之判定，是凡夫之所执，所谓依名执义者也，是为凡夫"实有执"的一面；"非有"，是指一切法皆无所有，是为凡夫"顽空见"的一面。有与非有称两边，而离此有与非有的两边，称无二。不堕两边，称中道。由离两边，无有能超而上者，称无上。此无二之存在，是中道之存在，是无上之存在，唯为大乘圣者所亲证，诸菩萨以根本无分别智已能证悟，但诸佛以佛智不仅已证悟，而且已极善清净，因为其根本智与后得智皆已圆满。

诸法离言自性，于一切法皆是离言义所显，因此，作为法性，于一切法平等无差别，而称真如，如《瑜伽师地论》所说：

---

① 《瑜伽师地论》卷三十六本地分中菩萨地第十五初持瑜伽处真实义品第四，《大正藏》第三十册，第489页。

② 同上书，第486—487页。

> 又诸菩萨由能深入法无我智,于一切法离言自性如实知已,达无少法及少品类可起分别,唯取其事,唯取真如,不作是念:"此是唯事,是唯真如",但行于义。如是菩萨行胜义故,于一切法平等平等以真如慧如实观察,于一切处具平等见、具平等心、得最胜舍……①

此中意为,诸法之如言自性,即是诸法之法我,而其离言自性,即是其法无我性。此性由于是诸法唯一真实之存在性,是诸法真实自性/体性,所谓法性。称其为真如,是因为其是真实不虚,离于颠倒,而恒常不变。既为自性,又是真、常,因此真如周遍一切法,而于一切法平等无别。这种平等性,不仅表示一切法在体性上之平等,而且表示一切法于其能证智即根本智上之平等,以及表示根本智与离言自性作为能缘与所缘直接相契合之平等。而此平等性,一般由真如义来体现:

离言自性作为诸法实性的思想在《解深密经》中以相似于《瑜伽师地论》中的诠释呈现:

> 然非无事而有所说。何等为事?谓诸圣者以圣智圣见离名言故,现等正觉,即于如是离言法性,为欲令他现等觉故,假立名想谓之有为。……假立名想谓之无为。②

此中意为,佛陀随顺世俗言说安立一切法,所谓有为法,所谓无为法,而此所立种种法并无如名所诠之义,即如名之自性,但此等名言法并非是无根据而立,其所依者称"事",为实有之存在。其非名言所诠故,又称离言自性,或者离言法性。依于此离言自性,才有种种名言的建立,以用于帮助悟入离言自性。对此离言自性,《解深密经》说:

> 内证无相之所行,不可言说绝表示,息诸诤论胜义谛,超过一切寻

---

① 《瑜伽师地论》卷三十六本地分中菩萨地第十五初持瑜伽处真实义品第四,《大正藏》第三十册,第487页。

② 《解深密经》卷一胜义谛相品第二,《大正藏》第十六册,第689页。

思相。①

意为，此离言自性，由是离言所显，所以不可言说，而且不能以任何形相表示，乃至不能以譬喻喻及，分别心之思维也不能把握，由此只能以无分别智冥契，所谓自内所证，在此意义上，称为殊胜之境界、真实之存在。

此离言自性，作为胜义谛，《解深密经》说为周遍一切，如该经中佛陀对须菩提（善现）云：

> 唯有常常时，恒恒时，如来出世若不出世，诸法法性安立，法界安住。是故善现，由此道理当知胜义谛是遍一切一味相。善现，譬如种种非一品类异相色中，虚空无相、无分别、无变异，遍一切一味相，如是异性异相一切法中，胜义谛遍一切一味相。②

此中强调了离言自性是殊胜智慧所缘之真实存在，恒常、无相、无差别、无变异、遍一切，是本然性存在，为如来所圆满证悟，但非如来所造成。在此真实、恒常、周遍之意义上，即称真如，所谓于一切法平等无差别的真实不变性。《解深密经》说："云何诸法圆成实相？谓一切法平等真如。"③ 此中明确对于一切法平等无差别是真如之本性，换言之，真如是在于诸法平等无别的意义上安立的。

第二节　对《解深密经》有无说之诠释
——以圆测的《解深密经疏》为中心

瑜伽行派关于有无的思想主要依据于《解深密经》，而古代对该经的直接研究一般都反映在对其的疏释中。在中国，现仅存的一部汉文《解深密

---

① 《解深密经》卷一胜义谛相品第二，《大正藏》第十六册，第690页。
② 同上书，第692页。
③ 《解深密经》卷二一切法相品第四，《大正藏》第十六册，第693页。

经疏》为与窥基（632—682）齐名的唯识大师圆测（613—696）[①]所撰作。本章就依据圆测的疏释分析其对《解深密经》的有无思想的诠解。

一 对《解深密经》有无说疏释之特点

1. 对《解深密经》有无说疏释之基本特点

《解深密经》在有无方面的论说主要在卷一与卷二，其中有三品，即第二胜义谛相品，第四一切法相品，第五无自性相品，集中阐明有无说。第二品胜义谛相品主要诠说一切法之胜义法相离言自性，第四品一切法相品根据三自性进一步诠说一切法之法相，第五品无自性相品通过三无自性性，从与三自性之表诠互补的遮诠角度，对一切法之相予以阐明。

圆测的《解深密经疏》用了三卷多的篇幅来疏释此三品，即卷第二胜义谛相品第二；卷第三胜义谛相品之余等；卷第四一切法相品第四，无自性相品第五；卷第五无自性相品之余。当然，在其他卷中，也散见有他对有无思想的论说。

圆测对此三品的注疏采取的主要方式有三：第一，对内容结构予以科判，说明经文意趣。第二，罗列相关诠释的主要观点，并予以抉择与会通。其中，相关观点主要包括部派佛教的观点，大乘经论的观点，以及中国重要唯识大师玄奘、真谛等的观点。第三，给出自己的观点，或者是自己的新说，即自标新解；或者是抉择其他观点而选胜者，即舍劣归胜；或者是驳斥谬说而出正者，即去谬反正；或者是对不容取舍的观点予以会通而得的立场，即并协诸量。

圆测的注疏值得注意的特色有三：第一，广引大小乘经论以及汉地译师的观点。第二，对唯识学典籍的旧译没有贴上佛教意识形态的标签，基本上是在平等的基础上与新译的立场相互比较。如对真谛的译著以及观点，并非一味地

[①] 圆测（613—696），名文雅，传说原是新罗国王孙，三岁出家，唐初来中国。对其生平学界争论较多。他是一个学问渊博的佛学大师，其最为重要的学术建树是在瑜伽行派学说方面，被广泛认为是与玄奘弟子窥基并驾齐驱之祖师级杰出人物。在玄奘去世后，他主要在长安西明寺住锡讲学，所以被称为"西明大师"，其学问的传承因此可冠以"西明学派"之名。

圆测著述甚丰，后世知名者约有十四部，但其中只有三部留存下来，即《解深密经疏》，《仁王经疏》，以及《般若心经赞》。在圆测的著述中，最为重要者是《成唯识论疏》。如《宋高僧传》圆测传云："所著唯识疏钞，详解经论，天下分行焉。"（《宋高僧传》卷四）其次为《解深密经疏》。在《成唯识论疏》已佚的情况下，现今学界研究圆测思想，其主要参考著作就是《解深密经疏》。

拒斥，而是予以公正地抉择，甚至多有作为标准引证的。第三，将大乘般若思想、早期佛性如来藏思想与唯识思想都予以平等重视，特别是广引早期佛性如来藏经典，凸显出圆测对此系思想有所偏爱。在此意义上，作为唯识学家的圆测，是偏向于与心性如来藏思想合一的无为依唯识学的立场的。玄奘有意不翻译无为依唯识性质亦即瑜伽行学中的佛性如来藏思想的瑜伽行派典籍，如《楞伽经》、《密严经》、《究竟一乘宝性论》、《大乘庄严经论》、《佛性论》等，并斥这类性质经典的翻译者如菩提流支、勒那摩提、真谛等所译及其思想错误甚多，与其高徒窥基独阐有为依唯识学，确立了自唐朝始唯识学的正统与标准模式，而与佛性如来藏思想分道扬镳。圆测一方面承玄奘之学，另一方面又尊奉早期佛性如来藏经典以及瑜伽行学中无为依唯识性质的经典。这样可以判定，其思想倾向以及学说性质是属于无为依唯识学一流的。这与当时的主流奘传唯识的立场具有明显的分歧。考虑到玄奘窥基学派在唯识立场上强烈的佛教意识形态色彩，圆测兼收并蓄而包容"旧译"与佛性如来藏思想，需要有巨大的思想勇气。这也导致后来对其种种不堪传说，其中偷学唯识的故事更几乎被执为历史事实。从圆测学派与玄奘窥基学派在思想性质上的差别以及治学态度上的对立，容易看出，上述传说属于有意栽赃的性质的可能最大。

2. 对"深密"意趣之说明

圆测作为唯识学大师，其基本立场是依据于瑜伽行学。所以，在其判教立场中，就随顺《解深密经》的三时判教说，认为释迦牟尼佛兴教是以三个阶段展开：第一阶段，在鹿野园开转四谛法轮，所谓四谛教；第二阶段，在鹫峰等十六会中开转无相法轮，所谓无相教；第三阶段，在莲华藏等净秽土开转三性法轮，所谓了义教。此中了义者，是决定、显明、无余之义，在性质上属于最殊胜者。在《解深密经》中说明第三了义教所诠显之中心义是"一切法皆无自性，无生无灭，本来寂静，自性涅槃，无自性性"。① 此中的"无自性性"，圆测解为"胜义无自性性"，而指圆成实性，亦即所谓一切法的离言自性，或者说平等真如，是为胜义谛。所以，他说："言宗体者，体即总明能诠教体，宗言别显诸教所诠。然诸圣教，大唐三藏，五门出体：一摄妄归真门……"② 此中引用

---

① 《解深密经》卷二无自性相品第五，《大正藏》第十六册，第 697 页。
② 《解深密经疏》卷一，《续（X）藏经》第二十一册，第 171—172 页。

玄奘对瑜伽行学的判摄，认为第三时教之宗体是"摄妄归真门"所显，即是"真"，也就是真如。进而认为，《解深密经》作为第三时了义教的代表性经典，其主旨即是阐提第三时了义教的中心义，即胜义谛离言自性。据此，他对《解深密经》予以了解题。

在圆测看来，"解深密经"四字中，"深密"是用于表明佛陀之教的。"深"即甚深，指胜义之离言自性，所谓真如；"密"即秘密，指佛陀之法音。他说：

> 真性甚深，超众象而为象；圆音秘密，布群言而不言。斯乃即言而言亡，非象而象著。理虽寂而可谈，即言而言亡。言虽弘而无说，故嘿不二于丈室；可谈，故辨三性于净宫。是故慈氏菩萨，说真俗而并存；龙猛大士，谈空有而双遣。然则存不违遣，唯识之义弥彰；遣不违存，无相之旨恒立。亦空亦有，顺成二谛之宗；非有非空，契会中道之理。①

此中认为，真性（真如）虽然是甚深的，超象离言，但仍可以通过言说方便开显；佛陀的教言虽然似有所诠说，但属假名安立，所诠之如言自性无体，换言之，佛陀之教言虽似能诠，但实非真能诠，所以说"言而言亡"。此言仅是为了遮除众生之执，以及方便反显诸法之真性而安立。因为真性虽超象但可以以言反显，所以真性为"可谈"，而相应于真性之三自性亦就"可谈"，在此意义上，慈氏菩萨（弥勒菩萨）才通过三自性说广抉择诸法之有无，所谓"说真俗而并存"。也因为名言非真能诠，所以"言而不言"，"言而言亡"，说而"无说"，由此可见在《维摩诘经》中提阐不二，亦可见龙树菩萨（"龙猛大士"）通过无自性说而遍遮，所谓"谈空有而双遣"。但在圆测眼里，龙树偏谈空，弥勒偏谈有，而空有二者并不相碍相违，实际互为补充，而成中道妙理。这就是《解深密经》题目之意趣，"深密"是真俗或者空有之相互渗透、相互补充、相互摄入，揭示出一切法之真实体相。

这样，按照圆测的思路观察，《解深密经》的主题略可有二：第一就是诠显一切法的胜义谛真性，乃至诠显一切法之体相三自性与三无自性性；第二，就是证显此等诸性。前者属于法相道理，后者属于修行及其所证果。这实际体现了瑜伽行学的标准理论结构模式，即境行果三学。

---

① 《解深密经疏》卷一，《续（X）藏经》第二十一册，第 171 页。

二 关于胜义谛离言自性

《解深密经》在第二胜义谛相品直接对释迦牟尼佛的一切教言安立及其所立一切法的性质予以了说明,其中阐明了一切法在存在性上是依于离言自性的。圆测从凡夫之依名执义与圣者之离言悟性角度进行了疏释。

1. 一切法之性质

在《解深密经》第二品之起首,将一切法分为了有为与无为两类。或者说,包括世间出世间的一切法,被概括为有为和无为两类。对此有为与无为法类之安立/施设,《解深密经》说:

(1) 是中有为非有为非无为,无为亦非无为非有为。[①]

(2) 言有为者,乃是本师假施设句。若是本师假施设句,即是遍计所执言辞所说。若是遍计所执言辞所说,即是究竟种种遍计言辞所说,不成实故,非是有为。……言无为者,亦堕言辞施设。[②]

(3) 言无为者,亦是本师假施设句。若是本师假施设句,即是遍计所执言辞所说。若是遍计所执言辞所说,即是究竟种种遍计言辞所说,不成实故,非是无为。……言有为者,亦堕言辞。[③]

此中指出,一切法可以分为有为无为,但此有为无为并非真实有为无为,具体而言,有为非是有为,亦非无为,无为亦是如此。这是因为无论有为,还是无为,皆非自性自足而成,而是"本师假施设句"。此中以"本师施设"标记,实际意味将一切法分为了两分:一是凡夫境界直接之所摄,以及佛陀为教度凡夫而随顺凡夫之所施设。前者当然是无体的,但后者是否无体?前述引文就是用于回答这个问题的。引文对佛陀所施设之有为无为种种法在存在性上予以进一步解释,而且是一步一步逻辑俨然地进行推论:有为或者无为,由是假施设句,则是遍计所执言辞所说;由是遍计所执言辞所说,即是究竟种种遍计言辞所说;

[①] 《解深密经》卷一胜义谛相品第二,《大正藏》第十六册,第688页。
[②] 同上书,第688—689页。
[③] 同上书,第689页。

由是究竟种种遍计言辞所说,即非自性所成;由非自性所成,即不成实;由不成实,即非有为,亦非无为。此中隐含着一个重要的前提,即一切名言法其所诠皆是无体。这样,有为无为作为名言法,皆无所诠自性,所以也就非有真实体性,而非真实有为无为。

对于前引文,在佛教中曾有不同的理解。圆测曾将几种代表性观点予以叙述并抉择,最后提出了自己的看法。在《解深密经疏》中列举了三种观点:

第一种主张是,"本师"指外道祖师,一切法由外道安立,而说为遍计所执言辞所说,即由执著性言辞所说,其所诠当然不是实有,也就非是真实有为无为。其中,遍计所集即是遍计所执之义。

第二种主张是真谛的观点,认为"本师"指佛陀,一切法由佛陀以后得智(后得无分别智)而安立、诠说,但后得智是借助名言且缘差别法之认知,因此,依于后得智安立的言辞称遍计所执言辞,从而一切法皆是遍计言辞所说。

第三种主张是,"本师"是佛陀,一切法是佛陀用言辞假安立的,言辞由于非真能诠,其所诠并非实有体性,佛陀随顺凡夫境界,为引导凡夫而方便安立,但凡夫依于遍计所执性,而于名言依名执义,执着如名自性为实有,所以称此言辞安立为"遍计所执言辞",或者"遍计言辞"。

圆测认为此三说中,第三说为最胜。因为第一说主张本师指外道祖师,这与经文的上下文不合;第二说将依后得智所安立的名言法,称为遍计言辞法,但并没有直接说出用"遍计"或"遍计所执"的意趣,如进一步用凡夫之执著诠释"遍计"与"遍计所执",则就可归入第三说了。应该说,圆测的分析是正确的,确实是第三说最切《解深密经》意趣。

既然一切法皆是名言假立,其诠显之种种自性、差别皆是无体,那一切法本性上就是没有差别性的,所谓"无二"。这种无二性是对一切法如言体性的直接遮除,也是一切法的本性。现在要问此无二性作为本性是否是实存/实有,而可称实性?《解深密经》的回答是肯定的。作为实性之无二性,由于不是名言所直显,或者说,不是言辞所说,而称为离言自性。一切言说安立虽然都不能直接把握离言自性,但其意义仍可分凡佛之不同。凡夫的安立不但不能显示离言自性,反而对其予以遮蔽,而佛的安立却能方便显示离言自性。在后者的意义上,离言自性作为各别法之实性,即是安立各别法之所依。换言之,一切法依于离言自性而安立。这是《解深密经》要显示的意趣。

2. 离言自性/事

如前所述，一切法虽然是名言安立的，但其安立并非无据，或者说并非无所依，此即是其离言自性/离言法性，在《解深密经》中被称为事：

> 然非无事而有所说。何等为事？谓诸圣者以圣智圣见离名言故，现等正觉，即于如是离言法性，为欲令他现等觉故，假立名想谓之有为。……假立名想谓之无为。①

此中意为：一切名言法皆无如名/如言自性，但有离言自性/离言法性，诸佛菩萨以无分别智而可亲证。诸圣者证得离言自性已，欲令众生悟入离言自性，而依离言自性假立种种法，谓之有为与无为。众生依此有为无为，即可被引导而渐次对治其障，最终亲证诸法实性，即离言自性。此中依之建立言说的离言自性，由于是实有，而被称为"事"。所以圆测将"事"诠释为"体事"："事者，体事。"② 意为，离言自性是一切法之真实体性。此中圆测认为，离言自性作为一切法之共相实性，是真实有体，并非只是无体之理性。即将实有、实性与有体等同起来。在圆测看来，引文意为，说有为无为非是实有为无为，并非是说一切法为绝对的无所有，恰恰相反，是为了显示其离言自性是决定有，并强调正是以此为体事，才有名言法的种种安立。

但圆测疏也指出，虽然本师所安立的一切法是依于实有"事"安立的，但凡夫于言说的安立却无真实所依。如圆测疏引据真谛所译《三无性论》云：

> 外曰：无体云何分别？答：但有名无义故。何以故？如世间于义中立名，凡夫执名，分别义性，谓名即义性，此为颠倒。但有名分别，无实体故。③

此中意为，凡夫于义立名，而依名去执取此义。但此义本无实体，所以唯名而已。

---

① 《解深密经》卷一胜义谛相品第二，《大正藏》第十六册，第689页。
② 《解深密经疏》卷二，《续（X）藏经》第二十一册，第207页。
③ 《解深密经疏》卷四，《续（X）藏经》第二十一册，第257页；引自《三无性论》卷上，《大正藏》第三十一册，第868页。

3. 胜义谛

前述所说一切法之无二性，或者说离言自性、真如、事，是为胜义谛。谛者，谓真实、真理。圆测引《瑜伽师地论》卷五十五云："谛有二义：……一如所说相不舍离义，二由观此故到究竟，故名为谛。相谓体相，或是相状。"① 此中，第一义即是相当于真实之义；第二义相当于真理之义，依此可以究竟到彼岸故。胜义谛，谓胜义即谛，或者胜义之谛。对此，《解深密经疏》解云：

> 谛有二种：一者世俗，二者胜义。言世俗者，世是隐覆义，俗是粗显义，谓瓶衣等；世粗显物，隐覆胜义，故名世俗。名胜义者，胜谓胜智，义即境义；谓真如理，是胜智之境义，故名胜义。即六释中依主释也。或复义者即是义利，谓涅槃果；即胜义利，名为胜义。即六释中持业释也。或复圣道用胜为义，故名胜义，是有财释。②

此中对胜义谛依据六离合释予以诠释，给出了三种胜义。胜为殊胜之智慧，即无分别智，义为此智所亲证之境，即殊胜智所证境，称胜义；或者，殊胜之义利，即菩提道最高、最终之趣求，所谓涅槃果，称胜义；或者，圣道殊胜故即为义，而称胜义。圆测认为第一种解释最为恰当。因为谛作为真理、真实，是智慧证知之境界，在此意义上，胜义直接与谛联系起来，有了义之味道。而余二释虽然在意义上与第一释可相通，但未直接显明谛义，因此被舍。以胜智境释胜义，根据六离合释的解释方式看，应是胜义即谛，属持业释。③

对作为胜义谛的离言自性真如，圆测根据《瑜伽师地论》卷七十五引五义说明："胜义谛有五相：一离名言相，二无二相，三超过寻思所行相，四超过诸法一异性相，五遍一切一味相。"④ 此五相是对《解深密经》第二胜义谛相品中

---

① 《解深密经疏》卷二，《续（X）藏经》第二十一册，第203页；引自《瑜伽师地论》卷五十五，《大正藏》第三十册，第605页。

② 《解深密经疏》卷二，《续（X）藏经》第二十一册，第203页。

③ 六离合释是解释复合词的六种方法，源于梵语。即将复合词先分开单释，然后再合释，故称离合释。此六法为依主释、持业释、有财释、相违释、带数释、邻近释。

④ 《解深密经疏》卷二，《续（X）藏经》第二十一册，第203页；引自《瑜伽师地论》卷七十五，《大正藏》第三十册，第713页。

胜义谛相之义的概括。

在胜义谛相品的开首，即点明一切法无二，接着通过一切法皆是名言假安立之论说，表明一切法的所依事体谓离言自性，为实有。而离言自性就是一切法的无二性，即胜义谛。

随后论说胜义谛超过寻思所行相，所谓"内证无相之所行，不可言说绝表示，息诸诤论胜义谛，超过一切寻思相"。① 意为，胜义谛是不可分别、不可言说、不可以任何有相形式显示之离言相、无二相，因此是无分别智自内所证，或者说唯有以无分别之方式去冥契。圆测根据上颂，将此超寻思境以五相诠显："一内自所证，二无相所行，三不可言说，四绝诸表示，五息诸诤论。"② 归结起来，离言真如，非一切有分别行相之认知方式所能把握，所以说非"寻思"所行，而"超过一切寻思相"。此中之"寻思"，圆测疏释为："此经言名寻思者，通说寻伺，皆名寻思，皆有推求思量义故。"③ 意为，寻思是指寻、伺二心所。此二心所分别具有粗细之推求思量之力。由此力，而称寻思。此寻思力相应之一切认知能力皆不能把握离言、无相之真如，其所认知境界是有相境界，而且依此寻思力而起的言说也不能诠说此离言、无相之真如境界。

接着，胜义谛相品论说胜义谛超过诸法一异相，如颂云："行界胜义相，离一异性相。"④ 此中"行界"，圆测释为："言行界者，行谓迁流有为诸行，界是性义。自有二说：一云有为自性，名之为界；一云诸行皆以真如为自性，名为行界。即以行界为胜义也。"⑤ 圆测取第二义，即以真如作为行界之义。胜义谛与诸行非一，是因为离言自性是胜义之清净，而与诸行之杂染相截然有别；与诸行非异，是因为离言自性是诸行之共相，而与诸行不能条然无关，换言之，若胜义谛与诸行决定相异，则应非诸行无我之所显实性、共相。所以圆测疏云：若胜义谛与诸行无异，"应堕杂染，与诸行相都无异故，犹如杂染。……若胜义谛异诸行相，应非诸行共相，与彼诸行一向异故。"⑥ 由此可知，胜义谛与一切法非一非异，而超于诸法一异相。

---

① 《解深密经》卷一胜义谛相品第二，《大正藏》第十六册，第690页。
② 《解深密经疏》卷二，《续（X）藏经》第二十一册，第215页。
③ 同上。
④ 《解深密经》卷一胜义谛相品第二，《大正藏》第十六册，第691页。
⑤ 《解深密经疏》卷二，《续（X）藏经》第二十一册，第228页。
⑥ 同上书，第225—226页。

最后，胜义谛相品论说胜义谛遍一切一味相，如说："譬如种种非一品类异相色中，虚空无相、无分别、无变异，遍一切一味相。如是异性异相一切法中，胜义谛遍一切一味相，当知亦然。"① 即将胜义谛离言自性比喻为虚空，而谈其于一切法之周遍性。对于虚空三相，圆测疏根据真谛《解节经》云："然虚空中，无能所造相，故名无相。无有有见、有对色等种种差别故，名无分别。分别即是差别异名。解节经云：无差别故亦无变坏，名无变异。具此三义，名一味相。"② 即虚空由具此三相，是为一味而遍一切色。与此相似，胜义谛是为一味，而遍一切法。圆测疏云："言异性相者，即自相、差别，故深密云自相、差别。此意说云，一切诸法皆有二相：一者自性，二者差别。而胜义中无一切法自相差别，故名一味。故佛地经云：譬如虚空，虽遍诸色种种相中，而不可说有种种相，体唯一味。如是如来清净法界，虽复遍至种种相类所知境界，而不可说有种种相，体唯一味。"③ 此中解释了胜义谛离言自性之"一味相"之义，即胜义谛由无二、离言，而无种种相，所谓自性、差别，故称一味。胜义谛之一味相，如同虚空之一味相，实际也是无相、无差别、无变异所显的。

正因为胜义谛离言自性具有无二、离言、超寻思、超一异、一味相，所以《解深密经》胜义谛相品说其"微细、甚深"、"难可通达"，或者说其"微细极微细、甚深极甚深、难通达极难通达"。对此，圆测疏依真谛所释给出三义，其中有两义构成对五相之通释："非凡所知，故名微细；非二乘所知，故名甚深；非地前菩萨所能证见，故名难可通达。……又非闻慧境故，名微细；非思慧境故，说甚深；非凡夫二乘初学菩萨修慧境故，说难可通达。"④ 应该说，最后一义包摄第一义，因而是最胜。

圆测疏还引《佛说无上依经》关于如来界之五功德相："一不可说相，二无二相，三过觉观相，四过一异相，五一切处一味相。"⑤ 由于如来界即指法性真如，这五相实际给出的是胜义谛之五相。这与《解深密经》、《瑜伽师地论》所给五相相一致。因此，可以说，从历史的显现看，《解深密经》与《瑜伽师地

---

① 《解深密经》卷一胜义谛相品第二，《大正藏》第十六册，第 692 页。
② 《解深密经疏》卷三，《续（X）藏经》第二十一册，第 238 页。
③ 同上书，第 239 页。
④ 《解深密经疏》卷二，《续（X）藏经》第二十一册，第 222 页。
⑤ 同上书，第 206 页；引自《佛说无上依经》卷上如来界品第二，《大正藏》第十六册，第 470 页。

论》之胜义谛五相,应来自于《佛说无上依经》之如来界五功德相。

三 关于三自性

《解深密经》在第二品胜义谛相品说明了胜义谛离言自性这种无为性质的法体的胜义实有后,在第四一切法相品中诠说三自性,从而说明了一切法之存在性法相。圆测对此品的疏释,反映了其有无说的完整立场。

1. 三自性与一切法相

第四一切法相品是谈一切法相的。对法及其相,圆测疏云:"持自性,轨生物解,名之为法。相谓体相,或相状相。"也就是说,法相,即"法体性相状"。① 在圆测这里,法相同时具有体性与相状之义。

一切法之相,或者说一切法之体性相状,可略摄为三自性,因此,通过谈三自性,即可揭阐一切法之相。三自性即遍计所执性、依他起性与圆成实性。安立此三自性,根据圆测疏所引的无性《摄大乘论释》,是为了阐明"一切法要有所应知、所应断、所应证差别故"。② 其中,所应知是遍计所执性,所应断是依他起性,所应证是圆成实性。此三者作为一切法之差别相,显然是具有相状之义。而在《解深密经》中所界定之三自性,即是三种体性。如圆测云:"遍计所执,乃至圆成,即是性故。"③

2. 三自性义

三自性在《解深密经》中有明确界定:

> 云何诸法遍计所执相?谓一切法名假安立自性差别,乃至为令随起言说。云何诸法依他起相?谓一切法缘生自性,则此有故彼有,此生故彼生,谓无明缘行,乃至招集纯大苦蕴。云何诸法圆成实相?谓一切法平等真如。④

---

① 《解深密经疏》卷四,《续(X)藏经》第二十一册,第251页。
② 同上。
③ 同上书,第252页。
④ 《解深密经》卷二一切法相品第四,《大正藏》第十六册,第692页。

此中，遍计所执性是指一切法由名言安立的自性差别，凡夫依之发起言说。圆测疏云："谓一切法无实自性，但随妄情名言假立我诸自性。如说谓我，或说色等我法自性，或说假我，或说实我，或可见色不可见等我法差别。如是假立自性差别，乃至为令世间有情随起言说。"[①] 即遍计所执性是一种如言所诠之体性，简称如言自性。所以，《解深密经》说："相名相应以为缘故，遍计所执相而可了知。"[②] 此中，"相名相应"即是指如名执义，而执有如名自性。凡夫所执之如名自性，随着名言的不同安立，而显现为种种自性与差别，如我体、种种法体、种种差别体等，这是凡夫安立种种言说的假想根据。如言自性，虽然似有显现，但实非有体，所谓决定无。这是凡夫所执之境界，是依于言说并执于言说之境界，是能取所取之妄事境界。因为其非有，所以不说应断、证，而只说应知。

对遍计所执之"遍计"一语，圆测疏引了安慧与护法两位印度论师的观点进行解释。遍计，即是周遍计度之义。按照安慧的立场，眼识、耳识、鼻识、舌识、身识、意识、末那识、阿赖耶识八识皆是虚妄分别，皆是遍计，或者说，能遍计。但护法认为，唯有意识与末那识虚妄分别，是遍计。圆测虽没有取舍，但应是以护法的观点为正义。因为，从《解深密经》的角度看，遍计是与安立言说相应的，所以，以意识及其所依根末那识为遍计，是合理的。

在厘清了"遍计"之意义后，遍计所执性之语即可得到顺利诠释。圆测疏云："今言遍计所执者，举遍计意取所执。若遍计所执者，是依主释。若以所执对性，即持业释。所执即性故。"[③] 在此释义中，所执属于遍计而成，即遍计之所执，所以是依主释。而在遍计所执性一语中，遍计所执即是所谈之自性，所以遍计所执即性，而属持业释。

依他起性是指一切法由因缘和合而生之体性。圆测疏云：

> 谓从缘生，一切烦恼、业、生杂染从缘生故，皆名依他。泛论依他，自有二种：一者杂染，二者清净。故成唯识第八云：有漏无漏皆依他起，依他众缘而得起故。颂言分别缘所生者，应知亦说染分依他。此经亦尔，

[①] 《解深密经疏》卷四，《续（X）藏经》第二十一册，第252页。
[②] 《解深密经》卷二一切法相品第四，《大正藏》第十六册，第693页。
[③] 《解深密经疏》卷四，《续（X）藏经》第二十一册，第252页。

说染非净。言则此有故等者，指事别释。①

意为，依他起性为从缘生之体性。从缘生有杂染缘起与清净缘起，故依他起性亦分两种，所谓杂染依他起性与清净依他起性。圆测根据前文所引《解深密经》对依他起性的定义中"此有故彼有，此生故彼生，谓无明缘行，乃至招集纯大苦蕴"之句所形成的限定意义，判定《解深密经》所定义的依他起性属随顺流转的杂染依他起性。他还引《成唯识论》卷八作为此类定义的支持例证。而就杂染依他起性而言，有三种缘生性，所谓烦恼杂染、业杂染与生杂染。十二支缘起，所谓无明缘行，行缘识，乃至生缘老死，体现了这三种杂染缘生性，所以《解深密经》举此为例。圆测疏还引《杂集论》从另外的角度说明杂染缘生性：

> 无作缘生故，无常缘生故，势用缘生故，是缘生相。由此相故，薄伽梵说："此有故彼有，此生故彼生，谓无明缘行，乃至广说。"此有彼有者，显无作缘生义。唯由有缘故，果法得有，非缘有实作用，能生果法。此生故彼生者，显无常缘生义。非无生法为因故，少所生法而得成立。无明缘行等者，显势用缘生义。虽复诸法无作无常，然不随一法为缘故，一切果生。所以者何？以诸法功能差别如说无明力故，诸行得生，乃至生力故，得有老死。②

此中，圆测随顺《杂集论》又将缘生性分为了三种缘生性，即无作缘生性、无常缘生性与势用缘生性。其中，"此有故彼有"是无作缘生性，意为，由缘之存在，即有果存在，说明并不需要缘有实作用方能生果；"此生故彼生"指无常缘生性，意为，唯有无常法，才能生果，这体现的是"因果平等原则"，即在因果关系中，因果必须是无常法；"无明缘行"等，指势用缘生性，意为，种种缘生法，必有种种差别法各自为缘方能生故，即因果必须相应一致。此中必须注意，此三种缘生性是从杂染缘起而说明的，但实际适用于一切染净缘起性。换言之，清净缘起，如同杂染缘起，也有此三种缘生性。

---

① 《解深密经疏》卷四，《续（X）藏经》第二十一册，第252页。
② 同上书，第252—253页。参见《大乘阿毗达摩杂集论》卷四，《大正藏》第三十一册，第711页。

圆成实性是指一切法之平等真如，也就是《解深密经》第二品所述的离言法性/离言自性，即胜义谛。圆测疏将"平等真如"之"平等"理解为前文分析过的"一味"之义，换言之，在圆测看来，一切法平等真如即等同于一切法一味真如。然后，圆测疏根据《辨中边论》将圆成实性作引申理解，解释为两种义：

> 此圆成实，总有二种，无为、有为有差别故。无为总摄真如、涅槃，无变异故，名圆成实；有为总摄一切圣道，于境无倒故，亦名圆成实。[①]

此中，圆成实性被区分为两种，这是根据清净法的两种类而成立的。清净法可分为无为性与有为性两种。无为清净法即真如，是胜义之清净，超越于对待，于差别平等一味；有为清净法是依于圣道所生，而圣道是对所知境不颠倒，所以一切有为清净法为圣道所摄，可称一切圣道法。前者是因为无变异而称圆成实性，所谓无戏论圆成实性，后者是因为不颠倒称圆成实性，所谓无颠倒圆成实性。

在《摄大乘论》中无著将圆成实性予以进一步划分："云何应知圆成实性？应知宣说四清净法：一者自性清净，谓真如、空、实际、无相、胜义、法界；二离垢清净，谓即此离一切障垢；三者得此道清净，谓一切菩提分法波罗蜜多等；四者生此境清净，谓诸大乘妙正法教，由此法教清净缘故，非遍计所执自性，最净法界等流性故，非依他自性。如是四法，总摄一切清净法尽。"[②] 此中四清净法是依据于无为与有为两种清净在菩提道中存在状态以及作用而区分的。其中，依于无为清净定义了自性清净真如，所谓有垢真如，以及离垢清净真如，所谓离垢真如；依于有为清净，安立了圣道清净，以及余一切圣法清净。

3. 三自性之喻

对三自性，《解深密经》运用了两组譬喻来说明，即"眩翳喻"与"颇胝迦宝喻"，圆测对此有善巧的说明。

[①]《解深密经疏》卷四，《续（X）藏经》第二十一册，第253页。
[②]《摄大乘论本》卷二所知相分第三，《大正藏》第三十一册，第140页。

1）眩翳喻

"眩翳喻"是一个非常难解之喻。此喻是这样的：

> 如眩翳人眼中所有眩翳过患，遍计所执相当知亦尔。如眩翳人眩翳众相，或发毛轮蜂蝇巨藤，或复青黄赤白等相差别现前，依他起相当知亦尔。如净眼人远离眼中眩翳过患，即此净眼本性所行无乱境界，圆成实相当知亦尔。①

此喻中，眩翳人眼之眩翳过患喻遍计所执性，眩翳众相喻依他起性，而净眼人眼远离眩翳过患，喻圆成实性。

圆测疏给出了诠释："此喻意云：由眼有翳，便发眼识及眼识同时分别意识。由此二识，引生第二念中分别意识，作毛轮等解。然毛轮自有二种：一者分别意识所计实毛轮等，即说此为眼翳过患。以此过患，喻所执性；二者即彼分别意识所依所托似毛轮相，即说此为眩翳众相，喻依他起，如后当说。此用过患喻所执性故，言遍计所执当知亦尔。或可眩翳过患者，即说眩翳名为过患，此意说言由所执故生依他起，似由眩翳现毛轮等。"② 此喻难解之处，毛轮等相是遍计所执性还是依他起性？按理应该是遍计所执性，因为毛轮等决定是无体的，是一种显现而已。在此基础上，可以相当轻松地通过此喻说明三自性。其中，毛轮等眩翳众相是遍计所执性，完全无体，所谓体相皆无，而显现毛轮等的眩翳过患为依他起性，是幻性存在，是杂染体。此时，由于眩翳过患的存在，眩翳人眼与眩翳过患相应，以之为体，显现出毛轮等，并执此毛轮等为实有。正是因为遍计所执性的显现以依他起性为所依，《解深密经》才说："依他起相上遍计所执相执以为缘故，依他起相而可了知。"③ 一旦去除眩翳过患，眩翳人即成净眼人，其眼不再有眩翳过患，而是清净性的，也不再显现眩翳众相毛轮等，由此净眼所现境界及其证悟，皆是清净的。此时，净眼所现，即是胜义之圆成实性，为实有。

但《解深密经》又指出眩翳众相毛轮等是依他起性，眩翳过患是遍计所执性，这就增加了理解与诠释的困难。所以圆测疏给出了两种解释：

---

① 《解深密经》卷二一切法相品第四，《大正藏》第十六册，第693页。
② 《解深密经疏》卷四，《续（X）藏经》第二十一册，第253页。
③ 《解深密经》卷二一切法相品第四，《大正藏》第十六册，第693页。

第一种是依据依他起性说明遍计所执性。具体而言，是将眩翳众相与眩翳过患分别释为眩翳之病相与眩翳病相造成的过患，与此相应，将"毛轮等"区分为两类：一是分别意识所执著而成的"毛轮等"，决定无体，是遍计所执性，这样的"毛轮等"是"眩翳过患"；另一是显现为前述遍计所执性"毛轮等"的似"毛轮等"，是依他起性，为"眩翳众相"。此中，似"毛轮等"作为分别意识的所依所托，是内境，而"毛轮等"作为分别意识所执成者，是外境。由此可知，当眩翳众相生起时，似"毛轮等"显现，分别意识于中执为"毛轮等"（眩翳过患）。这种解释意在说明，由有依他起性内境，方有遍计所执性外境的显现。

第二种是依据遍计所执性说明依他起性。在这种解释中，眩翳即过患，是眩翳病，眩翳众相是眩翳病所成之相。此中意味，当眼有眩翳（过患），即生"众相"毛轮等。以前者为遍计所执性，后者为依他起性，意在说明，由有遍计所执性外境的显现，方有能执之依他起性心识的生起。

圆测疏曾引《瑜伽师地论》的眩翳喻来说明："眼若有翳等过患，便有发毛轮等翳相现前可得。若无彼患，便不可得，但有自性无颠倒取。"[①] 在此中，眩翳过患为杂染依他起性，而发毛轮等相为遍计所执性，即由依他起性而显现遍计所执性。这与《解深密经》对此喻的解释不同。应该说，就喻结构与其所比喻的道理的关系而言，《瑜伽师地论》的显示方式似乎更为合理，这在下面的"颇胝迦宝喻"中就可看出。

2) 颇胝迦宝喻

用于说明三自性的第二喻是颇胝迦宝喻。《解深密经》说：

> 譬如清净颇胝迦宝，若与青染色合，则似帝青大青末尼宝像，由邪执取帝青大青末尼宝故，惑乱有情；若与赤染色合，则似琥珀末尼宝像，由邪执取琥珀末尼宝故，惑乱有情；若与绿染色合，则似末罗羯多末尼宝像，由邪执取末罗羯多末尼宝故，惑乱有情；若与黄染色合，则似金像，由邪执取真金像故，惑乱有情。如是，……如彼清净颇胝迦上所有染色相应，依他起相上遍计所执相言说习气当知亦尔；如彼清净颇胝迦上所有帝青大青、琥珀、末罗羯多、金等邪执，依他起相上遍计所执相执当知亦尔；如

[①] 《瑜伽师地论》卷七十三，《大正藏》第三十册，第701页。

彼清净颇胝迦宝,依他起相当知亦尔;如彼清净颇胝迦上所有帝青大青、琥珀、末罗羯多、真金等相,于常常时,于恒恒时,无有真实无自性性,即依他起相上,由遍计所执相,于常常时,于恒恒时,无有真实无自性性,圆成实相当知亦尔。①

此喻是对三自性及其相互关系,以及三自性的安立机制予以清晰的喻示。在此颇胝迦宝喻中,颇胝迦宝的一般存在状态是与染色相应,即颇胝迦宝虽然本是清净性的,但由于为染色所染,而一般处于染相状态。颇胝迦宝由于可与不同染色相应,而成不同染相状态。当处于不同染相状态时,颇胝迦宝所显现相不同。比如与青染色相应,则似帝青大青末尼宝像显现,迷惑无正知之人,后者即执其为真实帝青大青末尼宝。同样,颇胝迦宝如与赤、绿、黄等染色相应,则似琥珀、末罗羯多、金等像显现,迷惑无正知之人,后者即执其为真实琥珀、末罗羯多、金等。

《解深密经》一切法相品以此等比喻三自性的对应关系如下:清净颇胝迦宝——依他起性,染色——遍计所执性言说习气,似帝青大青、琥珀、末罗羯多、金等相——杂染依他起性,帝青大青、琥珀、末罗羯多、金等相——遍计所执性。圆测疏根据前述对应关系以及根据喻中各喻项间的关系,分析了三自性依于依他起性而建立的机制,如说:"一清净颇胝迦者,(喻)依他起;二若与青染色合者,喻言说习气,此明依他起与言说习气合;三即似帝青大青等者,喻依他起:由我法分别名言种子力故,虽在内识,而似外现;四由邪执取帝青等者,此喻由邪执故,执为实有;五惑乱有情者,此喻邪师将己所执,惑乱有情,令生实解。"② 在圆测的诠释中,直接使用唯识学的种子缘起机理。具体而言,根据清净颇胝迦宝与染色合等喻,依他起性与遍计所执性习气相应,即是实际存在的第八阿赖耶识。此遍计所执性习气即是我、法分别名言种子,由阿赖耶识所摄。当因缘成熟时,由此遍计所执性种子力,即有相应现行生起。现行是种子所生,是依他起性,它虽在内识,但似外境显现。此显现虽似有而实无,惑乱凡夫。凡夫由于虚妄分别力,而执此显现为真实外境。

上面比喻所喻示的是杂染依他起性之似外境显现,而凡夫颠倒起执。《解深

---

① 《解深密经》卷二一切法相品第四,《大正藏》第十六册,第693页。
② 《解深密经疏》卷四,《续(X)藏经》第二十一册,第255页。

密经》指出，清净颇胝迦宝上帝青大青、琥珀、末罗羯多、金等相实无，即喻示依他起性上遍计所执性决定无有，但遍计所执性决定无之性，即遍计所执性实无所显之性，所谓无自性性，决定实有，此即圆成实性。对前引文"依他起相上，由遍计所执相，于常常时，于恒恒时，无有真实无自性性"，圆测疏释云："于依他上无有所执实我等性，即此名为无自性性；或可于依他上无有所执实，而有无自性性。于常常时及恒恒时者，自有两释：一云，依前前无故，说常常言；于后后无故，说恒恒言。一云，显无有真实故，说常常言；无自性性故，言恒恒时。"① 此中无自性性之二释是相容的，而"常常时"、"恒恒时"之二释，后一释最恰当。

于此喻中，可知三自性之间的关系：遍计所执性是依于依他起性上之增益安立的，换言之，依他起性是显现遍计所执性之所依，而圆成实性是依他起性上遍计所执性决定无所显之性。这样，依他起性成为其他二性安立之枢纽。②

四 关于三无自性性

《解深密经》对一切法相之诠释方式后来成为了瑜伽行学诠释法相的标准模式。此诠释方式可略分为三步：首先，是将一切法相略摄为三自性；其次，从表诠角度诠释三自性；最后，从遮诠角度诠释三自性，即是立三无自性性，而将三自性从互补之无性方面予以诠释。圆测疏就指出了此意趣：

> 就所观境，自有二种：一真俗谛境，二有无性境。上来已释真俗二境，自下当辨有无性境。初明有性，即是三性；后说无性，即三无性。于二品中，依有立无，有性是本，所以先明；无性是末，故在后说。由斯理故，世亲菩萨三十颂云：即依此三性，立彼三无性。③

此中认为第二胜义谛相品是明真俗谛境，而第四一切法相品与第五无自性相品明有无性境。其中，一切法相品所阐是有性境，即三自性，无自性相品所阐是无性境，即三无自性性。而且圆测强调，三自性是本，而三无自性性是末，本

---

① 《解深密经疏》卷四，《续（X）藏经》第二十一册，第256页。
② 《解深密经》卷二无自性相品第五，《大正藏》第十六册，第696页。
③ 《解深密经疏》卷四，《续（X）藏经》第二十一册，第251页。

是所依，末依于本而立。圆测还强调这是唯识著述解释法相的一般原则。此中值得注意的是，圆测将真俗、有无归为境界方面，而从认知角度予以阐释，而不是从染净论与存在论方面论说。

1. 三无自性性

三无自性性即相无自性性，生无自性性，胜义无自性性。此三无自性性是依据三自性定义的。由于三自性是一切诸法之相，依于三自性安立的三无自性性也是一切诸法之相。二者的差别在于，三自性是从有方面诠显，三无自性性是从无方面诠显。

对相无自性性，《解深密经》云：

> 云何诸法相无自性性？谓诸法遍计所执相。何以故？此由假名安立为相，非由自相安立为相，是故说名相无自性性。①

此中云相无自性性即是遍计所执性，换言之，二者体一，但诠显之方式不同。圆测疏认为，此定义说明了遍计所执性为什么是相/性，但又无性，即因为是假名安立为相的，非有自性/自相自足而立，故是无性。如圆测疏云："此由假名安立为相者，此释相言，谓依名言所立相故。非由自相安立为相者，释无性言。总解意云，遍计所执情有之相，以理无故，说为无性。由此即说彼所执相以为自性。"② 此中将假名安立释为依名言安立，遍计所执性即成名言安立相。由于是名言安立而成，而非自性自成，所以无体性，所谓情有理无。"情有"意为凡夫妄情执著而成，"理无"意为本来没有实存性。正因为如此，遍计所执性即是相无自性性。

对生无自性性，《解深密经》云：

> 云何诸法生无自性性？谓诸法依他起相。何以故？此由依他缘力故有，非自然有，是故说名生无自性性。③

---

① 《解深密经》卷二无自性相品第五，《大正藏》第十六册，第694页。
② 《解深密经疏》卷四，《续（X）藏经》第二十一册，第261页。
③ 《解深密经》卷二无自性相品第五，《大正藏》第十六册，第694页。

此中指出生无自性性是依于依他起性安立的，实即就是依他起性。具体而言，依他起性的体性是依他缘之力而有，并非自然而有，因此，称为生无自性性。意为，作为因缘和合而生，而无自然性，但有缘生性。所以此生无自性性是从无而诠显有，即无自然性，但有缘生性。圆测疏即是从"生"（即有缘生性）与"无性"（即无自然性）这两方面，说明生无自性性。圆测疏云："此由依他缘力故有者，此释生言，谓由依他缘力故有，故说为生。非自然有者，释无性也。总解意云，依他诸法依因缘故，说之为生；而非自然、自在天等邪因所生，说名无生。"[①] 此中不仅通过生与无性二者说明了生无自性性，而且由无之方面诠显了依他起性的有之方面。特别是，他主张非自然性之义不仅是说明非自然而有，而且说明了非其他不平等因而生。不平等因是指唯能生而非是所生之因，如大自在天等。这是圆测疏之发明。

对胜义无自性性，《解深密经》云：

> 云何诸法胜义无自性性？谓诸法由生无自性性故，说名无自性性，即缘生法，亦名胜义无自性性。何以故？于诸法中若是清净所缘境界，我显示彼以为胜义无自性性，依他起相非是清净所缘境界，是故亦说名为胜义无自性性。复有诸法圆成实相，亦名胜义无自性性。何以故？一切诸法法无我性名为胜义，亦得名为无自性性，是一切法胜义谛故，无自性性之所显故，由此因缘，名为胜义无自性性。[②]

此中所安立的胜义无自性性含义较为复杂，分别依于依他起性与圆成实性安立。

依于依他起性安立者，是因为依他起性作为缘生性，是生无自性性，所以是胜义无自性性。具体而言，依他起性由缘生性，故非是胜义性，即非为根本无分别智所缘境（"清净所缘境界"）故，而成胜义无自性性。圆测疏说："依他起上，无圆成实，故缘生法，非但说名生无自性性，亦名胜义无自性性。"[③] 即依他起性非圆、非成、非实，意味其为胜义无自性性。当然，此胜义无自性性在遮方面是否定其是胜义存在，但并不否定其是依他起性存在。

依于圆成实性安立者，是因为圆成实性有其否定性，即非是凡夫所执之我

---

① 《解深密经疏》卷四，《续（X）藏经》第二十一册，第 261 页。
② 《解深密经》卷二无自性相品第五，《大正藏》第十六册，第 694 页。
③ 《解深密经疏》卷四，《续（X）藏经》第二十一册，第 262 页。

性，所以称一切法之法无我性，或者，无自性性。但圆成实性非是我性，并不意味其非实有性，因为其自体是胜义存在，以及其是法无我之所显性，或者说无自性之所显性。如圆测疏云："法无我性，有其二义：一名胜义，二名无自性性，是诸法中胜义谛故，诸法无性所显理故。故显扬云：谓圆成实胜义无性，由此自性体是胜义，又是诸法无性性故。又复彼云：由此自性即是胜义，亦是无性，由无戏论我法性故。"① 这样，圆成实性由是无自性性，且为胜义谛，所以称胜义无自性性。

2. 三无自性性之喻

三无自性性在《解深密经》中都有比喻说明，这在瑜伽行派著述中形成了典范：

> 譬如空花，相无自性性当知亦尔；譬如幻像，生无自性性当知亦尔，一分胜义无自性性当知亦尔；譬如虚空，惟是众色无性所显，遍一切处，一分胜义无自性性当知亦尔，法无我性之所显故，遍一切故。②

此中，三无自性性各有一喻，分别是空花、幻像与虚空。

首先，以空花，又称空华，比喻相无自性性。这种用法直承般若思想，后者就以乃至十种比喻来喻诸法之空相。③ 空花，是空中突然显现之花，并非真花，没有实体，比如，焰火之空花，眼中所冒金花，海市蜃楼之花等，即非花但似花显现。相无自性性也是如此，虽似有体显现，但实无体性，惑诳凡夫。所以圆测疏云："譬如空华，由眩翳故，于虚空中，似华相现，据实空中本来无华。遍计所执，亦复如是。即用所执，为初无性。故言'相无自性性当知亦尔'。"④

其次，以幻像比喻生无自性性，以及一分胜义无自性性。在般若思想中，幻像是用于比喻诸法之空相，完全无体，用法同于前述之空花。但在瑜伽行派的唯识思想中，幻像是用于比喻虽有但非真之存在的。圆测疏对幻在佛教中的

---

① 《解深密经疏》卷四，《续（X）藏经》第二十一册，第262页。
② 《解深密经》卷二无自性相品第五，《大正藏》第十六册，第694页。
③ 《大般若经》初分缘起品第一之一，《大正藏》第五册，第1页。
④ 《解深密经疏》卷四，《续（X）藏经》第二十一册，第263页。

用法予以概括，说：

> 问：大般若等即用幻等，喻其空义，如何此经喻依他起？解云：幻等自有二义：一非有似有，二无实像等。是故二经各据一义，故不相违。①

此中认为，幻主要有二义：一者是非有似有，即根本无体，但显现似有体，用于比喻遍计所执性，如《大般若经》等所用幻义；② 二者是无实像/相，即非真实有，但并非完全无体，用于比喻依他起性，如《解深密经》等所用幻义。而在此用一法中，《摄大乘论》可称集大成。该论以幻等八喻比喻依他起性法的存在性。③ 按照唯识思想，幻并非指无而显现，而是指似有而显现为有，其中似有并非无，而是一种有性，即缘起性有，或者说，唯识性有。这样，幻用来比喻因缘和合而成之有，或者说，唯识之有，进而比喻生无自性性，以及一分胜义无自性性。

最后，以虚空比喻一分胜义无自性性。此一分胜义无自性性对应于圆成实性。圆成实性是一切法无二我所显之平等真如，是一切法之实性，周遍一切法，而虚空是无诸色所显，周遍诸色，所以可用虚空比喻圆成实性。而且虚空非是诸色，如同圆成实性作为胜义无自性性，非是我，所以虚空进而可比喻一分胜义无自性性。故圆测疏说："譬如虚空，有其二义：一无色所显，二遍一切处。真如胜义无自性性，当知亦尔，一法无我性之所显故，二遍一切法故。故佛地经十虚空喻喻净法界，此亦如是。"④

3. 三无自性性与无相意趣

在《解深密经》三无自性相品开始，即叙述了佛教第一时教四谛教的基本思想，随后点明了第二时无相教的根本立场，所谓"一切诸法皆无自性，无生无灭，本来寂静，自性涅槃"。⑤ 这是从遮的角度说明一切法之体相，即一切法全无凡夫所执之自性相，以及生灭等差别相，因而是本来无造作，本来无烦扰

---

① 《解深密经疏》卷四，《续（X）藏经》第二十一册，第 263 页。
② 《大般若经》初分缘起品第一之一，《大正藏》第五册，第 1 页。
③ 《摄大乘论本》卷中所知相分第三，《大正藏》第三十一册，第 14 页。
④ 《解深密经疏》卷四，《续（X）藏经》第二十一册，第 263 页。
⑤ 《解深密经》卷二无自性相品第五，《大正藏》第十六册，第 693 页。

恼乱，本来无杂染，所谓本来寂静，自性涅槃。此处以遮诠的方式观察诸法，并非是为了就无相而阐无相，而是为了对治对有的执著，或者说实有执。首先是对治四谛教的实有执，如圆测疏云："而今此中，约第二时，对第一时，以为发问所依。前说有相，后说无相。此无相言，违前有相。故以无相，为问所依。"① 这是引子，最终是为了对治以表诠的方式如三自性谈诸法之体相而引起之实有执，从而将对诸法之相的理解引导到中道上。

在圆测看来，一切法之相就是三自性，而三自性本身不仅是对有的显示，而且还蕴涵着无之意义，也就是三无自性性。正因为三无自性性是依于三自性建立的，换言之，三自性本身蕴涵三无自性性，所以三自性本来就具有中道之意义。但此中道义如果不直接通过三无自性性从无方面对有方面予以限定，即不易彰显，而易令凡夫陷于我法之实有执，偏离中道。这就是此处《解深密经》说无相教，并由此引出三无自性性之意趣。

《解深密经》认为第二时无相教所说"一切诸法皆无自性、无生无灭、本来寂静，自性涅槃"，并非了义，是佛本着三无自性性之密意而宣说的。由于三无自性性是无相说/无自性说之内在机理，圆测疏即主张其首先是阐明无相/无自性。如云："无自性言显三无性，故言无自性也。相即体相，或谓相状。"②

《解深密经》主张用三无自性性阐释一切诸法之无相性，但实际只用了相无自性性与胜义无自性性予以诠说。对相无自性性，《解深密经》中佛陀云：

> 我依相无自性性密意，说言一切诸法无生、无灭、本来寂静、自性涅槃。何以故？若法自相都无所有，则无有生；若无有生，则无有灭；若无生无灭，则本来寂静；若本来寂静，则自性涅槃，于中都无少分所有更可令其般涅槃故。③

此中意为，相无自性性表明一切诸法无如名自性，因此，生非是真生，乃至涅槃都无丝毫如言自性可得，因而无生、无灭、本来寂静、自性涅槃。

对胜义无自性性，《解深密经》佛云：

---

① 《解深密经疏》卷四，《续（X）藏经》第二十一册，第260页。
② 同上书，第259页。
③ 《解深密经》卷二无自性相品第五，《大正藏》第十六册，第694页。

我亦依法无我性所显胜义无自性性密意，说言一切诸法无生、无灭、本来寂静、自性涅槃。何以故？法无我性所显胜义无自性性，于常常时，于恒恒时，诸法法性安住无为，一切杂染不相应故。于常常时，于恒恒时，诸法法性安住故无为；由无为故无生无灭；一切杂染不相应故，本来寂静，自性涅槃。①

此中是取胜义无自性性中依于圆成实性而安立之一分，即法无我性，诠说一切诸法之无相性。圆测疏认为，引文是以三因诠说此无相性："'于常常时'等者，正明三因。一于常常时，于恒恒时，诸法法性安住故，无为。二无为故，无生无灭。此即安住故，及无为故，二因成立无生无灭二义也。'一切杂染不相应故'者，以第三因，成立经中本来寂静及自性涅槃二义也。以一'故'字含有三义，故成三因也。"② 意为，由一切诸法无法我故，其所显之法性恒常不变，安住不动，因而无造作，所谓无为；由无为故，亦即无转变造作故，无生、无灭；由一切杂染不相应故，自性清净，而自性离生死流转，所以本来寂静，自性涅槃。

相无自性性与胜义无自性性二者诠说无相性，意趣有所不同。前者是从无方面，即依于如言自性实无而诠说，后者是从有方面，即依于离言自性实有而诠说。

因为三无自性性能充分诠显诸法无相性，所以代表了此方面的了义说，而第二时教对诸法无相性的笼统诠说是非了义说。由此，三自性在三无自性性的补充下，形成了第三时教作为了义教的核心思想。在此意义上的三时判教说显示，第三时三自性教殊胜于第二时无相教，而无相教又殊胜于第一时四谛教。

4. 三无自性性与三自性

对三无自性性与三自性的关系，在前文已经提到。三无自性性是直接依于三自性安立的。具体而言，相无自性性依于遍计所执性安立，生无自性性依于依他起性，而胜义无自性性依于依他起性与圆成实性安立。在圆测疏看来，三无自性性直接依于三自性安立，意味其与三自性同体。如圆测疏云："此三无

---

① 《解深密经疏》卷四，《续（X）藏经》第二十一册，第259页。
② 同上书，第263页。

性，如其次第，即用三性以为体相。"① 换言之，虽然三无自性性本身是从无而说有，但其体性并非是纯遮，而可说与三自性同一体性。

虽然三无自性性可视为各依三自性的一性而立，但其意义还可从另外的角度阐明。这可在《解深密经》中看到。该经中佛陀云：

> 非由有情界中诸有情类别观遍计所执自性为自性故，亦非由彼别观依他起自性及圆成实自性为自性故，我立三种无自性性。然由有情于依他起自性及圆成实自性上，增益遍计所执自性故，我立三种无自性性。②

此中意为，三无自性性虽然是与三自性同体性的，但是有遮遣意趣，即是为遮遣有体法依他起性与圆成实性上之增益执而安立的，换言之，由于凡夫易对有体法发生增益执，为对治此类执，而依于三自性安立三无自性性。圆测疏云："此中立三意者，为除有情所执过患立三无性，非彼有情于三性中一一别执有三自性，为除彼故，立三无性。但诸有情不了依他及圆成实，于二性上起增益执，由此建立三种三无性。"③ 此中意为，一切遍计所执相，皆是不了知有体法依他起性与圆成实性，而于其上增益所成，非是有体，为除遣此类执，立三无自性性。这意味，三无自性性并非是依于三自性各别别观而立，而是依于对有体法依他起性与圆成实性之种种执而立的。对照前文所引三无自性性之定义而言，可知生无自性性与胜义无自性性直接依于依他起性与圆成实性之增益而安立，而相无自性性虽然是直接依于遍计所执性安立，但后者是依于依他起性之增益安立的，所以，相无自性性也可归于如此。

如前文所述，三自性依于依他起性安立，所以，三无自性性由依于三自性，最终也归于依依他起性安立。如《解深密经》说："若于分别所行遍计所执相所依行相中假名安立以为色蕴，或自性相，或差别相；假名安立为色蕴生，为色蕴灭，及为色蕴永断、遍知，或自性相，或差别相；是名遍计所执相。……依此施设诸法相无自性性。若即分别所行遍计所执相所依行相，是名依他起相。……依此施设诸法生无自性性，及一分胜义无自性性。……若即于此分别所行遍计所执相所依行相中，由遍计所执相不成实故，即此自性无自性性，法

---

① 《解深密经疏》卷四，《续（X）藏经》第二十一册，第259页。
② 《解深密经》卷二无自性相品第五，《大正藏》第十六册，第694页。
③ 《解深密经疏》卷四，《续（X）藏经》第二十一册，第265页。

无我真如，清净所缘，是名圆成实相。"① 此中容易看出，"分别所行遍计所执相所依行相"作为依他起相/性，不仅成为了安立三自性的所依，而且也是安立三无自性性的所依。

---

① 《解深密经》卷二无自性相品第五，《大正藏》第十六册，第696页。

第五章

唯识学无分别智之亲证思想

大乘佛教的真实智慧是对诸法实相之证悟。在般若思想中，实相多称空性（śūnyatā），证此实相之智慧称般若（prajñā），或者般若波罗蜜多（prajñā-pāramitā），而在唯识思想中，实相是圆成实性真如（parini ṣpanna-svabhāva-tathatā），[①] 证此实相之智慧称无分别智（nirvikalpa-jñāna）。按照唯识思想，凡圣之别，在于有无无分别智的证得，无分别智之圆满即是佛果。因此，对无分别智及其所缘境界、发生的如实认知，在唯识学中非常关键。本章借助唯识学文献中的几段梵文、藏译文、玄奘汉译文之对比，探讨一下无分别智及其所缘、发生等问题。在讨论中，有梵文者，以梵文、奘译汉文对比为主，藏译文为补充；无梵文者，以藏译文与奘译汉文来作对比。

第一节 无分别智

在无分别智证悟真如之契合中，无分别智是能缘，而真如是所缘。但无分别智作为能缘，与虚妄分别识（abhūta-parikalpa-vijñāna）之认知形式相较，在性质与认知模式（行相）、所缘境方面有特别的相异之处。就其体性而言，无分

---

① 在唯识学中，诸法实相是由三性即遍计所执性、依他起性与圆成实性所显示的，但其中最根本的真实相是圆成实性真如。

别智是依他起自性之有为法，这点与一切虚妄分别识相一致，但二者一为清净（pari śuddha），另一为杂染（saṃkle śa），在性质上截然相反。在认知模式上二者也是相对立的，一为无相（nirākāra），或者说无分别（nirvikalpa），另一为有相（sākāra），或者说有分别。而在所缘境方面二者亦是根本不同，虚妄分别识之认知对象是种种之显现，而无分别智之所缘为无差别之真如。总之，无分别智或称为无分别，相异于凡夫识之为分别，或称无分别之智，相异于凡夫识之为分别识。

无分别智作为殊特之认知在《摄大乘论》中以五相给出了说明：

> 无分别智离五种相以为自性：一离无作意故，二离过有寻有伺地故，三离想受灭寂静故，四离色自性故，五离于真义异计度故。离此五相，应知是名无分别智。①

相应藏文为：

> de la rnam pa lngas rnam par spangs pa ni | rnam par mi rtog pa'i ye shes kyi ngo bo nyid ces bya ste | yid la mi byed pa yongs su spangs pa dang | rtog pa dang bcas pa dang | dpyod pa dang bcas pa'i sa las shin tu 'da' ba yongs su spangs pa dang | 'du shes dang | tsor ba 'gog pa nye bar zhi ba yongs su spangs pa dang | gzugs kyi ngo bo nyid yongs su spangs pa dang | de kho na'i don la bkra bar 'dzin pa yongs su spangs pa'i phyir te | rnam par mi rtog pa'i ye shes ni | rnam pa 'di lnga yongs su spangs par rig par bya'o ||②

此二译文独立译自梵本，内容相当一致。文中以遮诠方法显无分别智（rnam par mi rtog pa'i ye shes）之体相。因为无分别智行相与所缘皆无分别，表诠无法直接给出界定，用遮诠来反显应该是自然的。其中，此智是不作分别而无分别，其所缘是无差别而无分别。遮后反显就是以断（yongs su spangs pa）五种相显。一者，此智名无分别（rnam par mi rtog pa），并非不作意（yid la mi byed pa），而

---

① 《摄大乘论本》卷下增上慧学分第九，《大正藏》第三十一册，第147页。
② 参见西南民族大学印刷版《丹珠尔》177轶，theg pa chen po bsdus pa，p. 67。

是不以分别之行相作意。若无作意即名无分别，熟眠、沉醉、闷绝等应是无分别智。二者，此智名无分别，并非无思察思择，只是与三界心识之分别相相违而已。否则，应超过有寻有伺地（rtog pa dang dpyod pa dang bcas pa'i sa）即名无分别，这样，第二静虑已上一切地皆超过有寻有伺，此等地所摄一切凡夫、声闻之智应是无分别智，但不然。三者，此智名无分别，并非是入于灭尽定之相，而是此智生起时，相应有清净识转动。若想受灭（'du shes dang tsor ba 'gog pa）寂静即名无分别，则此定灭一切分别性心心法，智亦应无，无智相故。四者，此智名无分别，并非是无觉受分别功能之物，即并非是"顽钝无思"，而是一种不可言说之认知能力。否则，色性（gzugs kyi ngo bo nyid）即名无分别，色之物应是无分别智，但不然。五者，此智名无分别，并非是有分别行相，而是于所缘真如平等冥契，离言自内证悟。若于所缘真如（真义，de kho na'i don）作加行名无分别，则分别识应是无分别智。加行相即分别相故。由前述五相，即显无分别智之体相。所以无分别智即是所谓"非心而是心"之净心（citta, sems），"非识而是识"之净识（vijñāna, rnam par shes pa），"非智而是智"之真智（jñāna, shes pa），即离妄倒之如实心，离杂染之清净识，离分别之平等智。《摄大乘论》云：

> 非于此非余，非智而是智，与境无有异，智成无分别。应知一切法，本性无分别，所分别无故，无分别智无。[①]

相应藏文为：

> de la ma yin gzhan la min || mi shes pa dang shes pa'ng min || shes bya dang ni khyad med pa'i || shes gang de ni mi rtog nyid || rnam par brtag bya med pas na || chos rnams thams cad rang bzhin gyis || rnam rtog med par gang phyir bzhed || de phyir shes de mi rtog nyid ||[②]

第一个颂的汉译文与藏译文之义大致相同，但第二个颂差别很大。藏译第二颂

---

① 《摄大乘论本》卷下增上慧学分第九，《大正藏》第三十一册，第148页。
② 参见西南民族大学印刷版《丹珠尔》177 轶，theg pa chen po bsdus pa, p. 69。

可译为："所分别无故，许一切诸法、本性无分别，智亦无分别。"玄奘译文中最后一句为"无分别智无"，与论中该处诸颂颂意不相合，问题较大。藏译"智亦无分别"与论中该处诸颂颂意相合，梵文原颂意应如此。所引二颂说明了无分别智成为无分别（mi rtog nyid）之道理。第一颂说明，无分别智之所缘非是依他起性，亦非是遍计所执性，而是圆成实性真如；不缘差别性法，可说非是分别之智，又非不缘法，因为能缘无差别真如，仍是智；由所缘无分别/无差别，能缘与之相应契合，智即成无分别。第二颂说明，所分别之外境无故，一切法皆本来无差别而成无分别性，无分别智无分别地缘无差别真如而为无分别性。

第二节　无分别智之所缘以及生起

在无分别智生起时，无分别智是能缘，真如是所缘，二者相应相合。在此关系中，无分别智以真如为所缘，而且，由于真如是无为法，即常法，无分别智是有为法，无分别智缘真如而起，即说依于真如而起。显然，真如既是无分别智证悟之对象，亦即所缘（ālambana），又是其生起之缘（pratyaya），因此称生起无分别智的所缘缘（ālambana-pratyaya）。这样的所缘缘可理解为作为所缘之缘，或者，所缘即缘。圆成实性真如亦名为胜义（paramārtha），即是作为所缘而言的；亦称为法界（dharma-dhātu），即是作为缘而言的。因为义（artha）有境即认知对象之义，而界（dhātu）有因之义。《辨中边论》云：

> 由圣智境义，说为胜义性，是最胜智所行义故。由圣法因义，说为法界，以一切圣法缘此生故。此中界者，即是因义。[1]

此引文梵文为：

ārya-jñāna-gocaratvāt paramārthaḥ | parama-jñāna-viṣayatvād | ārya-dharma-hetutvād dharma-dhātuḥ | ārya-dharmāṇān tad-ālambana-prabhavatvāt | hetv-artho

---

[1]《辨中边论》卷上辨相品第一，《大正藏》第三十一册，第465页。

hy atra dhātv-artha ḥ ||①

上述梵文与汉译文对应基本相合，唯是"tad-ālambana（彼所缘）"一语译为"缘此"有所转义。文中圣智（ārya-jñāna）即是无分别智。凡夫的认知一贯是虚妄分别（abhūta-parikalpa）性质，当有圣智亦即无分别智（根本无分别智）生起时，才由凡入圣。因此，圣智之生起是成为圣者的标志。这样，真如作为圣智之所缘境界（gocara, viṣaya），或说义（artha），即称为胜义，即超越于虚妄分别所摄境界（遍计所执境界）之境界。此中作为圣智所缘之真如，还是圣法（ārya-dharma）生起之因（hetu），即由"彼所缘（tad-ālambana）"而得生起（prabhava）。此中"彼所缘"可解为以"彼（tad）"为"所缘（ālambana）"。由此，tad-ālambana-prabhavatvāt 意为"以彼（真如）为所缘而得生起故"。而玄奘译为"缘此生故"，含义不同。后者意为"由此（真如）作为缘而生起故"。其中之"缘"，当然应是 pratyaya，而非 ālambana。所以，奘译在意思上有了转义。但这种转义并非无根据，因为以真如为所缘（ālambana）而生起圣智，实际意思即是以所缘真如为缘（pratyaya）而生起圣智。在此意义上，奘译与梵文原义是相通的。藏译文为"de la dmigs pas 'byung ba'i phyir"，意为"缘彼（即以彼为所缘）而生起故"，与梵文义一致。在《瑜伽师地论》中有直接说明出世法由真如作为所缘缘为因生起之文，云：

> 问：若此习气摄一切种子复名遍行粗重者，诸出世间法从何种子生？若言粗重自性种子为种子生，不应道理。答：诸出世间法从真如所缘缘种子生，非彼习气积集种子所生。②

此引文之藏译为：

gal te bag chags des sa bon thams cad bsdus pa | de yang kun tu'gro ba'i gnas ngan len zhes bya bar gyur na | de ltar na 'jig rten las 'das pa'i chos rnams skye ba'i sa

---

① G. M. Nagao (ed.), *Madhyāntavibhāga-bhāṣya*, Suzuki Research Foundation, Tokyo, 1964, pp. 23-24.

② 《瑜伽师地论》卷五十二摄决择分中五识身相应地意地之二，《大正藏》第三十册，第589页。

bon gang yin | de dag skye ba'i sa bon gyi dngos po gnas ngan len gyi rang bzhin can yin par ni mi rung ngo zhe na | smras pa | 'jig rten las 'das pa'i chos rnams ni de bzhin nyid la dmigs pa'i rkyen gyi sa bon dang ldan par skye ba'i bag chags bsags pa'i sa bon dang ldan pa ni ma yin no ||①

上述汉译文与藏译文对应相符程度相当好。文中意为，一切杂染现行法（世间法）之生起因（发生因）是杂染习气所摄种子（sa bon），亦即遍行粗重（kun tu'gro ba'i gnas ngan len），换言之，以杂染种子为亲因，而有杂染法之生起。这就引来一个问题：出世诸法（'jig rten las 'das pa'i chos rnams）以何为因生起？出世法作为清净法，显然不能以杂染性种子为因。《瑜伽师地论》云是"真如所缘缘种子"生起的。此中，真如（de bzhin nyid）＝＝所缘（dmigs pa）＝＝作为所缘之缘（所缘缘，dmigs pa'i rkyen）＝＝种子（sa bon）。在这样的关系中，真如是生起诸出世法之因。依于真如生起之诸出世法，首先应是圣智（'phags pa'i ye shes），亦即无分别智。因为圣智不仅是以真如为所缘以及所缘缘而生起之出世法，而且也是最初生起之出世法。此中言真如是种子，当然绝非是阿赖耶识所摄的有为性种子，后者是发生因或说生起因（skye ba'i rgyu）、亲因（direct cause）。真如作为种子（因），是在缘（pratyaya）意义上说的，即是所缘缘，或者说，是作为所缘缘性质而方便说为因的。换言之，在唯识学的用法中，真如是缘，而非因（亲因、发生因、种子）。以真如为种子，即是强调真如对生起圣智的关键作用，事实上，圣智是证悟真如才得生起的。依于圣智的生起，以圣智为导，才有其他出世法之生起。因此，即说真如为一切出世法生起之所缘缘种子。但据实而言，出世法生起之亲因应是有为性种子，即第八识所摄的无漏清净种子。

作为无分别智的所缘之真如是无二我（法我与众生我）所显之离言自性（nir-abhilāpya-svabhāvatā），必然是无分别性的，绝非有相性质，因此称为无相（animitta）、空性。而且真如是一切法之实性，亦为一切法之共相，因此，于一切法平等。换言之，相对于一切法作为差别性质，真如为平等性质（samatā）。《辨中边论》云：

---

① 参见西南民族大学印刷版《丹珠尔》173 軼, rnal 'byor spyod pa'i sa rnam par gtan la dbab pa bsdu ba, p. 54。

颂曰：于自相无倒，知一切唯名，离一切分别，依胜义自相。论曰：如实知见一切眼、色，乃至意、法，皆唯有名，即能对治一切分别，应知是于自相无倒。此依胜义自相而说。若依世俗，非但有名，可取种种差别相故。①

相应梵文为：

> sarvasya nāma-mātratvaṃ sarva-kalpa-apravṛttaye svalakṣaṇe 'viparyāsaḥ | paramārthe svalakṣaṇe || sarvam idaṃ nāma-mātraṃ | yad idaṃ cakṣū-rūpaṃ yāvan mano-dharmmā iti yaj jñānaṃ sarva-vikalpānāṃ pratipakṣeṇa ayaṃ svalakṣaṇe 'viparyāsaḥ | katamasmin svalakṣaṇe | samvṛtyā tu na idaṃ nāma-mātram iti gṛhyate ||②

汉译文有所变化，但含义一致。引文认为，从胜义自性亦即真如看，一切差别法如眼、色等，乃至意识、法，唯是名（nāma-mātratva），皆是分别性产物，与此相对，真如则是离分别的（sarva-kalpa-apravṛtti）。换言之，差别只是在世俗意义上而言的，从胜义角度看，一切法是平等的。

第三节　无分别智与真如之冥契

综上所述，在无分别智缘真如之相应中，能缘与所缘虽有有为与无为之别，但皆无分别。其中，能缘无分别智依缘境行相（ākāra, rnam pa）不分别说为无分别，所缘真如依自性（svabhāva）无差别说为无分别。在此无分别之相应中，真如作为无分别，能引无分别智之无分别，无分别智作为无分别，能直接认知真如之无分别，由此二者相应而泯相契合。这种冥契，是修行者个体性经验，不能为他人所分享，不能分别，不能言说，不能传递，所以称自内证（prati-ātma-adhigama），或者说，亲证。自内证表现在能缘、所缘间的关系上，即是平

---

① 《辨中边论》卷下辨无上乘品第七，《大正藏》第三十一册，第475页。
② *Madhyāntavibhāga-bhāṣya*, p. 67。

等。具体而言，所缘真如为无分别性质，为一切法之共相实性，于一切差别法平等；能缘无分别智不缘一切法之差别相，直缘契入无差别之真如，亦是平等相。所以，圣智生起时，能缘、所缘的关系在唯识学中被称为"平等平等"。《瑜伽师地论》云：

> 从所知障得解脱智所行境界，当知是名所知障净智所行真实。此复云何？谓诸菩萨、诸佛世尊入法无我，入已善净，于一切法离言自性、假说自性平等平等无分别智所行境界。如是境界为最第一真如、无上所知边际，齐此一切正法思择皆悉退还，不能越度。①

梵文如下：

> tena jñey'āvaraṇena vimuktasya jñānasya gocaro viṣayas taj-jñey'āvaraṇa-viśuddhi-jñāna-gocaras tattvaṃ veditavyaṃ ǁ tat punaḥ katamat ǁ bodhisattvānāṃ buddhānāṃ ca bhagavatāṃ dharma-nairātmya-praveśāya praviṣṭena suviśuddhena ca sarva-dharmānāṃ nir-abhilāpya-svabhāvatāṃ ārabhya prajñapti-vāda-svabhāva-nir-vikalpa-jñeya-samena jñānena yo gocara-viṣayaḥ ǁ sā sauparamā tathatā nir-uttarā jñeya-paryanta-gatā ǀ yasyāḥ samyak sarva-dharma-pravicayā nirvartante nābhivartante ǁ②

上所引梵文、玄奘汉译文关于真如与无分别智之文意需仔细辨析。从梵文看，"从所知障得解脱智"即从所知障（jñeya-āvaraṇa）得解脱（vimukta）之智。此智即是悟入与圆满悟入真如之圣智。所知障是法执（dharma-grāha）所摄一切杂染法，亦摄我执（ātma-grāha）所摄之烦恼障，能覆蔽真如，障碍菩提。圣智的最初生起，需断分别我执与分别法执。从所缘真如而言，真如必须由破分别我执与分别法执而得显现。圣智的不断圆满，意味对真如不断圆满的证悟，或者说，是对真如所摄之一切法逐步地如实了知。但此过程，实际可归为所知障的不断破除，乃至最终无余破除。所以圣智是不断解脱所知障而获得的。破除所

---

① 《瑜伽师地论》卷三十六本地分中菩萨地第十五初持瑜伽处真实义品第四，《大正藏》第三十册，第486页。
② U. Wogihara (ed.), *Bodhisattvabhūmi*, Tokyo, 1930, p. 38.

知障所显之真如，是圣智所缘之胜义境界，是最为真实之存在，最为究竟之真理，故谓之"最第一真如（sauparamā tathatā）"、"无上所知边际（nir-uttarā jñeya-paryanta-gatā）"。所知障的解脱，使真如得以显现，亦即令圣智得以生起。换言之，即当此障破除，圣智与真如相应而起，圣智冥入真如，无相而生起，无相而显现，二者平等平等，而无有分别。由此而说"于一切法离言自性、假说自性平等平等无分别智"。此句梵文为"sarva-dharmānāṃ nir-abhilāpya-svabhāvatāṃ ārabhya prajñapti-vāda-svabhāva-nir-vikalpa-jñeya-samena jñānena"。其中，sarva-dharmānāṃ nir-abhilāpya-svabhāvatā 即一切法离言自性，prajñapti-vāda-svabhāva 即假说自性，nir-vikalpa 即无分别，jñeya-samena jñānena 即与所知（境界）平等之智。意为，依于一切法之离言自性（真如），一切假说自性（亦即一切差别法）无有分别，即此所知境界，有与之平等（sama）之无分别智。梵文只有一个"平等（sama）"，藏译文亦只有一个"平等（mtshungs pa）"，而玄奘译文出现两个"平等"。应该说，玄奘的译文给出两个"平等"有特别之用意，即强调无分别智与真如本身之平等性，以及二者间由于冥契而有之平等性。可以说，译文文字有增，使无分别智证真如之意义更为清晰。玄奘的增文在该论另外一处梵文中得到支持，在该处梵文出现了两次"平等"。如云：

> 如是菩萨行胜义故，于一切法平等平等以真如慧如实观察，于一切处具平等见、具平等心、得最胜舍。[1]

梵文为：

> arthe parame caraṃ | sarva-dharmāṃs tayā tathatayā sama-samān yathābhūtaṃ prajñayā paśyati | sarvatra ca sama-darśī sama-cittaḥ san paramāṃ upekṣāṃ pratilabhate ||[2]

在玄奘译文中，"于一切法平等平等以真如慧如实观察"一句，与梵文"sarva-

---

[1]《瑜伽师地论》卷三十六本地分中菩萨地第十五初持瑜伽处真实义品第四，《大正藏》第三十册，第487页。

[2] *Bodhisattvabhūmi*, p. 41.

dharmāṃs tayā tathatayā sama-samān yathābhūtaṃ prajñayā paśyati" 一致。实际意为"以于真如平等平等之慧（prajñā）如实观察一切法"。即，慧与真如平等平等，以此悟入真如之慧，如实观察一切法。智慧与真如平等平等，也就与一切法平等平等。藏译文与梵文意思一致。此中，"平等平等"梵文为 sama-samān，藏译文为 mtshungs par mnyam par。

对无分别智亲证真如平等平等而生起，在《摄大乘论》中有清楚言说，云：

> 云何悟入圆成实性？若已灭除意言闻法熏习种类唯识之想，尔时，菩萨已遣义想，一切似义无容得生故，似唯识亦不得生。由是因缘住一切义无分别名，于法界中便得现见相应而住。尔时菩萨平等平等所缘能缘无分别智已得生起。由此，菩萨名已悟入圆成实性。①

相应藏文为：

> yongs su grub pa'i ngo bo nyid la ji ltar 'jug ce na | rnam par rig pa tsam gyi 'du shes kyang bzlog nas 'jug ste | de'i tshe byang chub sems dpa' don gyi 'du shes rnam par bshig pa de la yid kyi rjod pa thos pa'i chos kyi bag chags kyi rgyu las byung ba de dag don du snang ba thams cad 'byung ba'i skabs med pa yin no || des na rnam par rig pa tsam du snang ba yang mi 'byung ste | gang gi tshe don thams cad la rnam par mi rtog pa'i ming la gnas shing | chos kyi dbying la mngon sum gyi tshul gyis gnas pa de'i tshe | byang chub sems dpa' de'i dmigs par bya ba dang | dmigs par byed pa mnyam pas mnyam pa'i ye shes rnam par mi rtog pa 'byung ste | de ltar na byang chub sems dpa' 'di yongs su grub pa'i ngo bo nyid la zhugs pa yin no ||②

引文中给出的是悟入（zhugs pa, 'jug pa）真如（亦即生起无分别智）之加行与悟入状态。逻辑顺序是先遣除（bzlog）粗虚妄分别，亦即一切粗之能取、所取执，即一切义想（don thams cad kyi 'du shes），再遣除细虚妄分别，即唯了别想

---

① 《摄大乘论本》卷中入所知相分第四，《大正藏》第三十一册，第 143 页。
② theg pa chen po bsdus pa, pp. 48 – 49.

（"唯识之想"，rnam par rig pa tsam gyi 'du shes）；由此除遣，一切似义显现（don du snang ba thams cad）不再生起（'byung ba），进一步，似唯了别显现（rnam par rig pa tsam du snang ba）亦不生起；此时一切法无分别在意识上已得印可；由此无间，即得与真如平等平等之无分别智生起，真如即得证显。藏译文与汉译文在总略上均反映了此意，但二者也有相异之处。首先，玄奘汉译文中的"唯识"，直接对应梵文为 vijñāna-mātra，藏文为 rnam par shes pa tsam，不同于藏译文为 rnam par rig pa tsam，后者对应梵文 vijñapti-mātra，汉文是"唯了别"。本来"识"（vijñāna, rnam par shes pa）以"了别"（vijñapti, rnam par rig pa）为性，唯识与唯了别应该相通，但了别强调识之作用方面，用唯了别更易说明一切法唯是显现（snang ba）之道理，所以藏译最为妥当。其次，"平等平等"，藏译为 mnyam pas mnyam pa，即"由平等而平等"，意为，能缘、所缘各自是无分别的，皆是平等性，由此二者间由冥契亦是平等。此义藏译文较清晰。最后，但就对整个证悟之逻辑过程的表述而言，汉译文则比藏译文要有层次、要清晰。

前述证悟的逻辑过程在《大乘庄严经论》、《辨中边论》等中有更为简洁的表述，即，先建立唯了别（vijñapti-mātra, rnam par rig pa tsam），以遣除外境（义，artha, don）执；再除遣唯了别执（即唯了别想）；由此双遣，悟入一切皆不可得，即悟入真如。如《摄大乘论》所言：

> 复有教授二颂，如《分别瑜伽论》说：菩萨于定位，观影唯是心，义相既灭除，审观唯自想，如是住内心，知所取非有，次能取亦无，后触无所得。[①]

相应藏文为：

> 'di lta ste yang rnal 'byor gyi rnam par dbye ba las gdams pa'i tshigs su bcad pa || byang chub sems dpa' mnyam gzhag pas || gzugs brnyan yid du mthong ba ni || don gyi 'du shes bzlog nas su || rang gi 'du shes nges par gzung || de ltar nang du sems gnas so || gzung ba med pa rab rtogs byos || de phyir 'dzin pa med

---

① 《摄大乘论本》卷中入所知相分第四，《大正藏》第三十一册，第 143 页。

rtogs kyis ‖ des na dmigs pa med la reg ‖①

藏译文与汉译文一致。其中，影（gzugs brnyan）指外境所摄一切法，以说明其并非真实离心识独立之存在，而是心识所现之影像；义相，藏译是 don gyi 'du shes，即义想，是对外境的显现，或者外境执；自想（rang gi 'du shes），亦即唯心之想。意为，菩萨于止观中，由观外境实无，唯是心识之显现，即成唯心，而得安住，于中即印可外境作为所取（gzung ba）非有，由此与外境相待之能取（'dzin pa）亦无，即唯心亦不可得，而入一切不可得（dmigs pa med），即是触证（reg）真如，无分别智生起。

---

① *theg pa chen po bsdus pa*，p. 51.

第六章

唯识学之转依思想

瑜伽行派（唯识学派）关于道果的转依说（āśraya-parāvṛtti-vāda/ āśraya-parivṛtti-vāda）在该派学说中占有重要地位，是其解脱/菩提理论或者说成佛理论的核心要素之一。可以认为，正是在转依说建立后，大乘佛教成就佛果的菩萨道理论才臻于成熟与完整。转依说在《成唯识论》中得到最为系统的表达。在中国的唯识学的传习与研究史上，这个表述由于其严整性、融贯性、精致性成为转依学说的标准版本。但不得不指出，正因为如此，唯识学原生态的转依学说的复杂性被这个标准模型简单化与纯洁化，没有得到如实的揭示。而且，各种与标准模型不同的"不规范处"，被通过各种方式会通，以凸显标准模型的普适性、统摄性。本章拟对转依思想在唯识学典籍中的复杂呈现予以分析，主要从转依义的探讨、转依说类型的区分，以及转依说如何反映唯识思想与如来藏思想的交涉这三方面入手。

第一节 转依及其结构

一 转依之名、义

瑜伽行派学说是一个包括有境、行、果组织结构之学，其中，行、果学的内在机理是"转依说"。"转依"被用来说明从凡夫位到圣者位的转变及其机制。

"转依"的梵文有二，即 āśraya-parāvṛtti, āśraya-parivṛtti。其中"依"即 āśraya，或被译为依止、所依、所依止等，本章取用"所依"；而"转"的对应即 parāvṛtti, parivṛtti。

在唯识典籍中，"所依"一语具有复杂意义，可略区分出三类：依凭、依存义；因（缘）义；与能依相待义。此中可以有本体论意义上的用法，也可以有缘起论（发生论）意义上的用法，而且，后者可以是在因缘意义上，也可以在增上缘、所缘缘、等无间缘（此三者在唯识学中一般笼统称为增上缘）意义上的用法。其中，在所缘缘意义上还可暂称为在认知论意义上。当然作为佛教学说，都离不开涅槃论意义上的用法。结合在唯识典籍中的具体用法，所依主要可指五蕴身，根，烦恼，法性（空性，真如，圆成实性等），佛性，如来藏，心性（非唯心意义上、唯心意义上，自性清净心，心真如，法性心），智慧，种子（粗重），依他起性，阿赖耶识等。这些所依义在唯识典籍的转依说中都有出现，因此决定了转依说的复杂性。这也是常为唯识学研究者所忽略的方面。

在唯识典籍中，"转"的意义也相当复杂。从梵文看，"转"涉及两个词 parāvṛtti 与 parivṛtti，而这两个词的原义有一致之处，但差异也是明显的。parāvṛtti 可拆分为 para-āvṛtti，其前缀 para 有"他"之义，所以 parāvṛtti 有"从此转向彼"之义。其中，"此"即过去与现在的状态，"彼"是未来状态。因此，在此意义上的"转"，是转舍/弃"此"而转得"彼"义。显然，parāvṛtti 强调的是从此到彼的转变。parivṛtti 可拆分为 pari-vṛtti，其前缀 pari 有"全部地"、"圆满地"、"充分地"、"彻底地"等强化修饰作用，而且除"转"义外，还有"结束"、"断"等义。因此，可以这么认为，parivṛtti 的"转"，是伴随断、结束而实现的，而且这种"转"不论是在断方面，还是在得方面，都是"全部的"、"圆满的"、"彻底的"。这样，比较 parāvṛtti 与 parivṛtti 的意义，可知二者虽然在"转"义上相通，但强调不同：前者强调存在状态的转变，而后者强调断与得的圆满与彻底。

从前面的分析可知，当具有复杂意义的"转"与"所依"二者组合成"转依"一词时，"转依"的复杂意义就无法避免了。而且转与所依的组合导致二者在关系上的多义性，即转依可以是动宾结构，表示转所依之行为；也可以是转修饰所依，表示转行为发生所依之体，即转之所依；也可以是所转之所依；也可以是转所得的所依；也可以是转依的方式与方法；也可以是所转舍或所转断者，也可以是转得到者。事实上，在不同的唯识典籍中，对"转依"的用法确实不同。"转依"含义的复杂性使对转依学说的如实把握造成了相当大的困难。

二 关于转依之名、义的争论

由于转依之名、义的复杂性，以研究唯识与如来藏思想著称的高崎直道（Jikido Takasaki）与施密特豪森（Lambert Schmithausen）对"转依"中"转"的 parāvṛtti、parivṛtti 二义，及其与所依（āśraya）的二义阿赖耶识（ālaya-vijñāna）、真如（/如来藏，tathatā/ tathāgata-garbha）的关系进行了往复的争论。

高崎直道认为梵文转依二语的差异是明显的，其中 āśraya-parāvṛtti 之转（parāvṛtti），是指转变为他态，指种子、阿赖耶识等之消灭、活动停止、非显现，所依是种子；而 āśraya-parivṛtti 之转（parivṛtti），是指整体状态的改变（metamorphosis），是真如乃至如来、法身、觉者性等的显现、现成，所依是真如。前者的用法见《【唯识三十颂】安慧释》，还见《大乘庄严经论》、《楞伽经》、《中边分别论安慧释》等，后者的用法见《宝性论》，还见《大乘庄严经论》、《瑜伽师地论》、《辨法法性论》等。① 因此，在高崎直道看来，āśraya-parāvṛtti 与 āśraya-parivṛtti 代表两种不同转依义。而且这两种转依义相当于《成唯识论》卷九中所转依的二义。具体而言，parāvṛtti 之转意味转灭一切杂染种子而得一切清净种子，即实现阿赖耶识的转依；parivṛtti 之转则意味真如如来藏的全然或者说圆满显现、现成。这样，parāvṛtti 相应于唯识路线的开展，而 parivṛtti 则是如来藏思想倾向的贯彻。按照高崎直道的观点，这种诠释并非完全基于纯粹的语言学或哲学上的考量，是得到了梵文瑜伽行派唯识典籍文本呈现的支持的。② 但这种诠释激起了施密特豪森的批评。施密特豪森坚持认为，从梵文唯识典籍看，āśraya-parāvṛtti 与 āśraya-parivṛtti 虽然语词不同，但在意义上并没有呈现出明显的理论上的差别。③

在笔者看来，施密特豪森的观点是有道理的。确实，āśraya-parāvṛtti 与 āśraya-parivṛtti 两个术语在纯粹唯识学倾向的唯识典籍中与在具有如来藏思想倾向的唯识典籍中皆有出现。比如 āśraya-parāvṛtti 在纯粹唯识倾向的《〈唯识三十

---

① 高崎直道：《转依：āśraya-parivrayā-parivṛtti, āśraya-parāvṛtti》，载氏《如来藏思想》（II），法藏馆，1989。
② 同上。
③ 同上书，附记。

颂〉安慧释》中有用，但在具有如来藏思想倾向的《大乘庄严经论》、《楞伽经》中也有用；同样，āśraya-parivṛtti 在具有如来藏思想倾向的《宝性论》、《大乘庄严经论》中有用，但在纯粹唯识倾向的《瑜伽师地论》的"菩萨地"中也有用。实际上，高崎直道在分析《大乘庄严经论》中二者并用时也出现很大的会通困难。① 因此，不能断言二者的使用代表了两种不同的思想趣向。而且必须注意，《摄大乘论》的转依思想是唯识转依思想发展的关键一环，虽然其梵本的佚失使我们不能得知其梵文转依术语的具体使用情况，但我们可以抛开这个问题作一些分析。在《摄大乘论》卷三谈转依时云："转依谓即依他起性对治起时转舍杂染分，转得清净分。"而且此转依也就是"果圆满转，谓永无障，一切相不显现、最清净真实显现，于一切相得自在故"。② 在其中可以看到，高崎直道着意区分的转灭（"转舍"）、转得（"转得"）的转依义，与圆成实性真如（"最清净真实"）的圆满显现的转依义被等同起来。

所以可以认为，āśraya-parāvṛtti 与 āśraya-parivṛtti 在唯识学典籍中是相通的。当然，从原本的意义看，二者的意义是有差别的，这在前文已经指出。āśraya-parāvṛtti 强调从此向彼的转变，而 āśraya-parivṛtti 强调全然的、圆满的转变，因此前者的含义要比后者广。在此意义上，āśraya-parivṛtti 主要指在佛果成就的刹那，佛果圆满显现，或者说全然发生；āśraya-parāvṛtti 不仅可指佛果获得，而且可指在整个修行过程中各阶段的转变，如《摄大乘论》所说的成就佛果的四层次转依，所谓一益力损能转，二通达转，三修习转，四果圆满转，以及声闻、缘觉的各层次转依。但 āśraya-parivṛtti 亦可在层次转依中使用，因为，每一层次的转依，都可看成是在该层次应该转舍的已经全部转舍，应该转得的全部转得。实际在"菩萨地"中，āśraya-parivṛtti 已经有这种用法了。这样，āśraya-parivṛtti 与 āśraya-parāvṛtti 都可以指真如为所依的转依，以及阿赖耶识为所依的转依，而且，都可以用来说明一切层次的转依。所以，在唯识原典中，āśraya-parivṛtti 与 āśraya-parāvṛtti 常替代使用就不足为怪了。我们也就可以理解为什么在所有的汉译唯识典籍中一般都将 āśraya-parivṛtti 与 āśraya-parāvṛtti 不加区分地译成"转依"，而藏译唯识典籍中二者都被译成 gnas yongs su gyur pa 或 gnas gyur pa 了。③

---

① 高崎直道：《如来藏思想》(II)，第 170—177 页。
② 《摄大乘论本》卷下果断分第十，《大正藏》第三十一册，第 148 页。
③ 也有异译为"转"、"转身"等的。

三　转依的四分结构

在现今的唯识学文献中，汉文的《成唯识论》的转依学说是最为系统的，是对唯识典籍转依说的一个集大成性质的总结，其所界定"转依"概念也最为复杂、最具有代表性。此转依说也成为后世传习的标准与研究的出发点。《成唯识论》是这么界说"转依"的：

> 转依义别，略有四种。一能转道，此复有二：一能伏道，谓伏二障随眠势力令不引起二障现行。……二能断道，谓能永断二障随眠。……二所转依，此复有二：一持种依，谓本识，由此能持染净法种与染净法俱为所依。……二迷悟依，谓真如，由此能作迷悟根本，诸染净法依之得生。……三所转舍，此复有二：一所断舍，谓二障种。……二所弃舍，谓余有漏、劣无漏种。……四所转得，此复有二：一所显得，谓大涅槃。……此依真如离障施设，故体即是清净法界。……二所生得，谓大菩提。……此即四智相应心品。①

此中对转依从四个方面进行了界定：一者能转道，相当于转的方法；二者所转依，即转行为方式所依之体；三者所转舍，即是所转舍或转断者；四者所转得，即是转得到或者显示者。此转依四义应该与《瑜伽师地论》的转依四相有关：

> 当知此转依复有四种相：一生转所依相，二不生转所依相，三善观察所知果相，四法界清净相。生转所依相者，谓佛相续出世间道生转所依。……不生转所依相者，谓一切烦恼及诸习气不生转所依。……善观察所知果相者，谓此转依是善通达所知真实，所知真如果。若不尔，诸佛自性应更观察，更有所断，更有所灭。法界清净相者，谓此转依已能除遣一切相故，是善清净法界所显。②

---

① 《成唯识论》卷十，《大正藏》第三十一册，第54—56页。
② 《瑜伽师地论》卷第七十四摄决择分中菩萨地之三，《大正藏》第三十册，第707页。

此中的转依四相约略依次对应于转依四义中的能转道、所转舍、所转依、所转得，当然《成唯识论》的四相含义要更广。比如所转依、所转得都包括了第八识与真如两方面之义，但善观察所知果相、法界清净相唯指真如。

转依四义给出了一个转依的基本结构，说明了转依的基本机制。对此四义，可以有几点看法：

第一，转依的所依只谈第八识，亦即本识，以及真如，不谈其他重要的所依如依他起性、如来藏、五蕴等。

第二，在以真如为转依所依的问题上，主要谈其认知论意义，而忽略其本体论意义，但在唯识学的佛性如来藏思想的转依说中，更强调后者。

第三，在以第八识为所依的问题上，所断/灭与所弃/舍应是有其直接所依体的，即杂染所依体与劣清净（劣无漏）所依体。

第四，所转得也不能仅限于谈大涅槃与大菩提，比如法身，亦在转依思想中作为转依之果常有提及。

第五，根据唯识学的菩提道次第，没有本有的善根（种姓，本有无漏种子）以及发心，不可能最终成就相应的圣果。因此，转依的前提是本有的善根以及发心，也就是能转的所依，简称能转依。但转依四义中缺少能转依，与此似乎相关的能转道中只谈到对治道。

第六，此转依四义一方面对复杂的转依思想给出一个统括性质的定说，有利于澄清唯识思想中最基本的转依含义，但另一方面又对唯识学经典中转依思想的复杂性予以单面化处理，遮蔽了唯识学中转依学说的本来面目。

四　转依的五分结构

就形式结构而言，在补充进能转依后，转依以五义说明其相是可以的，但原四义的解释要改变，以适合唯识学经典的含义。转依五义可列如下：

一者能转依，指本有善根与发心。

二者能转道，指一切解脱道/菩提道行法，特别是智慧。

三者所转依，指转依前后之所依，如第八识，如真如。在转依前后的所依常是不同的。如就第八识而言，在转依前是阿赖耶识（ālaya-vijñāna），而在转依后是无垢识（amala-vijñāna）；如就真如而言，转依前是有垢真如（samala-tathatā），转依后是无垢真如（nirmala-tathatā）。

四者所转舍，指在转依过程中所断或所离之所依，如断依他起性杂染分，如舍依他起性劣清净（劣无漏）分，如离有垢真如。

五者所转得，即实现转依而得到或显示之果，如依他起性清净分，无垢真如，法身，涅槃，菩提等。

五 转依说类型

1. 唯识经典转依说建立的基本思想路线

在唯识学的转依学说中，虽然转依可指三乘，但主要是为大乘提出的。在大乘转依的意义上，在转依说的五义中主要是对后三义的不同阐释较多，特别是第三义与第四义，即所转依与所转舍异说较多，由此而出现了不同的转依说。而且由于所转依与所转舍都与转依前后的所依有关，不同转依说的关键差别就是在所依上了。由不同所依即所转依，就有不同的所转舍，也就有了不同的转依果即所转得。也就是不同的转依说。但必须注意，不同转依说的转依都是指从凡夫位转变为佛位，因此，不同的转依说只是对从凡夫位到佛位的转变从不同角度的阐释而已。

当然，这并非意味着不同的转依说差别不大，事实上不同的所依说，导致不同的所转舍，以及不同的成立佛果的方式，可以展开出相当不同的思想旨趣。像以本识为根本所依，与以真如为根本所依，就展现了在唯识典籍中的基本唯识路线与基本如来藏路线的巨大差异。因为在性质与内容上，唯识学可区分为两分：一是有为依唯识学（saṃskṛta-āśraya-vijñaptimātra-vāda），即以第八识为一切法根本所依的唯识思想；二是无为依唯识学（asaṃskṛta-āśraya-vijñaptimātra-vāda），即以心性真如（佛性如来藏）为一切法根本所依的唯识思想。前者是纯粹唯识思想，后者是佛性如来藏思想的唯识表现形态，是如来藏思想对唯识思想影响的结果。[①] 这两类唯识思想的转依思想由于根本所依的不同，思想内容出现不同性质的展开。例如，《成唯识论》作为纯粹唯识思想即有为依唯识学的代表性著述之一，在其转依思想中当然会尽量消除如来藏思想的因素，因此，只是将真如作为迷悟依引入，而避免将之解释为在佛性如来藏思

---

① 参见拙著《唯心与了别——根本唯识思想研究》第四章，以及《唯识、心性与如来藏》第一章。

想性质的无为依唯识经典如《大乘庄严经论》、《楞伽经》等中的本体论意义上的所依之义。

总之，第八识与真如（自性清净心、佛性、如来藏）成为唯识经典中两种最基本、最有代表性的转依所依，也成为观察唯识转依学说的两个基本出发点。

2. 转依说的类型

根据前面所说的转依五义，或者说主要根据其中的后三义，可以在确定所依的基础上，区分出汉译唯识典籍中不同的转依说。

从根本性质上看，唯识学的转依说皆是涅槃论意义上的转依说，但由于唯识思想有种种方便或者门径，以及转依所涉的不同具体对象或揭示角度，而显现出种种差别。换言之，瑜伽行派转依说的形成体现了种种思想意趣，因此是种种思想要素交织的结果。其中，可以看到与小乘佛教相似的要素，早期大乘佛教思想的要素，以及自己的不同新说的要素。

小乘佛教以五蕴为所依，这在逻辑上要求建立佛果为完全无漏的部派提出无漏五蕴，即在这种成圣转变时，出现了所依的转变。化地部以穷生死蕴、经量部以种子以及种子识等作为所依的思想，面临着如何处理成圣后有无所依，或者所依是否应该得到转变的问题，但这问题到瑜伽行派才得到合理解决。在阿含佛教与部派佛教中阐发的"心性本净"思想，认为心性本净而为客尘烦恼所染，去染则心之自性清净性即得显现，这样的自性清净心显然是一种所依，这显示了一种影响深远的思想模式，在大乘佛性如来藏思想以及唯识思想中得到深化与发扬。具体而言，在佛性如来藏思想中，以法性真如（空性、法界等）为佛性、如来藏，含摄一切如来圣法，但受烦恼的缠覆而不现，即是凡夫位；如去除烦恼，真如出缠显现，即为法身，即是佛位。这样，佛性如来藏思想与心性本净思想具有相似的结构模式，二者即融合起来，以真如为佛性、如来藏，为自性清净心，构成了佛性如来藏思想中一种标准的凡圣转变机制，反映在无为依唯识思想著述中就是如来藏思想形态的转依说。虽然在纯粹唯识学倾向的著述如《瑜伽师地论》、《摄大乘论》、《成唯识论》等中尽量避免显示如来藏思想的因素，真如不再是佛性如来藏，但仍有有垢无垢之说，成为转依后法身、无漏界之体，如来藏思想的因素仍有出现，亦成一种转依说。而随顺《阿毗达磨大乘经》的《摄大乘论》依据三性说，通过依他起性染净二分的转变，建立了一种新型转依说。这种转依说是唯识学的标志性转依说之一。与之意义相当的是本识转依说。本识转依意为,通过逐渐消除杂染所依阿赖耶识,最终转变为清净所依无垢识,即得佛果。在唯识学中,还有一种主要的转依思想不能被忽略,即是迷悟之转依说。瑜伽行派强调转依的根本在于觉悟的发生,亦即无分别智的圆满生起,因此转依是认知的转换,即从凡夫的虚妄分别转变到佛的圆满智慧。与之相应,觉悟意味境界会发生转变,所谓真妄的转变,此亦是唯识学中的一种重要转依说。

简而言之,转依思想在瑜伽行派唯识典籍中有种种复杂的显现,可略加区分为四种:一者凡圣论意义上的转依说,如五蕴转依说等,可称为凡佛之转依说;二者智慧论意义上的转依说,可称为迷悟之转依说;三者真理论或者说境界论意义上的转依说,可称妄真之转依说;四者本体论与发生论意义上的转依说,如有垢真如转为无垢真如、杂染阿赖耶识转为清净无垢识等,可称染净之转依说。

如果从存有论意义上看,唯识学的转依说可略归为三种:一者有为转依说,即转依前后所依皆为有为法性质,如依他起性转依说等;二者无为转依说,即转依前后所依皆为无为法性质,如心性转依说等;三者有为无为转依说,即转依前所依为有为法性质,而转依后所依为无为法性质,如有漏界转为无漏界之界转依说等。

本章主要根据前面四个类型转依说来探讨唯识学的种种转依说,而后三个类型转依说在后文用于说明佛性如来藏思想与唯识思想的相互影响。

第二节 凡佛、迷悟与妄真之转依说

凡佛、迷悟与妄真之转依说更多地体现了瑜伽行派学说作为大乘佛教的一般性质,因此在瑜伽行派的转依理论中,虽然并非不重要,但属于非了义性。

一 凡佛之转依说

凡佛之转依说,实际是在凡圣论意义上对转依的说明。在大乘佛教的传统论说方式中,主要从法及其无我性出发谈问题,但在具体施设时常将法区分为生命与（狭义的）法二分。其中，生命就包括六道凡夫（pṛthag-jana），也包括圣者（ārya-jana）菩萨、佛在内。① 当注重从生命范畴论说时，另一分法就被摄在其中。比如，说六道众生即摄杂染法，说佛即摄清净法。这样，成就佛果就成了六道凡夫向菩萨、最终向佛的转变，也相应于从杂染法向清净法的转变。因此，转依就是从凡向佛的转变。而凡与佛的所依就是转依之所依。下面分两个角度予以说明。

1. 五蕴转依说

从一般的处理方式看，众生是依有漏五蕴建立的，佛是依无漏五蕴建立的。这样凡夫的所依就是有漏五蕴，圣者的所依就是无漏五蕴，转依就是转有漏五蕴为无漏五蕴。此五蕴的转变也包括了染净一切法的转变。这种转依思想就是凡佛之五蕴转依说。《摄大乘论》谈到法身的圆满显现实际是五蕴的圆满转依的结果：

> 法身由几自在而得自在？略由五种：一由佛土、自身相好、无边音声、无见顶相自在，由转色蕴依故；二由无罪无量广大乐住自在，由转受蕴依故；三由辩说一切名身句身文身自在，由转想蕴依故；四由现化变易引摄大众、引摄白法自在，由转行蕴依故；五由圆镜、平等、观察、成所作智自在，由转识蕴依故。②

显然，此处的五蕴转依不仅意味凡佛的转化，而且意味一切佛法的圆满获得。

2. 八识聚转依说

在唯识学中，杂染八识聚主要代表凡夫之身土，而清净八识聚即摄佛之身土。当然，染净八识聚进一步也分别摄一切染净之法。因此，凡佛的转化，实际就是作为所依的八识聚的转化，从杂染八识聚，转为清净八识聚。这在《大乘庄严经论》中有明确说明：

---

① 佛与大菩萨实际已非一般的生命，但为了统一描述，就用同一指称。
② 《摄大乘论本》卷下果断分第十，《大正藏》第三十一册，第149页。

偈曰：如是种子转，句义身光转，是名无漏界，三乘同所依。释曰："如是种子转"者，阿梨耶识转故；"句义身光转"者，谓余识转故；"是名无漏界"者，由解脱故；"三乘同所依"者，声闻、缘觉与佛同依止故。①

此中意为，染八识聚转而成净八识聚，是佛身之依止，摄一切清净法（无漏界）；说为声闻、缘觉之身的所依，是因为其转舍了一切烦恼。

二　迷悟之转依说

迷悟的转依说，是从智慧论意义上阐释转依的。在瑜伽行派学说中，转依发生的根本在于智慧的圆满生起。因此，转依实际就是从凡夫的迷执（bhrānti）转为佛的觉悟（bodhi）。在这种转依中，如果直接从认知本身的性质转换来说明，就是分别无分别转依说，或者说识智转依说；如果从认知的发生来诠释，就是真如所缘缘转依说。

1. 分别无分别转依说

迷悟的转换，直接意味从虚妄颠倒之分别（vikalpa），转为如实呈现之无分别（nirvikalpa），或者说从虚妄分别识转变为无分别智。前者揭示凡夫位认知的本质：一切为无明所覆蔽，心识皆是虚妄分别性质，所谓"三界心心所，是虚妄分别"，② 而虚妄分别是颠倒错乱，无显现为有，于无执为有，于有执为无；后者说明了圣者位的认知本质：一切皆是无分别的如实现前，其中，根本无分别之智如实证现平等之真如，而后得无分别之智如实证现差别之万法，所以偈言："现前自然住，安立一切相，智者不分别，得最上菩提。"③ 由此可知，分别，是一切凡夫心识之体性，是一切杂染法显现之所依，而无分别，是一切圣者清净心识之体性，是一切清净法现前之所依。这样的从分别转换为无分别，即是从凡夫的杂染世界，转变为佛的清净世界。此即是分别无分别之转依说。

认知本质从分别到无分别的转依，在唯识典籍中被称为"道转依"。《大乘阿毗达磨杂集论》对道转依解释云：

---

① 《大乘庄严经论》卷第五述求品之二，《大正藏》第三十一册，第614页。
② 《辨中边论》卷上辨相品第一，《大正藏》第三十一册，第465页。
③ 《摄大乘论本》卷中入所知相分第四，《大正藏》第三十一册，第142页。

> 道转依者，谓昔世间道于现观时转成出世，说名有学，余有所作故；若永除一切所治，永离三界欲时，此道自体究竟圆满，立为转依。①

此中，将道转依建立在现观上，说明道体指智慧。世间道的本质即是虚妄分别性，而出世间道的本质是无分别性。所以道体无分别性的圆满，也就是无分别智的圆满，就完成了转依。这样，道转依，实际就是分别无分别转依。

2. 真如所缘缘转依说

成佛之觉悟意味对真理的如实与圆满之证知。就如实证知而言，在菩萨位即已发生，是以菩萨智即菩萨无分别智，或者说一分圣智，证知。而圆满证知必须在佛地发生。但不论是菩萨位，还是佛位，最为根本的是对诸法真如的证知，以此为基础，一切法之种种相才能如实证知。菩萨能有对真如的如实但不圆满的证知，而佛对真如是如实且圆满的证知。

对凡夫而言，其认知从根本上看，亦是与诸法本性或者说实相真如相关联的。一切凡夫皆不能如实显现、证知真如，无始以来他们的心识与虚妄分别相应而转，对诸法实相真如构成遮蔽与颠倒性、损减性迷执。其中虽有一分凡夫（即发菩提心后之凡夫菩萨行者）当其善根显现时，可以根据对佛菩萨的教示的正闻熏习，去信解真如，乃至随顺教理于真如思维作意，但他们仍不能实证真如。

由此真如成为显示凡圣认知性质的关键。由能如实显现、悟入真如，即得觉悟；由遮蔽真如，于真如起颠倒、损减性认知，即为迷执。所以，真如成为圣人之觉悟与凡夫之迷执的共同所依：证悟于真如，即是圣者；迷执于真如，即是凡夫。真如虽然是迷执与觉悟之共同所依，但在凡夫阶段，唯是迷执亦即虚妄分别显现，真如被覆障，而在圣者阶段，智慧现前，真如方被彰显。在共同所依的意义上，凡佛之间的转换，可看成是真如从迷执之所依，转而为觉悟之所依。这样，真如被称为"迷悟依"。②《成唯识论》云：

---

① 《大乘阿毗达磨杂集论》卷第十决择分中谛品第一之五，《大正藏》第三十一册，第342页。
② 《成唯识论》卷十，《大正藏》第三十一册，第55页。

或依即是唯识真如，生死涅槃之所依故。愚夫颠倒迷此真如，故无始来受生死苦；圣者离倒悟此真如，便得涅槃毕竟安乐。①

此中即云颠倒迷真如，是凡夫位；离倒悟真如，则是圣者位。真如即是迷悟之所依。

但必须注意，由于真如作为差别法之平等法性本身是恒常的，作为所依是不能真正转变的，转变的实际是作为能依的迷执（虚妄分别）与觉悟（无分别智）。

从前文的分析可知，作为迷悟依之真如，对虚妄分别之迷执与无分别之智的产生，必然是以所缘缘（ālambana-pratyaya）的方式起作用的。可举无分别智的生起与真如的关系作一说明。《瑜伽师地论》云：

问：……诸出世间法从何种子生？若言粗重自性种子为种子生，不应道理。答：诸出世间法从真如所缘缘种子生，非彼习气积集种子所生。②

此中的出世间法首先是指无分别智，因为是它在圣道中最先生起，而且其他一切出世间法必依于它才能产生。无分别智是对真如的直接证知，真如作为无分别智的认知对象，即是所缘。以此作为所缘的真如为缘引生无分别智，所以说无分别智以真如为所缘缘而生起。由于真如对无分别智生起具有根本重要的意义，所以，真如虽然只是所缘缘，但仍方便称为因缘，即种子（bīja），所谓"所缘缘种子"。由于其他一切清净法必须依于无分别智而生起，真如也被称为它们生起之"所缘缘种子"。此所缘缘种子不同于"习气积集种子"，后者是真正的因缘性质的种子，具有直接的发生性，所谓亲因、直接因、发生因。也正是因为迷悟依真如作为所缘缘在转依中发挥作用，此转依说被称为真如所缘缘转依说。

三 妄真之转依说

妄真之转依说，是在真理论或者说境界论意义上对转依的阐明。转依相当

---

① 《成唯识论》卷九，《大正藏》第三十一册，第51页。
② 《瑜伽师地论》卷第五十二摄决择分中五识身相应地意地之二，《大正藏》第三十册，第589页。

于界的转换，由杂染之界转为清净之界，或者说由虚妄颠倒而错乱显现之界，转为如实显现之界。就认知的境界而言，从虚妄的存在转换为真实的存在。如《摄大乘论》在谈转依的佛果转依时云：

> 果圆满转，谓永无障，一切相不显现、最清净真实显现，于一切相得自在故。①

即转依前是一切虚妄之种种相显现，而转依后唯有最清净的真实显现，即转依从境界论/真理论角度看，是虚妄境界向真实境界的转换。《摄大乘论》用《大乘庄严经论》之偈颂对这种妄真的转依予以进一步说明：

> 诸凡夫覆真，一向显虚妄；诸菩萨舍妄，一向显真实。应知显不显、真义非真义，转依即解脱，随欲自在行。②

对此偈世亲（Vasubandhu）与无性（Asvabhāva）解释一致。世亲解释为："如诸凡夫由无明故覆障真实，显一切种所有虚妄；如是圣者无明断故舍离虚妄，显一切种所有真实。"③ 即凡夫心识由无明覆障，唯显现种种虚妄境界（非真义/asadartha），而圣者由智慧生起悟入虚妄境界不可得，而唯显现真实境界（真义/sadartha）。

在唯识经典中一般将妄与真用三性解释，其中妄即遍计所执性（parikalpita-svabhāva），真即圆成实性（pariniṣpanna-svabhāva）。《大乘庄严经论》偈云：

> 如彼起幻师，譬说虚分别；如彼诸幻事，譬说二种迷。如彼无体故，得入第一义；如彼可得故，通达世谛实。彼事无体故，即得真实境；如是转依故，即得真实义。④

即虚妄分别（"虚分别"）如同幻师，幻师能用幻术将木石等变为象、马，而虚

---

① 《摄大乘论本》卷下果断分第十，《大正藏》第三十一册，第148页。
② 同上书，第149页。
③ 世亲：《摄大乘论释》卷九果断分第十，《大正藏》第三十一册，第369页。
④ 《大乘庄严经论》卷四述求品第十二之一，《大正藏》第三十一册，第611页。

妄分别亦能错乱（"迷"）显现为能取、所取（"二"）。但所显现之能取、所取（遍计所执性）是虚妄的，如同所幻现的象、马是假的一样。知能取、所取无体，即得真实义（圆成实性），如同知道象、马为假，则知木石等为真。这样即得妄境到真境的转依。

无性的《摄大乘论释》在释前文颂"应知显不显、真义非真义"时说："谓圆成实真义显现，遍计所执非真实义皆不显现"，这样，"非真义皆不显现，所有真义皆悉显现，故名转依"。[①]

真妄转依的所依即是依他起性（paratantra-svabhāva）。因为依他起性与虚妄分别相应时，即显现为遍计所执性之虚妄，而当与无分别智相应时，即显现为圆成实性之真实。如《摄大乘论》云：

> 于依他起自性中遍计所执自性是杂染分，圆成实自性是清净分，即依他起是彼二分。……无分别智火未烧时，于此识中所有虚妄遍计所执自性显现，所有真实圆成实自性不显现；此识若为无分别智火所烧时，于此识中所有真实圆成实自性显现，所有虚妄遍计所执自性不显现；是故此虚妄分别识依他起自性有彼二分。[②]

此中根据《阿毗达磨大乘经》的意趣，由依他起性能显现杂染、虚妄之遍计所执性与清净、真实之圆成实性，说依他起性含摄杂染分（遍计所执性）与清净分（圆成实性），或者说，依他起性含摄虚妄分（遍计所执性）与真实分（圆成实性）。这样，虚妄到真实的转依，就是依于依他起性进行。即依他起性由显现为杂染、虚妄遍计所执性，转为显现清净、真实圆成实性，即是转依。如《摄大乘论》云："转依谓即依他起性对治起时，转舍杂染分，转得清净分。"[③]

第三节　染净之转依说

染净转依说是瑜伽行派的转依理论中展开最为充分的转依说，其中包括了

[①] 无性：《摄大乘论释》卷九果断分第十，《大正藏》第三十一册，第435页。
[②] 《摄大乘论本》卷中所知相分第三，《大正藏》第三十一册，第140页。
[③] 《摄大乘论本》卷下果断分第十，《大正藏》第三十一册，第148页。

瑜伽行派转依说的了义类型。同时，染净转依说也反映了唯识思想与如来藏思想的种种交涉，因此，具有相当的复杂性。

在染净之转依说中，虽然杂染、清净是依涅槃论区分的，但其转依的发生就其所依而言是建立在本体论与发生论意义上。因此，染净之转依说可以看成是在本体论与发生论意义上阐释染净之转依。由于在染净的转换中所涉及的所依可从种种角度观察，因此染净之转依说涉及了种种性质的所依，而可进一步分为种种转依说。本书区分出七种：法性如来藏转依说、心性如来藏转依说、心性转依说、界转依说、依他起性转依说、第八识转依说、"阿"识转依说，而且其中还可含有种种亚类型。

一 法性如来藏转依说

唯识学中的法性如来藏说是继承于《如来藏经》、《大般涅槃经》、《胜鬘经》等大乘佛性如来藏经典的如来藏说，代表典籍是《究竟一乘宝性论》。即以法性真如（空性、法界）为自性清净心，为佛性，为如来藏，并且以此法性如来藏为染净（善不善）一切法的根本所依以及生起染净一切法之因。此中的"法性真如"的称谓是为了与"心性真如"相区别。法性真如是以一切法的平等法性为真如，虽然为自性清净心，但还不是唯心意义上的。而心性真如即是以唯心意义上的心之实性为真如。[1] 在如来藏意义上，前者称法性如来藏，后者称心性如来藏。

根据《宝性论》，在法性如来藏说中，在凡夫位，法性真如含摄一切如来净法，但"无始世界来"为"烦恼藏所缠"，是在缠的如来法身，所谓"向说佛法身、自性清净体，为诸烦恼垢、客尘所染污"。这样的法性真如称"有垢如"。不过，法性真如如来藏虽为烦恼所缠，但其自性清净，不增不减："此法性法体性自性常住，如来出世若不出世，自性清净本来常住。"[2] 而通过修行，到达佛位，烦恼藏被除灭，法性真如出缠，如来法身圆满显现。此时的真如离垢，称"无垢如"。《宝性论》云：

---

[1] 参见周贵华《唯心与了别——根本唯识思想研究》第六章。
[2] 参见《究竟一乘宝性论》卷四无量烦恼所缠品第六，身转清净成菩提品第八，《大正藏》第三十一册。

> 依彼果离垢清净故，说……无垢功德具，显现即彼体。
>
> 无垢如者，谓诸佛如来于无漏法界中远离一切种种诸垢，转杂秽身，得净妙身。
>
> 如来藏不离烦恼藏所缠，以远离诸烦恼，转身得清净。[①]

这样，凡夫位到佛位的转变，实际是作为烦恼藏的所依与清净法的所依的真如在意义与状态上的不同呈现，即是从"有垢如"转为"无垢如"。这就是转依，引文中称"转身"。因为转依依于法性真如如来藏，所以称法性如来藏转依。

二　心性如来藏转依说

从佛教思想史角度看，唯识观的展开受到了大乘早期佛性如来藏思想的影响，从而在《大乘庄严经论》、《楞伽经》、《密严经》等中形成了无为依唯识思想。无为依唯识思想以唯心意义上的心性真如为自性清净心、为佛性、为如来藏，为染净一切法的根本所依，这也就构成了心性如来藏说。从形式以及与如来藏思想的关系上看，是在唯识意趣下，将前述的法性如来藏说中的法性真如解释为心性真如所成。心性如来藏说与法性如来藏说的主要不同之处除前述的法性真如换为心性真如外，还有就是缠覆如来藏的尘垢由烦恼藏换为虚妄分别所摄的一切杂染，即使在心性如来藏说中还谈烦恼缠覆，也是在一切杂染的意义上而言的。[②] 这是由唯识思想的菩提道是转舍一切杂染而非针对烦恼而言决定的。

唯心意义上的心的空性真如即是心性真如，在《大乘庄严经论》中最先得到阐释，被称为"心真如"（citta-tathatā）、法性心（dharmatā-citta）。《大乘庄严经论》云：

> 偈曰：譬如清水浊，秽除还本清，自心净亦尔，唯离客尘故。释曰：譬如清水，垢来则浊；后时若清，唯除垢耳；清非外来，本性净故。心方便净，亦复如是。心性本净，客尘故染；后时清净，除客尘耳；净非外来，

[①] 《究竟一乘宝性论》卷四身转清净成菩提品第八，《大正藏》第三十一册，第841页。
[②] 参见周贵华《唯心与了别——根本唯识思想研究》第六章。

本性净故。……偈曰：已说心性净，而为客尘染，不离心真如（dharmatā-citta，直译为法性心），别有心性净。释曰：譬如水性自清而为客垢所浊，如是心性自净而为客尘所染。此义已成。由是义故，不离心之真如别有异心，谓依他相说为自性清净。此中应知，说心真如（cittatathatā，直译为心真如）名之为心，即说此心为自性清净。[①]

此中本性清净之心在梵文引文偈颂中说为法性心（dharmatā-citta），在长行释文中解释为心真如（citta-tathatā），但汉译文中二者皆译为心真如。然而，不论是法性心还是心真如，皆说明本性清净之心不是有为生灭之心，而是唯心意义上之无为真如、法性，即心之实性，简称心性。这就明确说明在唯识典籍中"心性本净"是指心性的本性（本来，自性）清净（prakṛti-prabhāsvara）。这样的心性真如为佛性、如来藏，即成心性如来藏说。

在《大乘庄严经论》中，虽然表明心性是心的实性，是佛性，但没有直接揭示其与具体心的关系，而在《楞伽经》、《密严经》中，除笼统以心性为心的实性，为佛性如来藏外，还具体摄阿赖耶识谈如来藏，换言之，以阿赖耶识之自性/实性为心性，并以此心性真如建立如来藏。

凡夫由无明故，心性真如作为如来藏虽含摄一切清净法，而为一切杂染法缠覆，即在缠、有垢；佛由获得智慧，心性真如作为如来藏出离一切杂染法，而圆满显现，即出缠、无垢。这样，心性真如如来藏作为染净一切法的所依，由有垢到无垢，构成转依，即是心性如来藏转依。

三　心性转依说

在部分无为依唯识学著述中，虽然以心性真如为实现涅槃的最终所依，但没有进一步许其为佛性、如来藏。这是素朴的无为依唯识思想类型。这典型地表现在《辨法法性论》、《辨中边论》中。在这类著述中，转依是心性真如从有垢转为无垢。这种思想也在部分有为依唯识著述中有所显示，如《摄大乘论》、《成唯识论》。

[①] 《大乘庄严经论》卷六随修品第十四，《大正藏》第三十一册，第 622—623 页。引文中梵文引自 Dr. S. V. Limaye（ed.）*Mahāyānasūtrālaṃkāra*, Delhi: Sri Satguru Publications, 1992, p. 253。

具体而言，心性真如由杂染所染，即是有垢位；而杂染去除，即是无垢位。由此建立转依。《辨中边论》云：

> 颂曰：此杂染清净，由有垢无垢，如水界金空，净故许为净。论曰：空性差别略有二种：一杂染（saṃkliṣṭā），二清净（viśuddhā）。此成染净由分位别，谓有垢位说为杂染，出离垢时说为清净。虽先杂染后成清净，而非转变成无常（anityā）失。如水界等出离客尘（āgantuka-malā），空净亦然，非性（svabhāva）转变。①

此中强调心性真如（心之空性）在离垢而以清净相显现时，并非是在体性上有转变。心性真如本来清净，离垢与有垢平等平等。如水有泥沙即混，去除泥沙即澄净，但前后之水本性无别；如金由杂质覆蔽混杂而不现，去除杂质即可现前，但此前后金性如一；如虚空由云遮蔽而不现，云散则显现在前，但虚空前后不变。

在《辨法法性论》中以十相谈心性真如从有垢到无垢的转依，并且亦以水、金、虚空三喻予以说明：

> 至达彼体性，谓真如离垢（藏译，离垢 dri ma med par gyur pa），一切唯真如（真如 de bzhin nyid）、显现（snang ba），即彼谓、转所依成就。由十相转依（gnas yongs gyur）、悟入为无上，……转依则喻如：虚空、金、水等。②

即在真如转依中，真如体性不变，只是其转依前后清净性有显现与不显现之别而已。在真如离垢后，一切清净法皆是真如的显现，即是法身。《成唯识论》称心性真如为"唯识真如"，而对心性真如的转依是这样阐释的：

---

① 《辨中边论》卷上，辨相品第一，《大正藏》第三十一册，第 465—466 页。引文中的梵文引自 G. M. Nagao（ed.）*Madhyāntavibhāga-bhāṣya*, Tokyo: Suzuki Research Foundation, 1964, p. 24.

② 汉译文见周贵华根据藏译所译《辨法法性论颂》，载周贵华《唯心与了别——根本唯识思想研究》第 453 页，所引藏文见 *Byams chos sde lang* 即《雪域百科荟萃——慈氏五论》，民族出版社 1991 年版，第 152 页。

> 此即真如离杂染性。如虽性净而相杂染，故离染时假说新净。即此新净，说为转依。①

此中提出了心性真如转依的理论，即转依时，体性不变，但相转变，即由杂染相转变为清净相。显然，杂染相的体现者即是一切杂染法，清净相的体现者即是一切清净法。

在《大乘阿毗达磨集论》中所说的"心转依"，也即为"心性转依"。如《大乘阿毗达磨杂集论》云：

> "心转依"者，谓已得无学道，证得法性心自性清净，永离一切客尘随烦恼故，名为转依。即是真如转依义。②

此中以心性真如（"法性心"）为转依所依之体，客尘为烦恼（"随烦恼"），但实为一切杂染。

四　界转依说

界转依说，即是对转依从有漏界转为无漏界的阐释。这主要是有为依唯识学典籍的一种转依说，是向第八识转依说转化的一种中间形式，也是与如来藏思想有所交涉的一种形态。这典型地表现在《瑜伽师地论》中。其特征是所转的有漏界是一切杂染法的所依，如杂染种子、阿赖耶识，而且是有为之无常法，在转依中要被转断；而转依所转得的无漏界，是一切清净法的整体，其中以恒常之法界真如为体，摄一切清净法。因此，就被转断的杂染所依而言，是瑜伽行派唯识学的纯唯识学倾向的发展，但所转得的清净无漏界以法界真如为体，显然反映的是佛性如来藏思想的特质。

唯识学建立唯心性的因说，以唯心性之种子所依体为阿赖耶识，进而以阿赖耶识为一切杂染法之所依，建立一切杂染法的缘起与流转。这样，在谈被转的所依时，或谈转断种子，或者转断阿赖耶识。

---

① 《成唯识论》卷九，《大正藏》第三十一册，第51页。
② 《大乘阿毗达磨杂集论》卷十决择分中谛品第一之五，《大正藏》第三十一册，第742页。

在《瑜伽师地论》中，以摄一切杂染种子（粗重）的阿赖耶识及其所生的一切杂染法为有漏界。但谈转有漏界为无漏界时，由于摄一切杂染种子的阿赖耶识为有漏的所依，因此涉及转依即谈转断杂染种子（粗重）或者阿赖耶识。转断阿赖耶识的要求，凸显出在《瑜伽师地论》中阿赖耶识在性质上完全与无漏界相对立，因此，当转依发生时，无漏界的全体显现不允许有漏界的存在，阿赖耶识必须断尽。《瑜伽师地论》"本地分"谈到在般涅槃时，即断尽一切杂染种子所依：

> 又于诸自体中所有种子，若烦恼品所摄，名为粗重，亦名随眠。……又诸种子，乃有多种差别之名，所谓名界，名种姓，名自性，名因，名萨迦耶，名戏论，名阿赖耶，名取，名苦，名萨迦耶见所依止处，名我慢所依止处，如是等类差别应知。又般涅槃时已得转依，诸净行者转舍一切染污法种子所依，于一切善、无记法种子，转令缘阙，转得内缘自在。[①]

此中谈到转依时，不仅染污种子当断除，而且无记种子、有漏善与劣无漏善种子都应弃舍。后来《成唯识论》卷十依此二在转依义中立"所断舍"与"所弃舍"二义。"转得内缘自在"，是指一切清净法生起自在，或者说佛身功德行自在。

在《瑜伽师地论》中断阿赖耶识得转依的最重要的论说在"摄抉择分"：

> 修观行者，以阿赖耶识是一切戏论所摄诸行界故，……转依无间当言已断阿赖耶识。由此断故，当言已断一切杂染。当知转依由相违故，能永对治阿赖耶识；又阿赖耶识体是无常，有取受性，转依是常，无取受性，缘真如境圣道方能转依故；又阿赖耶识恒为一切粗重所随，转依究竟远离一切所有粗重；又阿赖耶识是烦恼转因、圣道不转因，转依是烦恼不转因、圣道转因，应知但是建立因性，非生因性；又阿赖耶识令于善净无记法中不得自在，转依令于一切善净无记法中得大自在。[②]

> 然此转依与阿赖耶识互相违反，对治阿赖耶识，名无漏界、离诸

[①] 《瑜伽师地论》卷第二本地分中意地第二之二，《大正藏》第三十册，第284页。
[②] 《瑜伽师地论》卷第五十一摄决择分中五识身相应地意地之一，《大正藏》第三十册，第581页。

戏论。①

此中，"转依"即是"所转依"，亦是转依所得无漏界。在此转依中，无常、粗重所随逐、烦恼所依、违背善法之阿赖耶识，作为有漏界之体，要转断；而常、清净、圣道所依、一切善法所依之"转依"，即是无漏界，将转得。其中，特别强调，由于"转依"是常性，因此虽然是生起清净法之因，但非因缘即非直接的生因，而是建立因，属增上缘性质。因为这里有因果平等性质的约束。② 这样的无漏界，"离诸戏论"，即是"法界清净相"，所谓"此转依已能除遣一切相故，是善清净法界所显"。③

上述断尽杂染种子或杂染阿赖耶识而转得清净法界为体之无漏界的思想，在后来的唯识经典中不断出现。比如在受如来藏思想影响较大的《大乘庄严经论》以及有为依唯识典籍《佛地经论》等中，亦谈转断杂染种子/阿赖耶识，而转得无漏界。《佛地经论》云：

> 金刚喻定现在前时，灭离一切障种子尽，得净法界，究竟转依。④

意为，在由菩萨法云地进入佛地的刹那，灭尽一切杂染种子，而得清净法界显现，即是究竟转依。

从上述分析可知，界转依表明在转依之前后所依是不同的。转依前，是有漏杂染界，所依是杂染种子聚/阿赖耶识，转依后是无漏清净界，所依是法界。所以，界转依意味转断有漏界，转显无漏界。

五 "阿识"转依说

此处"阿识"转依说用于指真谛所译的旧译唯识学典籍中的转依说。真谛在翻译唯识学的典籍时，有意将有为依唯识经典改造为无为依唯识学性质，即"无为依化"。这种"无为依化"是通过引入无为性阿摩罗识（amala-vijñāna，

---

① 《瑜伽师地论》卷五十二摄决择分中五识身相应地意地之二，《大正藏》第三十册，第589页。
② 参见周贵华《印度瑜伽行派唯识学缘起思想之特质》，《上海大学学报》2006年第1期。
③ 《瑜伽师地论》卷七十四摄决择分中菩萨地之三，《大正藏》第三十册，第707页。
④ 《佛地经论》卷七，《大正藏》第二十六册，第324页。

无垢识），或者用如来藏思想重新解释阿梨耶识（ālaya-vijñāna，阿赖耶识）等方式完成的。可以说，真谛的学说是唯识思想与如来藏思想的真正融合。这既可以看成是唯识思想的如来藏化，又可看成是如来藏思想的唯识化，而后者正是其基本表达方式。这决定真谛译籍的转依说都以唯识术语的方式阐释，但实际浸透的是如来藏思想。其转依说可以分为三类：一者为在《决定藏论》中反映的转依说，二者为在《摄大乘论释》中的转依说，三者是在《转识论》、《三无性论》、《十八空性论》等中的转依说。

1. 阿罗耶识阿摩罗识转依说

阿罗耶识阿摩罗识转依说是在真谛译《决定藏论》（《瑜伽师地论》"摄抉择分"五识身相应地意地的异译）中的转依说，阐明转依是从阿罗耶识转为阿摩罗识。《决定藏论》云：

> 断阿罗耶识即转凡夫性，舍凡夫法阿罗耶识灭，此识灭故一切烦恼灭。阿罗耶识对治故，证阿摩罗识。阿罗耶识是无常，是有漏法，阿摩罗识是常，是无漏法，得真如境道故证阿摩罗识；阿罗耶识为粗恶苦果之所追逐，阿摩罗识无有一切粗恶苦果；阿罗耶识而是一切烦恼根本，不为圣道而作根本，阿摩罗识亦复不为烦恼根本，但为圣道得道得作根本，阿摩罗识作圣道依因，不作生因。……诸世俗法阿罗耶识悉为根本，一切诸法出世间者无断道法阿摩罗识以为根本。①
>
> 说出世法所生相续，依阿摩罗识而能得住。以此相续与阿罗耶识而为对治，自无住处是无漏界，无恶作务，离诸烦恼。②

此二段基本与前文所引玄奘所译《摄抉择分》二段相对应，不过，其中阿赖耶识换为了阿罗耶识，"转依"换为了"阿摩罗识"（无垢识）。玄奘所译谈界转依，指从阿赖耶识转为"转依"，而此处真谛所译谈转依，是从阿罗耶识转为阿摩罗识。将"转依"意译为阿摩罗识，在诠释学上意义重大。《瑜伽师地论》用"转依"代表转得的无漏界以及一切清净法的所依，是一种笼统的标示，只是表

---

① 《决定藏论》心地品第一之一，《大正藏》第三十册，第1020—1022页。
② 《决定藏论》心地品第一之二，《大正藏》第三十册，第1025页。

明了无漏界是转依的结果，是清净的、恒常不坏的性质。但以阿摩罗识表示，不仅具有前述的意义，而且更直接表明其为纯净之心识，为一切善法生起之根本；还表明这种纯净心识是恒常不变的，是法界性。这是一种将如来藏思想影响唯识化的努力。需要注意，在此处真谛的阿摩罗识并非第九识，而是在转灭阿罗耶识后转得的识，因此，虽然其是恒常清净识，但真谛并没有在《决定藏论》中揭示其潜藏在阿罗耶识后面。这可与有为依唯识学对比。后者也在转依后建立无垢识。但此无垢识即是转依后的清净第八识，是有为性质，不同于真谛此处的阿摩罗识体性是无为性质。

2．阿梨耶识转依说

阿梨耶识转依说是转染净一切法之所依阿梨耶识的转依说，是在真谛所译世亲《摄大乘论释》中阐述的。《摄大乘论释》卷一将《阿毗达磨大乘经》偈颂"此界无始时，一切法依止，若有诸道有，及有得涅槃"中的"界"，称为"阿梨耶识界"，即以阿梨耶识为界。而此"界"是"以解为性"，就是如来藏，① 这个解释与《宝性论》的解释相似，但与玄奘译《摄大乘论》及其世亲释对界的释义完全异趣。但阿梨耶识/界与《决定藏论》的阿摩罗识不一样，在该论中阿摩罗识是出缠的，全然是无漏性，而阿梨耶识/界虽然是本性清净之如来藏，以心性真如或者说清净法界为体，但是在缠的性质。而且无始以来与一切杂染法为因，即摄一切杂染种子。在此意义上，阿梨耶识/界包括心性真如，但也包含一切杂染种子，是有为性杂染种子与无为性真如的结合。这意味阿梨耶识/界是有体有用的合构体，心性真如为体，杂染种子为用。

《摄大乘论释》卷二称阿梨耶识为本识。② 本识摄杂染种子，为一切杂染法之因，但在闻熏习开始后，出现了闻熏习种子。《摄大乘论释》云：

> 释曰：此闻功能是本识对治故，与本识不同性；虽不同性，以不相离故，恒俱起。③

此闻熏习是指向出世的种子性质，称为"非本识"，客居在本识中，与之和合俱

---

① 真谛译：《摄大乘论释》卷一释依止胜相众名章第三，《大正藏》第三十一册，第156—157页。
② 真谛译：《摄大乘论释》卷二释依止胜相众名品之二众名章余，《大正藏》第三十一册，第162页。
③ 真谛译：《摄大乘论释》卷三释引证品第三之一出世间净章第五，《大正藏》第三十一册，第173页。

转。如《摄大乘论释》云：

> 释曰：闻熏习体是出世法，闻熏习因果属法身及解脱身摄；本识体是世间法，因是集谛，果是苦谛；故此两法自性相违。由此义故，闻熏习渐增，本识渐减。……由道谛增，集谛减。道谛即是福德智慧，集谛即是本识中种子。由福慧渐增，种子渐减，故得转依。……本识与非本识亦尔，虽复和合，而一灭一在。……由本识功能渐减，闻熏习等次第渐增，舍凡夫依，作圣人依。圣人依者，闻熏习与解性和合。以此为依，一切圣道皆依此生。①

此中，"凡夫依"，即是本识，属苦谛、集谛，摄一切杂染种子，是一切杂染法生起之所依；"圣人依"指闻熏习，即是非本识，与解性和合（一致），属道谛，是法身与解脱身摄，是一切圣道生起所依。其中，解性应该就是本有的解脱性，或者更正确地说，就是自性清净性。当闻熏习进行时，由于本识在性质上与非本识相违，因此本识势力渐被削弱，而非本识势力增强，最终本识灭尽，非本识圆满现起，即是转依。

显然此处的非本识由于属道谛，是有生灭、增减之有为性，还不是无生灭、无增减之无为性。因此，它虽然与解性合，换言之，它虽然与自性清净之心性真如（清净法界）相合，但本身并不包括心性真如在内，是闻熏习种子之积集体。由此可知，"非本识"与卷一的"阿梨耶识界"（阿梨耶识/界）有别。因为阿梨耶识/界是以解为性的，即是以心性真如为体的，是如来藏。

此处显然出现了一个困难，即既然本识本来作为阿梨耶识，是如来藏，以真如为体，如何能灭呢？这说明真谛在此处本识的用法上出现了问题。按照文中的语境，此处本识仅指杂染种子的集合。这样，在真谛译《摄大乘论释》中，出现了两个本识：一者是杂染种子集合体的本识，这是要在转依中灭尽的；二者是有为与无为结合的本识，即是在卷一出现的阿梨耶识/界，在转依中不会转灭，因为其体以解为性。前者可称"染本识"，后者可直接称"本识"。后者是真谛的本意。正是以解为性的"本识"/阿梨耶识/界摄持闻熏习/"非本识"，而舍弃杂染种子体"染本识"，最终实现转依。

---

① 真谛译：《摄大乘论释》卷三释引证品第三之一出世间净章第五，《大正藏》第三十一册，第175页。

从前述分析可知，在真谛译《摄大乘论释》中虽然有阿梨耶识、本识、非本识等概念，但实际这些都可归为阿梨耶识，并没有建立第九识。阿梨耶识即界，以解为性，以清净法界（心性真如）为体，但摄"染本识"即一切杂染种子。显然这时的阿梨耶识是体为解性，而相（用）是染，不与解性和合。在闻熏习起后，有"非本识"与"染本识"相对立，此时阿梨耶识亦摄"非本识"，因为后者"与解性和合"。这样阿梨耶识以清净法界为体，而包含染净一切种子。即阿梨耶识以心性真如为体，以"染本识"与"非本识"为用。但"非本识"与"染本识"相违，在转依时，不与解性和合的"染本识"即一切杂染种子体灭尽，而与解性和合的"非本识"净种子具足，圆满显现。这时的阿梨耶识即全体与解性和合，体是真如，而相用是净种子圆具的"非本识"。这样，转依意味阿梨耶识从相用不与解性和合，而转为相用与解性和合。这就是阿梨耶识转依。

3. 阿摩罗识转依说

阿摩罗识转依说是在真谛的一些译籍《转识论》、《三无性论》、《十八空性论》中体现的转依说。这些译籍与《决定藏论》、《摄大乘论释》思想主要的不同之处是，它们建立了第九识阿摩罗识。即阿摩罗识不仅是转依后无漏界与一切清净法生起之所依，而且在转依前，也是自性清净心，这样在凡夫位即在原八识后建立了第九识阿摩罗识。而转依只是阿摩罗识从被遮蔽而圆满显现出来而已。

《转识论》云：

> 立唯识乃一往遣境，留心卒终为论；遣境为欲空心，是其正意。是故境识俱泯，是其义成。此境识俱泯，即是实性；实性即是阿摩罗识。亦可卒终为论是（阿）摩罗识也。……若智者不更缘此境，二不显现，是时行者名入唯识。何以故？由修观熟，乱执尽，是名无所得，非心非境，是智，名出世无分别智；即是境智无差别，名如如智；亦名转依。[①]

显然此中以阿摩罗识为境识俱泯的实性，即是心性真如。这样，《转识论》即在

---

① 《转识论》，《大正藏》第三十一册，第62—63页。

阿梨耶识、阿陀那识（实即一般所译的末那识）、前六识八识外，又立第九识阿摩罗识。此阿摩罗识不仅在染位作为诸法平等实性存在，而且在转依后也作为境智无差别的"转依"显现。即阿摩罗识是染净一切法之所依体，也是转依所依之体。

在《十八空性论》中以诸法空所显的自性为自性清净心，为佛性，为阿摩罗识。《十八空性论》云：

> 阿摩罗识是自性清净心，但为客尘所污故名不净，为客尘尽故立为净。……但唯识义有两：一者方便，谓先观唯有阿梨耶识，无余境界，现得境智两空，除妄识已尽，名为方便唯识也；二明正观唯识，遣荡生死虚妄识心，及以境界，一皆净尽，唯有阿摩罗清净心也。①

此中阿摩罗识是在阿梨耶识等染识后面被遮蔽的净识。当修行者从方便观唯识到正观唯识圆满，一切妄执即被除遣，唯余阿摩罗识，阿摩罗识即得显现。换言之，阿摩罗识从作为染所依转为作为净所依，也就发生了转依。

在《三无性论》中立三性，其中依他性（依他起性）、分别性（遍计所执性）无体，唯真实性（圆成实性）是实有，是如如，而此真实性即是阿摩罗识。《三无性论》云：

> 此乱识即是分别、依他似尘识所显，由分别性永无故，依他性亦不有；此二无所有，即是阿摩罗识。唯有此识独无变异，故称如如。……遣此乱识，唯阿摩罗识是无颠倒，是无变异，是真如如也。前唯识义中亦应作此识说。先以唯一乱识遣于外境，次阿摩罗识遣于乱识故，究竟唯一净识也。②

此中"乱识"指阿梨耶识等，"乱"指其错乱颠倒显现。《三无性论》亦与《转识论》、《十八空性论》一样，以阿摩罗识为一切法之实性真如，为一切境智无差别的净识。③ 因此，作为染净一切法之所依的阿摩罗识，虽然被阿梨耶识等所

---

① 《十八空性论》，《大正藏》第三十一册，第863—864页。
② 《三无性论》卷上，《大正藏》第三十一册，第872页。
③ 《三无性论》卷下，《大正藏》第三十一册，第873页。

覆蔽，但在唯识正观后得以显现。显然，转依也是以阿摩罗识为所依体的。

总之，真谛在《转识论》、《三无性论》、《十八空性论》中建立阿摩罗识为第九识，并依阿摩罗识说建立转依思想。这种阿摩罗识转依说在其转依学说中是独特的，而且在整个唯识思想中也是独特的。可以说，这是无为依唯识思想中最有代表性的转依说之一。

六 依他起性转依说

依他起性转依说属于瑜伽行派有为依唯识学的转依说，在《摄大乘论》中有最清楚的表述。依他起性转依说意味依他起性作为染净法的所依，意味从杂染到清净的转变是依依他起性建立。

在《摄大乘论》中依据《阿毗达磨大乘经》对染净一切法的建立在逻辑上显示出两个步骤：首先，是以依他起性作为三性的枢轴，亦即所依，建立三性；其次，由于三性摄一切染净法，因此依他起性也就摄一切染净法；这样也就依依他起性建立了染净一切法。《摄大乘论》云：

> 此三自性为异为不异？应言非异非不异。谓依他起自性由异门故，成依他起；即此自性由异门故，成遍计所执；即此自性由异门故，成圆成实。由何异门此依他起成依他起？依他熏习种子起故；由何异门即此自性成遍计所执？由是遍计所缘相故，又是遍计所遍计故；由何异门即此自性成圆成实？如所遍计毕竟不如是有故。[①]

即依他起性由作为遍计（parikalpa）对象，而显现为二取，即外境，而建立遍计所执性；由所显现之二取或说外境毕竟不存在性，建立圆成实性。在此意义上，说依他起性含摄遍计所执性与圆成实性。在其中，由对染净的理解不同，区分出两种转依说。

1. 依他起性显现转依说

依他起性含摄遍计所执性与圆成实性二分，即说依他起性有此二分。如

---

① 《摄大乘论本》卷中所知相分第三，《大正藏》第三十一册，第139页。

《摄大乘论》云：

> 《阿毗达摩大乘经》中，薄伽梵说法有三种：一杂染分，二清净分，三彼二分；依何密意作如是说？于依他起自性中遍计所执自性是杂染分，圆成实自性是清净分，即依他起是彼二分。依此密意作如是说。①

此中以遍计所执性为杂染，以圆成实性为清净，这样，依他起性即具染净二分。由本具染净二分，因此其自身性不定，所谓"依他杂染清净性不成"。② 但依他起性与虚妄分别相应时，显现遍计所执性；当与无分别智相应时，显现圆成实性。而显现遍计所执性，即是杂染显现；显现圆成实性，即是清净显现。

在此意义上，转依就是依他起性从显现杂染分转为显现清净分。如《摄大乘论》云：

> 转依谓即依他起性对治起时，转舍杂染分，转得清净分。③

又如《成唯识论》云：

> 依谓所依，即依他起与染净法为所依故。染谓虚妄遍计所执，净谓真实圆成实性。转谓二分，转舍、转得。由数修习无分别智断本识中二障粗重故，能转舍依他起上遍计所执，及能转得依他起中圆成实性。④

此中，"二分"谓依他起性杂染分与依他起性清净分。引文意为，当转依发生，所依依他起性被转，由此杂染被彻底除遣，而唯有清净显现。

2. 依他起性缘起转依说

依他起性还以缘起性获得界定，所谓"依他熏习种子而生起"。⑤ 由此，杂

---

① 《摄大乘论本》卷中所知相分第三，《大正藏》第三十一册，第140页。
② 同上书，第139页。
③ 《摄大乘论本》卷下果断分第十，《大正藏》第三十一册，第148页。
④ 《成唯识论》卷九，《大正藏》第三十一册，第51页。
⑤ 《摄大乘论本》卷中所知相分第三，《大正藏》第三十一册，第139页。

染与清净就不再依遍计所执性与圆成实性定义，而是依据在凡夫位与佛位的缘起性建立。具体而言，在凡夫位缘起的一切法，为杂染依他起性，或者说依他起性杂染分；在佛位缘起的一切法为清净依他起性，或者说依他起性清净分。这样，依他起性的染净分都还是依他起性。

在此意义上，转依就是转断杂染依他起性，转得清净依他起性。这在《显扬圣教论》中有说明：

> 于何未断而成杂染，于何断灭得成清净？颂曰：于依他执初（注：指遍计所执性），熏习成杂染；无执圆成实，熏习成清净。杂染有漏性，清净则无漏，此当知转依，……论曰：于依他起自性执着初自性故，起于熏习则成杂染；当知圆成实自性无执着故，起于熏习则成清净。杂染即是有漏性；清净即是无漏性。此无漏性当知即是转依相。①

即执著之熏习形成有漏杂染界，无执著之熏习形成无漏清净界。这都是在缘起性意义上的依他起性上安立的。转灭有漏界，即转灭杂染依他起性；转得无漏界，即是转得清净依他起性。这就是转依。

转依所得的清净依他起性不仅摄一切清净依他起性法，而且还摄圆成实性，因为后者是其实性。由此，转得清净依他起性，即是获得法身，如《摄大乘论》云：

> 诸佛法身以何为相？……一、转依为相，谓转灭一切障杂染分依他起性故，转得解脱一切障、于法自在转现前清净分依他起性故。②

此中的转灭、转得，意味将一切杂染依他起性法断舍，转生一切清净依他起性法。

依他起性缘起转依说，完全排除了如来藏思想的影响，是有为依唯识学转依说中最纯粹的类型之一。

---

① 《显扬圣教论》卷十六成无性品第七，《大正藏》第三十一册，第559页。引文颂又见《瑜伽师地论》卷八十摄决择分中有余依及无余依二地，《大正藏》第三十册，第747页，但略有别。

② 《摄大乘论本》卷下彼果智分第十一，《大正藏》第三十一册，第149页。

七 第八识转依说

以依他起性摄三性，进而摄一切染净法，反映在具体的存在上即是以依他起性之第八识作为染净一切法的根本所依，由此建立染净一切法的缘起。

以第八识为染净一切法的根本所依以及缘起的发生因，最先在《阿毗达磨大乘经》中提出：

> 无始时来界，一切法等依，由此有诸趣，及涅槃证得。①

此中的界，实际是第八识，是染净一切种子体。一般的唯识学典籍中以杂染种子体阿赖耶识为界之体，而清净种子作为客体，寄居在阿赖耶识中。这以《瑜伽师地论》、《摄大乘论》为代表。在《瑜伽师地论》中，承认本有无漏种子，这样本有无漏种子就无始时来寄居在阿赖耶识中。《摄大乘论》虽然没有谈本有种子，但同样将正闻熏习种子客居在阿赖耶识中，与之俱转。《摄大乘论》云：

> 乃至证得诸佛菩提，此闻熏习随在一种所依转处，寄在异熟识中，与彼和合俱转，犹如水乳。②

即直到转依前，闻熏习种子/非阿赖耶识都寄居在阿赖耶识中，与之俱转，犹如水乳，虽然性不同，但能合聚一处而转。

在未转依前，清净种子客居在杂染阿赖耶识中与之俱转，是有为依唯识学典籍的基本立场。但《瑜伽师地论》强调阿赖耶识的杂染性，在转依时要转断阿赖耶识。《摄大乘论》亦说明转依时要转断阿赖耶识。如云：

> 又此熏习非阿赖耶识，是法身解脱身摄。如如熏习下中上品次第渐增，如是如是异熟果识次第渐减，即转所依。既一切种所依转已，即异熟果识及一切种子无种子而转，一切种永断。③

---

① 《摄大乘论本》卷中所知依分第二，《大正藏》第三十一册，第133页。
② 同上书，第136页。
③ 同上。

即在闻思修熏习过程中阿赖耶识势力渐减，非阿赖耶识势力渐增，当阿赖耶识的一切杂染种子断尽，"无种子而转"。但"非阿赖耶识"呢？在《摄大乘论》中没有明确说明，但肯定不是转断，因为转断的对象是阿赖耶识。但即使是最后位菩萨的"非阿赖耶识"也劣于佛无垢识，因此肯定要被舍掉。在《成唯识论》中就强调在转依时不仅断尽杂染种子，而且劣无漏种子也要弃舍。

但问题是佛的无垢识的种子何来？如果是在成佛的刹那产生，那其因难道是清净性要劣的最后位菩萨的"非阿赖耶识"？所以在《瑜伽师地论》中提出本有无漏种子。实际《阿毗达磨大乘经》的"无始时来界"作为染净一切法的平等所依思想，以及依他起性有染净二分的思想，就暗示无始时来第八识就有染净二分，就是第八杂染分识（阿赖耶识）与第八清净分识，二者无始时来和合俱转。其中阿赖耶识是杂染种子体，摄持一切杂染种子，而第八清净分识是清净种子体，摄一切清净种子。在凡夫位，唯有阿赖耶识显现，而第八清净分识被遮蔽，但在菩萨位，第八清净分识有显现。到转依时，阿赖耶识转断，而第八清净分识舍劣无漏种子，而成为佛无垢识。这应该是按照《阿毗达磨大乘经》的思路可以合理推出的。

就第八识转依说而言，在转依时，转断第八识所摄杂染性之种子（阿赖耶识），弃舍第八识所摄劣无漏种子（非阿赖耶识），而转得佛无垢识。

第八识转依说是有为依唯识学的标志性转依说之一，也是消除了如来藏思想影响的转依说之一。

第四节　从转依思想看唯识思想与如来藏思想的关系

在前述诸种转依思想中，按照转依的所依，以及按照存有论角度看，可以作如下的归类：

一者有为转依说，计有五蕴转依说，八识聚转依说，分别无分别转依说，妄真转依说，第八识转依说，依他起性显现转依说，依他起性缘起转依说。

二者无为转依说，计有真如所缘缘转依说，法性如来藏转依说，心性如来藏转依说，心性转依说，阿梨耶识转依说，阿摩罗识转依说。

三者有为无为转依说，计有界转依说，阿罗耶识阿摩罗识转依说。

一　有为转依说

有为转依说的"有为"（saṃskṛta），意指转依的所依是有为性，即是缘起性的、有造作的、无常性的。将前述有为转依说进一步分类，可分为三类：第一，所依为依他起性，有妄真转依说、依他起性显现转依说、依他起性缘起转依说，三者的共同点是将转依的所依建立在依他起性上；第二，所依是第八识，有五蕴转依说、识聚转依说、第八识转依说，三者所依最终可归于第八识；第三，所依是认知本质，有分别无分别转依说。

在上述三类所依中，以认知本质为所依的一类，代表的是道的转依，即有分别/有执著的凡夫认知方式，转变为无分别/无执著的圣者认知方式。这实际是一切大乘菩提道的基本实现方式。因此，这种转依说在纯粹唯识思想即有为依唯识学中，与在杂糅唯识思想即无为依唯识学中皆是成立的。这样，它在唯识典籍中，不带有具体思想路线的痕迹。

但以依他起性与第八识为所依的两种类型，却是两种标志性的转依说，代表了有为依唯识思想的特征转依思想。有为依唯识思想是以有为性法为染净一切法根本所依的唯识思想，其作为染净一切法所依之有为性法，在存有性上看就是依他起性，由依他起性摄三性，而摄染净一切法；在具体存在上看，就是阿赖耶识，或第八识，由第八识摄染净一切法种子，而摄染净一切法。显然，这两种类型的转依说，与有为依唯识学内在相一致。这两类转依说的代表经典是《摄大乘论》《成唯识论》。

二　无为转依说

无为转依说的"无为"（asaṃskṛta），意指转依的所依是无为性，即非造作的、恒常的、自性清净的。根据前文的分析，所依为无为性质的转依说最能反映唯识思想与如来藏思想的交涉，体现了无为依唯识思想特质。下面略作分析：

法性如来藏转依说反映的是早期大乘如来藏系经（包括佛性、涅槃、如来藏经）的影响。典型表述是在《究竟一乘宝性论》中。转依所依为法性如来藏，即以一切法平等之法性真如，为自性清净心、佛性、如来藏，还没有与唯识思想融合。可以认为是纯粹如来藏思想的代表转依说。

心性如来藏转依说则是唯识思想与如来藏思想糅合的结果，是无为依唯识思想的典型转依说之一。主要反映在《大乘庄严经论》、《楞伽经》、《密严经》中。转依的所依是心性如来藏，即以心性真如为自性清净心、佛性、如来藏。但此中的心性不再是在一切法平等的法性意义上的真如，而是在一切法唯心的唯心意义上的心之空性真如。无为依唯识学以心性真如为自性清净心、佛性、如来藏，为染净一切法的根本所依，由此，无为依唯识学又可称为心性如来藏学。显然，心性如来藏转依说与之内在一致。

心性转依说，是以唯心意义上之心性真如为所依的转依说，属于无为依唯识学范畴，但与如来藏思想的关系比较复杂。一方面，心性真如作为一切法的所依，为自性清净心，体现了大乘心性本净思想（属佛性如来藏思想范畴）的影响，但它又没有被强调为是佛性如来藏。因此，心性转依说只是有限度地接受佛性如来藏思想影响的展开。主要见于《辨法法性论》、《辨中边论》中。

阿摩罗识转依说的转依所依是阿摩罗识，它是染净一切法的所依，在凡夫位即是唯心意义上之心性真如，而在佛位，即是无漏界。这是真谛的著名学说。它的特色在于直接将心性真如称为识，由此建立第九识。这样，即将如来藏思想因素全部转化为唯识学术语表述，而形成最为纯粹的无为依唯识思想。阿摩罗识转依说也就成为无为依唯识学的标志性转依说之一。典型的表述在真谛译《转识论》、《三无性论》、《十八空性论》中。

阿梨耶识转依说以阿梨耶识为转依之所依。以解为性的阿梨耶识，不仅以心性真如为如来藏、为体，而且还以染净种子为相、为用，是真谛对有为依唯识性质的《摄大乘论》的阿赖耶识的独特改造，由此而将《摄大乘论》改为了无为依唯识学性质。而且阿梨耶识由于其染净结合、体相用结合，因此与《大乘起信论》的"一心二门"的"一心"相合，也与该论"生灭与非生灭和合"的阿梨耶识一致。或许据此可以观察到真谛与《大乘起信论》的关联。此说可见于真谛译《摄大乘论释》中。

真如所缘缘转依说，将真如作为迷悟之所依。换言之，真如是从认知论与缘起论角度引入的，不具有本体论意义，当然也就不是佛性、如来藏。因此，真如以所缘缘的角色作为迷悟依，是在有为依唯识学的四缘意义上的安立，属于纯粹唯识学范畴，体现了有为依唯识学在处理真如的作用方面遵循自己的规范、排除如来藏思想影响的成功。可以说，真如所缘缘转依说是有为依唯识学的标志性转依说之一。主要见于《瑜伽师地论》、《成唯识论》。

三 有为无为转依说

有为无为转依说的"有为无为",是指转依前的所依是有为的,而转依后的所依是无为的。这类转依说所摄的两种界转依说与阿罗耶识阿摩罗识转依说在内容上相当一致。因为前者的转依前所依是有为性、杂染有漏性的阿赖耶识,而后者的转依前所依是有为性、杂染有漏性的阿罗耶识,二者本来就是异译,只是名字不同而已;前者的转依后所依乃无为性无漏界,而后者的转依后所依是无为性阿摩罗识,阿摩罗识也代表的是无漏界,二者也一致。这类转依说实际体现了唯识学与如来藏思想的内在逻辑的紧张关系。按照有为依唯识学,转依前为有为性,转依后也应依有为性安立;而按照如来藏思想,转依后以无为性安立是自然的,转依前也应依无为性安立。但实际上这类转依说前后的所依安立不一致。从此角度看,界转依说与阿罗耶识阿摩罗识转依说的意义有所不同。主要见于《瑜伽师地论》的界转依说,反映的是《瑜伽师地论》正走在建立纯粹唯识学的路上,还没有彻底脱离如来藏思想的影响;而见于《决定藏论》的阿罗耶识阿摩罗识转依说则反映了真谛在忠实于《瑜伽师地论》的有为依唯识性质与将之改造为无为依唯识性质之间的犹豫。

下 篇

佛教思想明论

第 七 章

佛 陀

就全体佛教而言，根据直接旨趣可以分为两分，即大乘与小乘，二者又可根据各自的性质而分别称菩提道与解脱道。从此二道角度去看待佛陀，佛陀就显示出不同的面貌，在大乘本位是大觉悟者，而在小乘本位是大解脱者。本章主要就解脱道中的佛陀之相予以说明，而以菩提道中的佛陀之相为补充。

第一节 解脱道中作为大解脱者的佛陀

一 解脱道中作为大解脱者的佛陀

佛陀，梵文 Buddha，本义是觉悟者。但佛陀作为觉悟者之义，是否意味着佛教的本质在于觉悟/菩提？以及是否意味着佛教的趣求是觉悟？对于第一个问题，全体佛教的回答是一致的，共许佛教以觉悟为其本质。但对第二个问题，就有不同的理解。在大乘看来，佛教是觉悟之道，其目的在于引导众生圆满证悟诸法实相而实现觉悟，即成就无上正等正觉。然而按照小乘，佛教虽然以觉悟为本，但应称为解脱之道，其目的在于解脱，即引导众生以智慧彻底断除烦恼与业，灭尽一切苦患，而永久出离生死轮回。换言之，觉悟的目的并非在于觉悟本身，证悟真理或者生起智慧只是手段，最终是为了实现解脱。在上述意义上，大乘与小乘表现出不同的意趣，或者说旨趣。大乘视佛陀为大觉悟者，而佛陀所立教是用于引导众生实现圆满觉悟之道；而小乘显示佛陀是大解脱者，佛陀所立之教是解脱法，即成就阿罗汉之道。

简言之，在小乘看来，作为大解脱者的佛陀才是佛陀实际的基本形象，或者说，在解脱道中，佛陀之本位是大解脱者。也正是在此前提下，才说其所立教法是解脱之道，用于引导众生成就阿罗汉而解脱。由此，依据小乘佛教，也就有这样的判定：只有大解脱者才是真正的佛陀；只有能够引导众生趋向解脱之教，才是真正的佛教。

具体而言，在解脱道中佛陀以大解脱者为本位，首先可从其最后身菩萨之下生乃至成道来观察。应该说，作为菩萨的释迦牟尼最初从兜率天下生，是怀着度化众生解脱的本愿显现的。所以当他从母胎诞生时，即周行七步，并以手指天指地，发出狮子吼：

> 天上天下，唯我为尊，要度众生，生老病死。[1]

这就是在解脱道中显示的佛陀在世间出现的本愿，即要度化众生，令他们实现解脱。在这样一种本愿的牵引下，佛陀出家、修道，并在菩提树下修成正觉而解脱。《阿含经》指出，诸佛皆是通过觉悟而解脱的。《杂阿含经》在叙述毗婆尸佛成就佛位时云：

> 于十二缘起逆顺观察，所谓此有故彼有，此起故彼起，缘无明行，乃至缘生有老死，及纯大苦聚集，（乃至）纯大苦聚灭。彼毗婆尸佛正坐七日已，从三昧（而）觉。[2]

此中，在顺逆观察十二因缘而获实证时，即是菩提/觉悟，同时智慧的生起即将无明在内的一切烦恼所摄苦蕴除灭，即是解脱。《杂阿含经》在对佛陀所证境界从四谛角度说明时，给出了由觉悟而解脱的直接描述：

> 然如来见，谓见此苦圣谛，此苦集圣谛，此苦灭圣谛，此苦灭道迹圣

---

[1] 释迦牟尼佛说这四句是诸佛常法，他自己当然也不例外。参见《长阿含经》卷一第一分初大本经第一，《大正藏》第一册，第 4 页。
[2] 《杂阿含经》卷十五之三六九经，《大正藏》第二册，第 101 页。

谛，作如是知、如是见已，于一切见、一切受、一切生、一切我我所见、我慢系着使，断灭、寂静、清凉、真实，如是等解脱。①

即佛陀通过证悟四谛实现觉悟而断离一切烦恼，即解脱。在由觉悟而解脱的关系中，解脱之体是觉悟，觉悟之用是解脱。因此，解脱道以解脱为觉悟的大用所在，而将内在作为大觉悟者的佛陀显示为一个大解脱者。

其次，佛陀觉悟之所证境界，即四谛、十二因缘，也是与解脱相应的。其中，四谛是流转与解脱的总纲，揭示苦、苦因、苦灭、灭苦之道，说明解脱最终是熄灭生死流转之苦；十二因缘分缘起支与还灭支，分别揭示了流转与解脱各自的具体因果关系。简言之，现观四谛十二因缘的觉悟，直接反映了解脱观的内容。

而且，就佛陀安立的解脱道而言，决定是解脱趣向的。作为大解脱者的佛陀，以其内证的四谛十二因缘微妙境界，观待于解脱趣向性善根，安立了解脱道教法。依于解脱道，众生通过发出离心，修三十七道品，证悟四谛十二因缘，获阿罗汉果位，乃至最终入无余依涅槃。无余依涅槃即是寂灭状态，是苦的永久止息，烦恼与业的彻底消灭，永出三界之轮回，而不再来。在解脱道的经典中，常读到阿罗汉腾跃空中通过上身出火、下身出水、上身出水、下身出火等神通变化而入灭，这是解脱道之果阿罗汉显示寂灭相的典型方式。这种入灭方式直接表明，阿罗汉最终所入的无余依涅槃既体现了"我生已尽，梵行已立，所作已作，自知不受后有"的解脱认定，也显示了"灰身灭智"的解脱归宿。

虽然佛陀是导师，而诸阿罗汉是弟子，但他们的解脱平等。如《中阿含经》云：

若如来无所著等正觉解脱及慧解脱、阿罗诃解脱，此三解脱无有差别，亦无胜如。②

不过，如果细论，佛陀虽然与阿罗汉在解脱方面平等，但诸阿罗汉习气未断，而释迦牟尼习气已断，所以相对于作为解脱者的阿罗汉而言，佛陀即称大解脱

---

① 《杂阿含经》卷三十四之九六二经，《大正藏》第二册，第245页。
② 《中阿含经》卷三十六梵志品瞿默目揵连经第四，《大正藏》第一册，第656页。

者。反过来,阿罗汉是解脱者,佛作为大解脱者,即是大阿罗汉,这也是在解脱道中的一种共许的理解。

总之,按照解脱道的意趣,在作为菩萨的释迦牟尼观察有缘作为解脱道所化对象的众生的善根成熟时,即以度化众生解脱之本愿而下生人间,并以彻底解脱为目的而觉悟。在此过程中,佛陀虽然是通过以智慧为本之觉悟成佛的,但觉悟的目的是彻底熄灭苦与烦恼,即解脱。这意味着在解脱道的理境中,内在圆满觉悟的佛陀的显现相是一个大解脱者,而其所立教指示着一条从发心、修行到最终涅槃的解脱之路。

二 解脱道中佛陀的大解脱与烦恼的示现

佛陀的解脱是最为彻底与圆满的,不仅一切烦恼与业皆得除灭,一切习气亦得断尽无余。阿罗汉证尽智、无生智,也得解脱,然而,他们虽断烦恼与业,但习气犹存。所以,佛陀的解脱相对于阿罗汉的解脱而言,为大。

佛与阿罗汉间在断习气方面的差别在部派佛教的《阿毗达磨大毗婆沙论》中有很好的说明。该论引契经云:

> 佛世尊爱恚永断,违顺平等,拔诤论根,灭憍慢本,视诸珍宝犹如瓦砾,于一切法觉照无遗,无相似爱及恚慢等,诸烦恼习已永断故。非如独觉及诸声闻,虽断烦恼而有余习。贪爱习者如尊者阿难,怜诸释种;瞋恚习者如尊者毕陵伽筏蹉,语殑伽神言:小婢止流,吾今欲渡;憍慢习者如尊者舍利子,弃掷医药;愚痴习者如尊者笈房钵底,食前咳气,知食未销,不知后苦,而复更食;如是等事其类甚多。[1]

从此中可看出,断烦恼即得解脱,这在阿罗汉、独觉皆能实现,而再断尽习气,即是大解脱,唯佛陀堪能以及圆满实现。因此,由佛陀断烦恼亦断习气,独觉、阿罗汉断烦恼但未断习气,可推论,解脱道阿罗汉以下的圣者断一分烦恼,未断习气,而三界凡夫未断烦恼亦未断习气。就解脱而言,阿罗汉、独觉与佛皆已实现,但佛陀更圆满,故称为大解脱者。

---

[1] 《阿毗达磨大毗婆沙论》卷十六杂蕴第一中智纳息第二之八,《大正藏》第十六册,第77页。

佛陀作为大解脱者，烦恼及其习气皆已完全灭尽，但在《阿含经》中尚有佛陀烦恼相的显现，这需要思量。显然佛陀显现烦恼相，既非表示有烦恼，亦非表示有习气，此处大有深意。如佛陀不共法之四不护所显，佛陀之身口意清净，即佛陀身、语、意行皆是有义行、善巧行，因此，烦恼相的显现必是为了教化与利乐众生的方便示现。即对特定的所化对象或是特定的事情出现，佛陀依其圆满智慧与大悲心观察所化众生的善根以及心行，知以烦恼相显现最为有益，即显现烦恼相。如《阿毗达磨大毗婆沙论》云：

> 世尊虽无烦恼余习，而或时有似爱等言。似爱言者，如世尊说：善来苾刍，能善出家，犹具禁戒；似恚言者，如世尊说：汝是释种婢子，释种是汝大家；似慢言者，如世尊说：我是如来应正等觉，成就十力，得四无畏；似痴言者，如世尊说：大王今者从何处来？告阿难言：看天雨不？园中何故高声大声？或有生疑：世尊已断诸烦恼习，云何复有如是等类似烦恼言？……问：何故佛说似爱等言？答：护所化田，饶益彼故。谓世尊说似爱言者，欲令天授所破苾刍身心安隐及除疑故；……又世尊说似恚言者，摧彼梵志憍慢幢故；……又世尊说似慢言者，为令不知佛功德者知已归依修胜行故；又世尊说似痴言者，为开彼王谈论道故，为解阿难睡闷心故，又欲生彼乐静心故。佛说此等似烦恼言，皆为有情获利乐故。[①]

即佛陀显现爱、恚、慢、痴等烦恼相是在无烦恼、习气的前提下的似烦恼显现，是具对治性与利乐性的善巧方便。相较而言，包括阿罗汉、独觉在内的众生显现烦恼相的含义大为不同：阿罗汉、独觉显现烦恼相，亦非表示有烦恼，仅是因为还存烦恼之习气，而似烦恼显现；解脱道的其他圣者显现烦恼相，一分是实有显现，一分是似显现；但三界一切凡夫显现烦恼，一般是实有显现，即有烦恼，亦有习气。因此，烦恼相的显现，在凡夫即有过失，能增上而造业故；在阿罗汉、独觉无有过失，唯是习气似显现故；在佛不但无过失，反而有功德，是度化众生的方便故。

《阿毗达磨大毗婆沙论》还说明了为何在佛与阿罗汉、独觉间存在这样的差别：

[①] 《阿毗达磨大毗婆沙论》卷十六杂蕴第一中智纳息第二之八，《大正藏》第十六册，第77页。

> 问：何缘独觉及诸声闻虽断烦恼而有余习，佛不尔耶？答：声闻、独觉慧不猛利，虽断烦恼而有余习，如世常火，虽有所烧，而余灰烬；佛慧猛利，断诸烦恼令无余习，如劫尽火，随所烧物，无余灰烬。[1]

即佛陀慧火猛利，烦恼与习气俱焚，而独觉、阿罗汉慧火不够猛利，唯能焚烦恼，而不能俱焚习气。当然，三界沉沦凡夫唯有无明而无智慧，不仅烦恼习气俱在，而且更是在轮回中有所增长、有所强盛。不过还有一类凡夫，即皈依发心走上解脱之道者，虽然没有成就圣果，烦恼及其习气俱在，但因修习圣教法，对烦恼的现起有所治伏，从而能够指向最终烦恼的彻底灭除。

三　解脱道中佛的大解脱与苦的示现

在解脱道中，佛陀与阿罗汉、独觉在解脱方面皆超越三界，断脱了烦恼，但这是否意味着完全摆脱了三界之苦？换言之，在证得解脱后，是否还有苦受与苦相显现呢？由于佛陀的解脱与阿罗汉、独觉的解脱间有所差异，在此方面当然亦是不同的。

诸阿罗汉、诸独觉虽解脱了烦恼，但还有习气，在未入灭之前，唯是证得有余依涅槃，苦受还未彻底灭除，即还有苦受在。不仅有苦受，而且苦受还可非常强烈，甚至有阿罗汉因苦受剧烈而舍身自杀。在《杂阿含经》中，记载有阿罗汉瞿低迦尊者、阐陀尊者、跋迦梨尊者、陀骠摩罗子尊者等因不堪病苦而自杀的例子。这些阿罗汉不堪病苦而选择自杀入灭，并非是于病苦而起了烦恼，而是认为在病苦中住世纯粹只是一种病苦的延续，因此，宁愿早日进入无余依涅槃。选择早入涅槃，不仅表现在自杀的方面，还表现在自行入灭的情况方面。在《阿含经》中多有记载阿罗汉自行入灭，而非等待寿命尽而灭的例子。比如最著名的阿罗汉舍利弗，闻佛陀将要圆寂，以及目犍连已入灭，即自行先于佛陀入灭。但凡夫不能自杀，因为这无助于其解脱烦恼，相反，自杀的结果是带来来生更大的苦难。不过阿罗汉选择自杀是可以的，因为阿罗汉已经解脱了烦恼，已经了脱生死，自杀不会引起来生相续。佛陀在闻知有阿罗汉欲自杀，没

---

[1] 《阿毗达磨大毗婆沙论》卷十六杂蕴第一中智纳息第二之八，《大正藏》第十六册，第77页。

有阻止，亦没有指责其有大过失。在《杂阿含经》中，佛陀就阐陀尊者自杀一事对尊者舍利弗说：

> 若有舍此身余身相续者，我说彼等则有大过。若有舍此身已，余身不相续者，我不说彼有大过也。无大过故，于那罗聚落好衣庵罗林中以刀自杀。如是，世尊为彼尊者阐陀说第一记。①

此中佛陀没有指责阐陀尊者的自杀，仍授记阐陀尊者灭后完全解脱生死，而不再来，即所谓的"第一记"。但必须注意，即使是对已证得解脱的阿罗汉、独觉，佛陀也没有肯定自杀行为，佛之"无大过"说，还是有批评之意趣。因为，作为表法的重要代表的阿罗汉因病苦即舍身自杀，易被解读为对苦难的消极逃避，而不是积极地依于智慧而解脱。

诸阿罗汉、诸独觉到入无余依涅槃，有漏五蕴灭尽，即所谓的"灰身灭智"时，苦受方得彻底除灭。此时才可说，作为一种生命存在，阿罗汉、独觉彻底脱离了三界之苦。

但在解脱道的理境中，佛陀自获得无上正等正觉始，是否已经完全解脱了三界之苦呢？在《阿含经》中也记载了一些佛陀病痛之例子。据《佛说兴起行经》记载，佛陀在弘法中历经孙陀利谤佛、栴沙女诬陷、奢弥跋谤佛、被木枪刺脚、被掷石出血、食马麦、受苦行、头患巨痛、脊背疼痛、骨节疼痛等十难，佛陀指出这些皆是过去世造重业而连续受报之余报。② 对此可有两种理解方式。第一是真实之报，即佛有有漏，亦有苦受，如同阿罗汉、独觉，必须在入无余依涅槃灭尽所依五蕴才能尽除诸苦。第二是示现之似报，即佛陀一切皆是无漏，亦无苦受，则苦相即是似苦的显现，是佛陀为了说明世间凡夫不可能逃脱业缘果报的约束而做的警示性质的显现。在解脱道的展开中，大众系倾向支持第二种说法，主张佛陀有漏法已尽，"诸佛世尊皆是出世，一切如来无有漏法"。③ 而上座系多支持第一种说法，认为佛陀亦有有漏，如有有漏色，如说一切有部的《阿毗达磨大毗婆沙论》云：

---

① 《杂阿含经》卷四七之一二六六经，《大正藏》第二册，第348页。
② 参见《佛说兴起行经》，《大正藏》第四册。
③ 《异部宗轮论》，《大正藏》第四十九册，第15页。

> 归依佛者，归依如来头项腹背及手足等所合成身，今显此身父母生长，
> 是有漏法，非所归依；所归依者，谓佛无学成菩提法，即是法身。①

主张佛陀有有漏，从逻辑上看，是一种推论。即由佛陀的最后之菩萨身是有漏性的，断言佛陀在获得正觉后，此身性质并未被彻底转化，还是有漏性质。在此意义上，佛陀具有漏之身，则苦相是真实之苦的表现，并非方便性质之示现，因此，应有苦受的产生。但这种推理没有注意这样一个事实，即佛陀是大解脱者，不仅解脱了烦恼，而且解脱了习气，而且在解脱道中佛经多宣说佛陀之无漏性，佛陀应该无有漏法，因此，佛陀之色身应是无漏的，即在获得正觉时，色身实现了彻底的、圆满的转化而成无漏。这样，在证得大解脱后所显现的任何苦痛相，同于所显现的烦恼相，皆为示现，即为利益所化众生而依智慧所现的方便。这是最为恰当的说法。

第二节　解脱道中作为大觉悟者的释迦牟尼佛

一　解脱智

解脱道的解脱趣向使解脱道的一切围绕解脱安立，并承许佛陀以大解脱者为本位。但解脱必以智慧为内在之本质，换言之，解脱是智慧之直接作用，即由智慧的生起而灭尽烦恼，是为解脱。解脱道之智慧以解脱为用，故可称解脱智，其所证境界可称解脱境界。在解脱道中，诸佛与诸阿罗汉、独觉的最基本解脱是平等的，因此，他们的最基本解脱智亦应是平等的，他们所证最基本解脱之境界亦应相似。此处的最基本解脱是指对烦恼的灭除，而最基本解脱智以及最基本解脱境界二者皆是与最基本解脱相应的解脱智与解脱境界。佛陀的解脱还解脱了烦恼的习气，因此佛陀的解脱是比最基本解脱更圆满的解脱，所以其解脱智以及解脱境界亦应更圆满。通常所说诸佛与诸阿罗汉、独觉解脱平等，是指最基本解脱的平等。由于解脱道经典一般是在最基本解脱意义上谈解脱，本书亦是在此意义上使用"解脱"一语，"解脱智"与"解脱境界"也是相应

---

① 《阿毗达磨大毗婆沙论》卷三十四杂蕴第一中爱敬纳息第四之六，《大正藏》第二十七册，第177页。

于此意义使用的。

二 佛智与阿罗汉智之别

解脱智（亦即最基本解脱智）所证解脱境界（亦即最基本解脱境界）是四谛十二因缘，诸佛与诸阿罗汉、诸独觉的解脱智所证皆平等如此。但具体而言，解脱智所证包括四谛十二因缘所摄之所有无学法。然而在解脱道中，佛与阿罗汉、独觉间，以及后二者间，虽然解脱智相等，但各自的整体智慧并不相等。实际上，在解脱道中，佛陀智慧称佛智，阿罗汉、独觉智慧称阿罗汉智、独觉智，皆不限于解脱智。即解脱智是共有者，而加上诸圣者的各自增上所证悟者，方是诸佛智，以及诸阿罗汉智、独觉智。在下文的讨论中，为了方便，以阿罗汉摄独觉，关于独觉不再单独讨论。

诸佛皆获得无上正等正觉，因此智慧是平等的。但佛与阿罗汉间的智慧差距则不可思议。举舍利弗为例。在解脱道中诸阿罗汉以舍利弗的智慧最高。在《增一阿含经》中佛陀云：

> 我昔亦有弟子名舍利弗，智慧之中最为第一。如大海水纵横八万四千由旬，[①] 水满其中。又须弥山高八万四千由旬，入水亦如是。然阎浮里地南北二万一千由旬，东西七千由旬。今取较之。以四大海水为墨，以须弥山为树皮，现阎浮地草木作笔。复使三千大千刹土人民尽能书，欲写舍利弗比丘智慧之业，然童子当知，四大海水墨、笔，人之渐渐命终，不能使舍利弗比丘智慧竭尽。[②]

此中以喻显示舍利弗智慧的深广：即使三千大千世界的所有众生尽一生以四大海水为墨，以阎浮地草木作笔，以须弥山为书写的树皮，都不能描述尽舍利弗的无量智慧。但舍利弗的智慧却仍然无法与佛相提并论。如《增一阿含经》中佛陀云：

> 我弟子之中智慧第一，不出舍利弗智慧之上。计此舍利弗比丘遍满三

---

① 由旬，梵文 yojana，又译为踰缮那等，原指牡牛挂轭行走一日的里程，其具体里程有种种说法，而在佛教中多说为十六里。

② 《增一阿含经》卷三十六八难品第四十二之一，《大正藏》第二册，第 750 页。

千大千刹土，无空缺处，欲比如来之智慧，百倍、千倍、巨亿万倍，不可以譬喻为比，如来智慧力者，其事如是。①

此中言遍满三千大千世界这么多舍利弗之智的总和，也不可望佛智之项背。在《长阿含经》中，舍利弗对佛陀言：

> 我于过去、未来、现在诸佛心中所念，我不能知，佛总相法我则能知。②

即舍利弗不能窥知佛陀的智慧境界，因为佛能尽然了知一切总相、别相法，而舍利弗唯能了知总相法。因此，舍利弗之智与佛智有天差地别，一切阿罗汉之智当然都是如此。不仅佛与阿罗汉间智慧差异极大，诸阿罗汉间的智慧差别也相当大。智慧最高者有舍利弗，而智慧最低者有周利槃陀伽等。

佛陀的智慧在境界的甚深、微妙与广大方面，在性质的彻底、圆满方面，皆是无可比拟的。这在《阿含经》中用如来十力来显示。《杂阿含经》云：

> 何等为如来十力？谓如来处非处如实知，是名如来初力。……复次，如来于过去、未来、现在业法受因事报如实知，是名第二如来力。……复次，如来应等正觉禅解脱三昧正受染恶清净处净如实知，是名如来第三力。……复次，如来知众生种种诸根差别如实知，是名如来第四力。……复次，如来悉知众生种种意解如实知，是名第五如来力。……复次，如来悉知世间众生种种诸界如实知，是名第六如来力。……复次，如来于一切至处道如实知，是名第七如来力。……复次，如来于过去宿命种种事忆念，……悉如实知，是名第八如来力。……复次，如来以天眼净过于人眼，见众生死时、生时，妙色、恶色、下色、上色，向于恶趣、向于善趣，随业法受悉如实知，……是名第九如来力。……复次，如来诸漏已尽，无漏心解脱慧解脱，现法自知身作证，我生已尽，梵行已立，所作已作，自知不受后有，是名第十如来力。……如此十力，唯如来成就，是名如来与声

---

① 《增一阿含经》卷三十六八难品第四十二之一，《大正藏》第二册，第750页。
② 《长阿含经》卷十二第二分自欢喜经第十四，《大正藏》第一册，第76页。

闻种种差别。①

此中十力即一者处非处智力，二者业异熟智力，三者静虑解脱等持等至智力，四者根上下智力，五者种种胜解智力，六者种种界智力，七者遍趣行智力，八者宿住随念智力，九者死生智力，十者漏尽智力。② 此十力凸显出佛陀与解脱道圣者之根本差别。正因成就此殊胜十力，该经说"如来应等正觉得先佛最胜处智，能转梵轮，于大众中师子吼而吼"。③ 即唯有佛陀是真正之天人师，能将众生恰当地安立于佛教中予以调伏、化导、度脱。同样，属于解脱道性质的独觉道的独觉智慧也是无法比拟于佛智的，虽然在其觉悟发生的这一生并不需佛陀的直接教导。

佛陀与阿罗汉、独觉的智慧之别，实际反映的是他们的觉悟之别。就他们所共有的解脱智而言，其所证境界是四谛十二因缘，但其各自的整体智慧实际所证境界不止于此。如果从生命法与非生命法看，解脱智是以生命法为中心的，即了知了生命流转与还灭的实相。但佛与阿罗汉、独觉的智慧，还包括了对非生命法的如实的、直接的把握或证悟，不过，证悟的程度有所不同。其中，佛陀是如实的、圆满的证悟了一切法即生命的与非生命所摄的一切法之实相，阿罗汉、独觉虽证悟了生命法之实相，但对非生命法之实相证悟较少，犹以阿罗汉证悟最少。从觉悟的境界看，佛陀最高，是圆满的，而独觉次之，阿罗汉最低，后二者皆不圆满。所以，佛陀之觉悟（菩提）可称大觉悟（大菩提），独觉之觉悟（菩提）可称中觉悟（中菩提），阿罗汉之觉悟（菩提）可称小觉悟（小菩提）。此三分，在解脱道中是被广泛接受的，如上座系的《阿毗达磨大毗婆沙论》云：

> 若诸缘性非实有者，应不施设三种菩提，谓以上智观察缘性名佛菩提，若以中智观察缘性名独觉菩提，若以下智观察缘性名声闻菩提。④

---

① 《杂阿含经》卷二十六之六八四经，《大正藏》第二册，第186—187页。
② 阿罗汉在成就时，也口称"我生已尽，梵行已立，所作已作，自知不受后有"，但并非如佛陀一样诸漏全尽。独觉亦然。
③ 《杂阿含经》卷二十六之六八四经，《大正藏》第二册，第186页。
④ 《阿毗达磨大毗婆沙论》卷五十五结蕴第二中不善纳息第一之十，《大正藏》第二十七册，第283页。

此中即区分出菩提的上、中、下三分，所谓佛菩提、独觉菩提、阿罗汉（"声闻"）菩提。

三 解脱道中作为大觉悟者之佛智

在解脱道中，佛陀主要以大解脱者形象示现，因此佛陀之智慧就其具体显现而言，展现的主要是解脱智方面。但佛陀本身又是大觉悟者，其本位相应于无上正等正觉，即应相应于其整体智慧，而非唯解脱智方面。因为佛陀在解脱智方面与诸阿罗汉、独觉是平等的，唯以解脱智不能反映佛陀无上正等正觉的本来面目。总之，佛陀无上正等正觉所证之智慧殊胜于阿罗汉、独觉智慧，其甚深、广大、无上、圆满之处在解脱道中并没有直接的显现，仅仅有从不同角度的略示，如前文所述的与阿罗汉智慧的差别性、十力等。

既然佛陀的觉悟（智慧）不是解脱取向的阿罗汉、独觉的觉悟（智慧）性质，或者说，佛陀智慧不以解脱智为准量，那么，解脱道作为解脱之道，从智慧角度而言，只能显现出佛陀觉悟的一个侧面。换言之，佛智唯从解脱智角度说明，唯显现出佛智的一方面，虽然并非是不重要的一方面。但是，据此解脱道而解脱的阿罗汉，其觉悟或者说智慧则是以解脱智慧为中心的，相应的所悟境界即是四谛十二因缘。同样属于解脱道的独觉道，也是如此。这样的解脱道，显然是佛陀依据解脱智针对解脱善根而安立的，用于教化此类善根性的众生。

现在回来再看佛陀的智慧本身，由于佛智不再限于解脱智，其所悟基本境界亦就不再是四谛十二因缘。从解脱道佛陀的圣典中，对佛智以及其所悟境界虽然没有直接的说明，但亦有间接的显示。在前文从佛智与阿罗汉智的差别角度已对佛智有所说明，下面主要通过对佛智所证境界的说明而对佛智予以进一步显示。

与解脱道的解脱意趣相应，解脱道主要凸显佛智的解脱智一面。这不仅体现在对佛陀觉悟境界以四谛十二因缘的诠定上，而且也反映在整个解脱道性质上，后者指明的是一条发出离心/解脱心，修解脱行，并最终证悟四谛十二因缘而觉悟解脱的解脱之道。为了凸显佛陀所证境界的解脱性质方面，在解脱道佛陀圣典中总是反反复复说明世间苦与烦恼的逼迫性，从而引导修行者把修行的注意力集中在解脱方向上。

在《中阿含经》的"箭喻经"中，就解脱的紧迫性以及修行所缘境界予以了形象的说明。在该经中，佛陀批评修行者耽于形而上学的思维，而忽略了生死解脱的紧迫大事，会重新堕入出没无期的轮回中去，如同中箭者，性命危在旦夕，伤者不求即刻医治，反去研究箭的颜色、材料、来源，等等，其结果必然会是延误病情，不得及时救治而亡。所以，佛陀对"世有常、世无有常？世有底、世无底？命即是身、为命异身异？如来终、如来不终、如来终不终、如来亦非终亦非不终耶？"这类问题不予回答，即置答。① 佛陀指出：

> 此非义相应，非法相应，非梵行本，不趣智，不趣觉，不趣涅槃，是故我不一向说此。②

即这类问题与解脱没有直接关系，不应孜孜探求。此中佛陀实际给解脱道修行者的智慧或觉悟的性质与境界划出了基本的界限，即必须以最快速、最方便的方式获证解脱为目标。由此，不仅以四谛十二因缘摄解脱道之所证，而且在对一切法认知上也是如此贯彻的，如将色、受、想、行、识的五蕴法之实相皆判为无常性、苦性、空性、无我性，其中前二性为四谛直接所摄，后二性直接为十二因缘所摄，皆是与解脱相应的。

佛陀将从解脱道角度看是无足轻重的"世界有常"等问题列为"无记"，阻止修行者沉溺其中而不趣求解脱，并不意味着对无记所涉问题没有如实的了知。作为无上正等正觉者，佛陀应该对一切法之实相皆已圆满证悟，所以，佛陀才有四无畏，其中的佛陀"正等觉无畏"在《阿毗达磨大毗婆沙论》中有云：

> 如契经说：我是诸法正等觉者，若有世间沙门、梵志、天、魔、梵等依法立难，或令忆念于如是法，非正等觉，无有是处，设当有者，我于是事正见无由，故得安隐无怖无畏，自称我处大仙尊位，于大众中正师子吼，转大梵轮，一切世间沙门、梵志、天、魔、梵等所不能转。③

从此中可知，对一切法无颠倒、圆满地证知，方可为无上正等正觉。

如果说以四谛十二因缘为基本所缘境表明了解脱意趣，刻画出解脱智的所

---

① 参见《中阿含经》卷六十例品箭喻经第十，《大正藏》第一册。
② 同上书，第805页。
③ 《阿毗达磨大毗婆沙论》卷三十一杂蕴第一中爱敬纳息第四之三，《大正藏》第二十七册，第158页。

证境界，那么从五蕴、十二处、十八界的角度观察一切法，则将所缘范围大为扩大，虽然这样的描述方式仍是为四谛十二因缘所摄。将直接所缘从四谛十二因缘扩展到五蕴等三科，即使仍是在解脱意义上去观照，亦显示安立解脱道的佛陀的觉悟所悟境界关涉一切法，而不仅限于生命法。与这样的境界相应，即关联一切法及其染净、因果。按照解脱智，观照生命法及其流转的基本道理是十二因缘的缘起，但佛陀有进一步揭示，将以生命法为中心的十二因缘缘起扩展到一切法皆为众缘和合（或者说因缘和合）而生的普遍缘起。

一切法的普遍缘起思想，可用著名的缘起偈显示。在《佛说初分说经》中，舍利弗问佛陀弟子乌波西那云：

> 尊者汝师何人？复说何法？乌波西那答言：我师是大沙门。……乌波西那言：我师所说缘生之法。缘生法者，谓一切法从因缘生，从因缘灭。复以是义说伽陀曰：若法因缘生，法亦因缘灭，是生灭因缘，佛大沙门说。①

舍利弗闻乌波西那所说即悟入，而得法眼净。此中，对一切法的实相通过因缘及其和合来揭示，即以缘起性作为一切法之本质。而对此的悟入，则是根本智慧的获得，即所谓的法眼净。以缘起性说明法的实相，在解脱道中还有更具体的说明。《中阿含经》云：

> 诸贤，世尊亦如是说，若见缘起便见法，若见法便见缘起。所以者何？诸贤，世尊说五盛阴从因缘生。②

此中"阴"即蕴。引文将法与缘起等价，可看出缘起为法的体性，悟入缘起即悟入法的实相。

从此角度，可以看到佛陀智慧的本来面目是以一切法的实相为所证境界的，绝非仅限于四谛十二因缘的方面。甚至阿罗汉们根本智慧的获得亦是对缘起法的悟入。这显然已经超越了解脱智的性质。因此，佛陀的正觉是以一切法为所

---

① 《佛说初分说经》卷下，《大正藏》第十四册，第768页。
② 《中阿含经》卷七舍梨子相应品象迹喻经第十，《大正藏》第一册，第467页。

缘境，是对一切法实相如实的、圆满的证悟，而其解脱智的侧面只是其圆满智慧显现的一方面而已。

佛陀觉悟以诸法实相为所证境界。实相可以通过缘起性显现。这是以可思议、可言说的方式显现。但实相境界本是不可思议、不可言说的，如《杂阿含经》卷五云：

> 如来见法真实如，住无所得，无所施设。①

此中，法的"真实"即是法的实相，或者说本来面目，而"无所得"、"无所施设"是指法的实相的不可思议、不可言说之性质。这样的实相不能用思维与言说去把握，只能直接证悟，即所谓的觉悟。

由于一切法为佛陀觉悟的所缘境，十四无记问题亦当为佛陀的智慧所如实了知。十四无记中最为重要的问题是关于如来体的问题，即如来灭后有无的问题。如来灭后其体的有无与无余依涅槃之体的有无相一致。《本事经》云：

> 云何名为无余依涅槃界？谓诸苾刍得阿罗汉，诸漏已尽，梵行已立，所作已办，已舍重担，已证自义，已尽有结，已正解了，已善解脱，已得遍知，彼于今时，一切所受，无引因故，不复希望，皆永尽灭，毕竟寂静，究竟清凉，隐没不现，惟由清净无戏论体。如是清净无戏论体，不可谓有，不可谓无，不可谓彼亦有亦无，不可谓彼非有非无，惟可说为不可施设究竟涅槃，是名无余依涅槃界。②

此中云无余涅槃境界不可言说、不可分别，谓其有、无、亦有亦无、非有非无皆是戏论，即说明如来之体不可言说、不可分别。阿罗汉灭后其体亦当如此。这样的不可言说性、不可分别性唯有佛陀之正觉能够把握。

四 小结

在解脱道中，本是大觉悟者的佛陀主要以大解脱者的身位出现，其觉悟及

---

① 《杂阿含经》卷五之一零四经，《大正藏》第二册，第 31 页。
② 《本事经》卷三二法品第二之一，《大正藏》第十七册，第 678 页。

其所证境界也主要与此相应地单向度地展示为解脱智以及所证境界四谛十二因缘。但解脱道佛陀圣典亦透露出佛陀无上正等正觉之本来面目及其所证悟的广大、微妙、甚深的境界，即以广大之一切法为所缘、以一切法实相为所证境界。不仅如此，解脱道圣典甚至透露阿罗汉亦是悟入一切法之缘起本性而觉悟的。这似乎是在显示大乘智慧，而与解脱道以解脱智及其所证四谛十二因缘为阿罗汉之智慧以及所证境界在意趣上有相违之处。但这只是一种表观矛盾，并非不易解释，可从解脱道与菩提道两个角度说明。

从解脱道角度看，解脱道只对其趣求有严格限制，即以解脱为目的，但对其智慧的范围规定较为宽松。更准确地说，阿罗汉的智慧只要满足一个下限即基本的解脱智即可，对上限没有规定，即不封顶，原则上除佛智外的任何佛教智慧要素都可增加进来。在此意义上，大乘的一些智慧要素也是可能在解脱道的阿罗汉的智慧中出现的。这也是阿罗汉间的智慧差异甚大的原因。这样，在解脱道中发现一些大乘智慧要素（或者大乘佛教的境界要素）就不足为怪了。

从菩提道角度看，解脱道中的相当多的阿罗汉只是显现为阿罗汉，内在实际是菩萨，在这种情况下，大乘佛教智慧及其境界必然会有所显示。在此意义上，解脱道中有不少教言在解脱道本位不易如实把握，是因为它们本属于菩提道本位。

第三节　解脱道中佛陀对三界的超越

佛陀的无上正等正觉，虽然是一个三界凡夫经旷劫之积累善业以及增长智慧而最终成就的，但觉悟后之佛陀已经超越了三界，亦即彻底将三界有漏的凡夫体性，转为无漏的佛体性，所谓"诸佛世尊皆是出世，一切如来无有漏法"。[①]所以，佛陀被尊为如来、应供、正遍知、明行足、善逝、世间解、无上士、调御丈夫、天人师、佛世尊（婆伽婆）。就本质而言，佛陀对三界的超越性是不可思议、不可言说的，因为不能用三界的任何方式去把握它。只有佛陀安立的圣道的修行者能够逐步对佛陀的超越性有所理解乃至部分把握，但完整的把握必须是在诸佛间才能实现。佛陀对三界的超越性可以从佛陀之觉悟、佛陀之解脱、

[①]《异部宗轮论》，《大正藏》第四十九册，第15页。

佛陀之体性与佛陀之能力四方面略加显示。

一 佛陀觉悟的超三界性

佛陀的觉悟的超三界性在解脱道中应该是没有争议的，这点也是解脱道立教的基本出发点之一。从解脱道对佛陀智慧的描述看，佛陀是获得了圆满智慧而觉悟的，其觉悟称为无上正等正觉。就解脱道的理境而言，无上正等正觉具有三种基本含义。首先，这种觉悟属于解脱性觉悟，即圆满证悟四谛十二因缘，而于三界流转彻底解脱；其次，这种觉悟是对流转与解脱所摄一切法的圆满的、不颠倒的证悟；最后，这种觉悟是三界众生所不能获得、不能了知的，甚至圣者如阿罗汉、缘觉等也不能证得与如实了知，唯诸佛陀能平等获得与如实了知。佛陀觉悟的不颠倒性、彻底性、圆满性，不仅彰显佛陀的智慧的无上性，而且揭示出佛陀智慧与凡夫认知的本质区别。因为佛陀智慧作为对世间实相的如实证悟，直接带来出离世间的解脱，而世间凡夫的认知却永远指向的是生死流转。在此意义上，佛陀觉悟相对于三界无明之超越性毋庸置疑。

不仅佛陀的智慧有超越性，而且解脱道圣者阿罗汉、独觉的智慧亦相对于世间是超越的，虽然不得不承认解脱道的圣者在智慧方面与佛陀的差别天地悬殊。但这种差别并不妨碍解脱道圣者智慧的超越性。因为解脱道为大解脱者佛陀所安立，解脱道圣者的智慧是指向解脱的，在性质上与凡夫以指向生死流转的无明为根本的认知有本质不同。具体而言，解脱道的诸圣者即须陀洹向（预流向）、须陀洹果（预流果）、斯陀含向（一来向）、斯陀含果（一来果）、阿那含向（不还向）、阿那含果（不还果）、阿罗汉向、阿罗汉果等类圣者，以及独觉道圣者，皆具有一分解脱之智慧，其中的阿罗汉与独觉已经完全获得解脱之智慧，所有这些类圣者之智慧皆超越三界凡夫的认知，因而具有超越三界之性。

总之，佛陀的无上正等正觉显示出其相对于三界亦即世间的超越性。当然，这种超越性是建立于对三界的一切以及涉及解脱的一切的不颠倒的、彻底的、圆满的直接认知上，因此，三界的一切皆是在佛陀智慧的把握之内，在此意义上，佛陀的智慧对三界的超越，是一种不离三界的超越。正是这种不离性与超越性保证了佛陀在智慧与解脱方面成为三界（欲界、色界、无色界）的导师即天人师。实际在佛陀的十号中，像正遍知、世间解、无上士、调御丈夫等称号，如同天人师称号，皆反映了解脱道对佛陀在智慧方面超越于世间一切凡夫的共许。不仅如此，佛陀的智慧相对于解脱道的圣者的智慧亦是超越的。在解脱道随经论行阶段亦即部派佛教阶段，大众系认为"诸如来语皆转法轮，佛以一音说一切法，世尊所说无不如义。……如来答问不待思惟，……一刹那心了一切法，一刹那心相应般若知一切法。诸佛世尊尽智无生智恒常随转，乃至般涅槃"等，[①] 是对佛陀在智慧上的超越性在更强意义上的肯定，是解脱道在自身的展开中对佛陀在智慧上的殊胜与圆满的最高肯定。

二 佛陀解脱的超三界性

在同样明确的意义上可知佛陀的解脱亦是超越于三界。事实上，佛陀的解脱作为苦的熄灭，以及一切烦恼业及习气之灭尽，也就是作为对生死流转的彻底断离，直接的含义就是对生死流转所摄的三界的超越。不仅佛陀的解脱具有对三界的超越性，而且佛陀安立的解脱道亦是以超越三界的解脱为意趣的，整个解脱之道是对三界生死流转的链条的破坏，其所达成的结果就是对三界生死流转的弃离与超越。具体从道理看，三界是在无明缘行、行缘识，乃至生缘老死的生死流转的连锁中，而解脱是无明灭则行灭，乃至生灭则老死灭所代表的生死流转的破灭，因此，解脱超越世间性或者说三界性的性质正是其本来的意义。

解脱道对三界的出离与超越在教理上还有进一步分析，其出发点是在认知上将世间（三界）的一切判为价值负向。解脱道的教理纲要是四谛十二因缘，主要关注生命法，判定众生生命的存在与流转在本质上是烦恼与苦之体现，修行的意义在于熄灭烦恼、业与苦而达寂静之乐，也就是涅槃。解脱道还在全体意义上将一切法以五蕴概括，判定色、受、想、行、识蕴皆是无常、苦、空、无我的，换言之，三界的一切皆是有漏性，是苦性。对三界一切存在的价值与意义予以这样的负向判定，决定断灭苦因之烦恼、业与弃离三界乃正向而积极的追求。与此相应的实践，亦即修行，首先要发出离心，在此基础上，修解脱智而对治烦恼与业，待行者的尽智、无生智生起即解脱智圆满时，烦恼与业得到彻底灭除，即是解脱，也就实现了对三界的超越与出离。

因此，不仅佛陀的大解脱是对三界的超越与出离，解脱道极果阿罗汉的解

[①] 《异部宗轮论》，《大正藏》第四十九册，第15页。

脱以及独觉的解脱皆是如此。而超越的最终的标志乃无余依涅槃的完成，即在以解脱智实现解脱即有余依涅槃后，再灭尽所依之五蕴，所谓"灰身灭智"，而永不再来三界。

三　佛陀体性的超越性

佛陀体性是从五蕴角度而言的，涉及色、受、想、行、识。显然，想、行、识在佛陀正觉后，必须是无漏性的，但色与受是否无漏需稍作抉择。根据《阿含经》，佛陀所具色应该是无漏性。如《增一阿含经》云：

> 如来身者，为是父母所造耶？此亦不可思议。所以然者，如来身者，清净无秽，受诸天气。为是人所造耶？此亦不可思议。所以然者，以过人行。如来身者为是大身？此亦不可思议。所以然者，如来身者，不可造作，非诸天所及。如来寿为短耶？此亦不可思议。所以然者，如来有四神足。如来为长寿耶？此亦不可思议。所以然者，然复如来故兴世间周旋，与善权方便相应。如来身者，不可摸则，不可言长、言短。音声亦不可法则。如来梵音，如来智慧辩才不可思议，非世间人民之所能及。[1]

此中的"清净无秽"、"不可造作"等明显说明如来身的无染污性，亦即无漏性。从而佛陀体性即为无漏，包括色、受、想、行、识五蕴皆如此。

在道理上，佛陀体性的完全的无漏性亦是理所当然的。因为，佛陀作为无上正等正觉者，作为三界无比的无上士，作为三界轮回的彻底、圆满之大解脱者，应该与三界在性质上完全相反，三界体性为有漏性，佛陀体性则应该是无漏性。在此意义上，佛陀作为三界唯一的真正漏尽者，所作的身语意之一切皆是为利益众生的示现。其中特别要注意，佛陀所显现的我慢等烦恼相、头痛等病苦相、受谤与受伤等灾难相，皆是为了利益所化众生而示现的，绝非真实有烦恼、有病苦、有灾难。而且，由于佛陀五蕴的无漏性，佛陀所显现的苦受相亦是示现。

佛陀所具色身本应是无漏的，但解脱道中各部派对此的见解并不统一。大众系部派倾向于认为佛陀身语意的一切皆为无漏。他们的立场依据于经，如大

---

[1]《增一阿含经》卷二十一苦乐品第二十九之六经，《大正藏》第二册，第657页。

众部说：

> 经言："如来生在世间，长在世间，若行若住，不为世法之所染污。"由此故知如来生身亦是无漏。①

即佛陀作为大觉悟者与大解脱者，世间有漏法不能予以染污，身语意皆纯善、无瑕、清净，其生身虽是在世间出生、成长，但必是无漏性。正是基于此，他们断言："诸佛世尊皆是出世，一切如来无有漏法。"②

然而，包括有部在内的一些部派（主要是上座系的部派）认为佛陀的智慧、功德是无漏的，但并非一切皆为无漏，仍有有漏法，如有有漏色身。如前文所引说一切有部的《阿毗达磨大毗婆沙论》卷三十四云，归依佛，是归依佛法身，而非佛的生身。因为佛的生身为其父母所生，是有漏性，而佛陀的智慧、功德所成之法身，是无漏性。③ 有部对前文大众部所引经的教言有会通，认为"经言'如来生在世间，长在世间'者，依生身说；'若行若住不为世法之所染污'者，依法身说；故不相违"。④ 这类看法是对《阿含经》中所记载的佛陀所现之苦痛相、烦恼相基于人本立场之分析而形成的，不同于大众部等基于佛陀是智慧功德圆满之无上圣者的立场的考量。按照人本立场，佛生身的相续，意味佛陀的苦痛相是真实的，是佛陀最后菩萨身的苦痛相的延续；同时其最后菩萨身之有漏，意味佛身之有漏。简言之，佛陀虽已解脱，但其色身仍为有漏。

佛教思想的如法的展开，必以信受佛陀是智慧功德圆满之大觉悟者、大解脱者为前提，而且必须以经为量。在此意义上，在前述两种立场中，承许佛陀的一切为无漏性的立场是确当的。

佛陀五蕴的无漏，保证了佛陀体性的无漏。但佛陀体性的无漏，还可根据佛陀智慧的超越性、解脱的超越性以及身语意三大业的无漏性予以说明。如前文所述，佛陀的无上正等正觉以及消除了烦恼、业与习气的大解脱，皆是超越三界亦即超越世俗的，当然是无漏性质，这成为其体性无漏的内在保证。而佛陀身语意三大业的无漏如同其五蕴的无漏一样，直接体现了其体性的无漏。可

---

① 《阿毗达磨大毗婆沙论》卷四十四杂蕴第一中思纳息第八之三，《大正藏》第二十七册，第229页。
② 《异部宗轮论》，《大正藏》第四十九册，第15页。
③ 《阿毗达磨大毗婆沙论》卷三十四杂蕴第一中爱敬纳息第四之六，《大正藏》第二十七册，第177页。
④ 《阿毗达磨大毗婆沙论》卷四十四杂蕴第一中思纳息第八之三，《大正藏》第二十七册，第229页。

以说，五蕴是对其体性的直接说明，而三大业是对其体性的作用的直接描述。

佛陀在成佛前作为菩萨，以大悲为本，身语意行皆以教度众生为目的，这在其本生故事中以种种事迹显示。而佛陀的最后菩萨身在诞生时，周行七步，发出度尽三界生死众生之大愿，则直接表明了这种意趣。佛陀在菩提树下成就正觉而解脱后，以大觉悟者与大解脱者之身位继续且更圆满地实践其本愿。简言之，佛陀以大愿为先、大悲为本而成就正觉与解脱，其身语意业与智慧、解脱、大悲相应，必然是无漏性质。下面再依据经论具体说明。

《长阿含经》说，诸佛作为菩萨从兜率天下生入胎、住胎、出胎时皆住正念，即"正（或专）念不乱"，① 所以其心意之转动必无过失，成佛后更应如此，因此大众部等说佛无时不在定中而无睡眠。② 由于佛陀意不乱而转起无过失，而语是由意之所安立，佛陀之语亦应是无过失的。《长阿含经》云：

> 如来于过去、未来、现在，应时语、实语、义语、利语、法语、律语，无有虚也。佛于初夜成最正觉，及末后夜，于其中间有所言说，尽皆如实，故名如来。复次，如来所说如事，事如所说，故名如来。以何等义，名等正觉？佛所知见、所灭、所觉，佛尽觉知，故名等正觉。③

此中说佛陀所言言义相应，无有虚诳，于众生大有教益，因此，必为无漏。正如大众部等所说，"诸如来语皆转法轮，佛以一音说一切法，世尊所说无不如义，……佛所说经皆是了义"。④

佛陀的身业亦如其意业、语业是无漏的。如前所述，佛陀作为大觉悟者，其意业、语业以智慧为本，其身业也是如此。而且，佛陀作为大解脱者，不仅灭除了业、烦恼过失以及随眠习气，而且亦熄灭了一切苦患，因此，其身业既与正觉相应，又与解脱相应，必然是无过失的，当为无漏性。

佛陀身语意业的无漏性即是清净性。解脱道圣典对佛陀的身语意的清净性有明确说明，如《长阿含经》云：

---

① 《长阿含经》卷一第一分初大本经第一，《大正藏》第一册，第3—4页。
② 《异部宗轮论》，《大正藏》第四十九册，第15页。
③ 《长阿含经》卷十二第二分清净经第十三，《大正藏》第一册，第75页。
④ 《异部宗轮论》，《大正藏》第四十九册，第15页。

> 复有四法，谓佛四不护法，如来身行清净，无有阙漏，可自防护，口行清净、意行清净、命行清净，亦复如是。①

即佛陀三业清净，无有过失，不需加行性防护。对此，《阿毗达磨集异门足论》解释道：

> 三不护者，谓诸如来三业无失可有隐藏恐他觉知，故名不护。何等为三？一者，如来所有身业清净现行，无不清净现行身业恐他觉知须有藏护；二者，如来所有语业清净现行，无不清净现行语业恐他觉知须有藏护；三者如来所有意业清净现行，无不清净现行意业恐他觉知须有藏护。②

佛陀身语意清净，体现出佛陀体性的清净性，亦即无漏性，显示佛陀的整体存在是对有漏三界之超越。

四　佛陀神通力对三界众生能力的超越

佛陀对三界的超越还表现在其神通能力的超越性方面。按照解脱道，佛陀具有不可思议的神通能力。佛陀的神通能力不仅超越人间众生的能力，而且超越三界众生的能力，乃至超越阿罗汉与独觉的神通能力。当然，佛陀神通能力的超越并非意味佛陀是造物主、拯救主，后二者即是所谓的上帝，在佛教中作为"我"被判定为不存在。

神通是依修禅定而得的特异能力，具有超越当下存在的无碍自在、不可思议的作用。神通凡圣皆可获得，不过圣道所获得者尤为殊胜。解脱道将神通归为六类，即神足通、天眼通、天耳通、他心通、宿命通、漏尽通。其中，神足通，又称神境智证通、身如意通、神境通、如意通、身通等，即身能飞天入地、出入三界、变化自在之作用；天眼通，又称天眼智证通、天眼智通等，即彻见世间远近事物之作用；天耳通，又称天耳智证通、天耳智通等，即悉闻世间远近音声之作用；他心通，又称他心智证通、知他心通等，即悉知他者内心状态

---

① 《长阿含经》卷八第二分众集经第五，《大正藏》第一册，第51页。
② 《阿毗达磨集异门足论》卷四三法品第四之二，《大正藏》第二十六册，第381页。

之作用；宿命通，又称宿住随念智证通、宿住智通、识宿命通等，即悉知自他宿世的生命形式与经历之作用；漏尽通，又称漏尽智证通等，即断尽一切烦恼与业，永远脱离三界生死流转之作用。

六神通虽是属于特异功能，但皆以智慧为体，或者凡夫智，或者圣者智。《阿毗达磨俱舍论》云：

> 虽六通中第六唯圣，然其前五异生亦得，依总相说亦共异生。如是六通解脱道摄，慧为自性。①

此中意为，六通中唯第六通是佛、阿罗汉、独觉才能获得，而前五通凡夫亦能获得。因此，虽六通皆以智慧为体性，但前五显然可由世俗智摄，而第六唯出世智所摄。前五神通虽然作为世间共者，但并非人间庸常人可以获得，而必须修高级禅定才能引发。而佛、阿罗汉、独觉的前五神通又高于凡夫所发者。当然，佛陀所引发之诸神通，要殊胜于阿罗汉、独觉所引发者，更遑论世间凡夫所引发者。

在无学位上，六神通中的宿命通、天眼通、漏尽通被解脱道别立为三明，即宿住智证明、死生智证明、漏尽智证明。其中，宿住智证明指了知宿世经历、种姓等之智慧，死生智证明指了知未来世的众生死此生彼之智慧，漏尽智明指证知断尽烦恼、解脱生死系缚之智慧。此三者直接显明无学位上六通的智慧体性，亦是对生死流转与出离的直接洞察。

六通中的神足（境）通可别为体而安立神变。《阿毗达磨俱舍论》云：

> 神名所目唯胜等持，由此能为神变事故；诸神变事说名为境，此有二种：谓行及化。行复三种：一者运身，谓乘空行犹如飞鸟；二者胜解，谓极远方作近思惟便能速至；三者意势，谓极远方举心缘时身即能至，此势如意，得意势名。于此三中意势唯佛，胜解兼余圣，运身并异生。化复二种，谓欲、色界。②

---

① 《阿毗达磨俱舍论》卷二十七分别智品第七之二，《大正藏》第二十九册，第142页。
② 同上书，第143—144页。

即由胜定可引发神变，而此神变可分为行（多称神足）与化（即变化）。其中，有神变凡圣都可引发，如运身；有神变唯佛能引发，如意势。圣者一般不会示现神变，除非为了利乐众生。引发神变之例，如佛陀为断除难陀的淫欲之心，行神通带难陀入忉利天以及地狱等处，预见其后世果报。此中显示了佛陀自在出入三界的神通。[1]

总之，六神通皆是超越凡庸之人的能力，而佛陀所现的六通更是超越于三界一切众生之能力。其中的第六漏尽通本性即是超越三界，而佛陀其余五神通以佛陀的圆满正觉为体，亦是超越于三界的一切众生的能力，以及阿罗汉、独觉等圣者的能力。

五　佛陀大悲对众生悲的超越性

慈悲是每一众生皆具的一种对其他众生的悲悯的感情。其中，慈是与乐，悲是拔苦。在佛教中，一般是以悲摄慈悲。在凡夫，悲是针对特定对象而起的，有强烈的偏向性。只有在佛教的圣者中，悲才被扩大到以一切众生为所缘对象。其中，佛陀的大悲更是超越于一切众生之悲的。

在解脱道中，佛陀的大悲是作为佛陀的十八不共法而显示的。十八不共法即十力、四无畏、三念住与大悲。其中，十力是处非处智力、业异熟智力、静虑解脱等持等至智力、根上下智力、种种胜解智力、种种界智力、遍趣行智力、宿住随念智力、死生智力、漏尽智力；四无畏（四无所畏）谓一切智无畏、漏尽无畏、说障道无畏、说尽苦道无畏；三念住即于恭敬听闻者住平等心、于不恭敬听闻者住平等心、于恭敬听闻者与不恭敬听闻者住平等心。十八不共法显示了佛陀殊胜、超越于包括因位圣者在内的一切众生之处，是前述佛的菩提、解脱、身及三业的殊胜性与超越性的具体体现。其中，大悲具有特殊的意义，为佛陀立教度生的内在所依之一。

佛陀的大悲之殊胜相在阿含佛教中有种种显示，而在部派佛教中更有系统说明。[2]　总的来看，佛陀大悲具有六大殊胜之处：第一，佛陀大悲是佛陀三大阿

---

[1]　《杂宝藏经》卷八之九十六经，《大正藏》第四册。
[2]　《阿毗达磨俱舍论》卷二十七分别智品第七之二，《大正藏》第二十九册，第141页；又见《阿毗达磨大毗婆沙论》卷三十一杂蕴第一中爱敬纳息第四之三、卷八十三结蕴第二中十门纳息第四之十三，《大正藏》第二十七册。

僧祇劫作为菩萨所行功德之所成就，而非如阿罗汉唯经六十劫修加行得，亦非如独觉唯经百劫修加行得；第二，佛陀大悲以佛陀大智为体，而非作为众生悲体的无瞋心所，这决定了佛陀大悲的无上、广大与平等；第三，佛陀大悲的行相广大，不仅能化导众生拔祛苦苦，而且拔祛坏苦与行苦，即能化导众生将苦所摄的一切有漏存在灭尽；第四，佛陀大悲以三界一切众生为所缘，而不舍任何众生；第五，佛陀大悲于一切众生平等利乐，而无亲疏远近等之别；第六，佛陀大悲无上、无等，殊胜于一切众生之悲心。

解脱道以离苦趋寂的解脱为趣向，并不强调解脱道行者的悲心，但对佛陀的大悲却是不吝言辞地赞颂。在阿含佛教以及部派佛教中记载了佛陀的种种本生故事，其中以无量种种菩萨行反映了佛陀在因位的悲心功德。正因为有因位的功德成就，才有佛陀在果位以大智大悲为所依与根本的无尽度生事业的发生。

六　佛陀对三界的超越与不离

前文从四方面显示佛陀体性对世间的超越性。其中，佛陀作为大觉悟者与大解脱者，是佛陀超越性的根本保证；佛陀五蕴以及三业的无漏性，是佛陀超越性的直接说明；而佛陀不共的神通能力，是佛陀超越性的外在表现。

当然，佛陀对三界的超越，并非表明其是统治三界的大神，相反，佛陀是基于三界众生性而积累福德智慧资粮，最终修行成为正觉者的。因此，佛陀对三界流转、三界苦患的超越，是一种由自觉而解脱，以及引导众生解脱的超越，是作为天人师、调御丈夫的超越，并非是造物主或者拯救者式的超越。

因此，佛陀由大觉悟与大解脱而超越于三界，但并不意味着其独立于三界之外，对三界漠然处之。从佛陀的本生故事看，佛陀作为菩萨身在旷劫的流转中，流露出与众生不共的大悲心，以各种生命形式慈护、度化众生，与众生结下了不可思议的缘分。在以最后身菩萨降生时，即发出狮子吼"天上天下，唯我为尊，要度众生，生老病死"，显示其殊胜之大悲与愿力。正是在大悲心与本愿力的导引下，佛陀最终获证无上正等正觉，而超越于三界之生死之流，解脱了三界的业、烦恼、习气与苦患。佛陀的觉悟使其能够立教而度化众生，最有力与最善巧地发挥其大悲心与示现其本愿。所以，佛陀虽然体性是超越于三界的，但由其大悲与本愿而又不离于三界。正是在此意义上，佛陀成为三界众生解脱之唯一导师、根本法师、真实依怙、最高榜样。

第四节 解脱道末流的"人间佛陀观"及其对佛陀的"矮化"

在解脱道中,释迦牟尼佛八相成道,即下天、托胎、出生、出家、降魔、成道、转法轮、入涅槃,表明佛陀的最后菩萨身菩萨行是在人间展开的,无上正等正觉亦是在人间的菩提树下成就的。佛陀在人间成佛,在《阿含经》中有明确提及。《增一阿含经》云:

> 佛世尊皆出人间,非由天而得也。①

意为不仅释迦牟尼佛是在人间觉悟,而且一切诸佛皆是如此。在《杂阿含经》、《长阿含经》等中亦说明著名之七佛即过去庄严劫末的毗婆尸、尸弃、毗舍婆三佛,与现在贤劫初的拘楼孙、拘那含牟尼、迦叶、释迦牟尼四佛,皆在人间成就佛果。如《长阿含经》云:

> 毗婆尸佛坐波波罗树下成最正觉,尸弃佛坐分陀利树下成最正觉,毗舍婆佛坐娑罗树下成最正觉,拘楼孙佛坐尸利沙树下成最正觉,拘那含佛坐乌暂婆罗门树下成最正觉,迦叶佛坐尼拘律树下成最正觉,我今如来至真坐钵多树下成最正觉。②

此中不仅说明七佛在人间成佛,而且指明成正觉时所居之所。

但解脱道中佛陀在人间成佛是否就意味着佛陀的觉悟、解脱以及佛陀体性是人间性的?或者说是否可以在人本意义上解释佛陀?这在相当多的解脱道末流信徒看来,是当然的。换言之,在现时代世俗人本之理性主义占主导的文化环境中,解脱道的佛陀被广泛地解读为一个人间性质的圣人,相当多的解脱道信徒对佛陀亦作如是观。这就是解脱道末流的"人间佛陀观",或者说"人本佛

---

① 《增一阿含经》卷二十六等见品第三十四,《大正藏》第二册,第694页。
② 《长阿含经》卷一第一分初大本经第一,《大正藏》第一册,第2页。

陀观"。

一 解脱道末流的人本意义上之"人间佛陀观"

解脱道末流提出的世俗人本意义上的"人间佛陀观",或者说"人本佛陀观",主要表现为以下几点:

第一,觉悟发生在人范畴内,即佛陀觉悟前是人,觉悟后仍是人,因此,佛陀不仅算在僧内,而且也算在人内。换言之,作为觉悟者的佛陀是人中之圣人。

第二,佛陀体性并非全是无漏性,例如,色身是有漏的,语业亦非全无漏性,亦有无义之语,所谓并非一切语皆转法轮。

第三,佛陀虽是无上正等正觉,但并非全知。换言之,佛陀的智慧亦是有局限的,亦有佛陀所不了知者。因为智慧的发生也要受限于缘起法则。

第四,佛陀并非全离业障与苦。在成就后,佛陀仍受着一些人道的局限,在能力方面如此,在业报方面亦如此,如还受过去宿业之余报,在其身上出现的头痛、受谤、遭难等是真实的,绝非为化度众生的方便示现。

第五,佛陀在人间是真身成就,真身涅槃,而非化身,或者说,绝非示现。作为人间佛陀,没有大乘所说的法身、受用身、化身之说,三身说是宗教神话。

第六,人间的佛陀是唯一的佛陀,没有十方佛,虽然过去、未来容有多佛。换言之,大乘的十方无量诸佛是虚构之神话,十方诸佛之土也是如此。

第七,只有《阿含经》[①]是佛亲口宣说,是佛圣教量性,而无数的大乘经典虽然与《阿含经》的思想有关联,但定是大乘教徒的撰造,绝非佛陀亲说,因此绝非佛圣教量性。

第八,只有解脱道是佛陀亲自安立的,而所谓的大乘菩提道并非佛陀所安立。后者是大乘教徒的臆造。

二 解脱道末流的"人间佛陀观"对佛陀的"矮化"

前面"人间佛陀观"的八种观点给出了一个人本意义上的佛陀与佛教,从

[①] 以《阿含经》摄一切佛陀所说解脱道经教。

其与人本主义的亲缘性看，可分为两类，即直接显示与间接显示。第一类主要是前六种观点，属于人本意义上的执著，第二类主要是后两种观点，属于解脱道本位的执著，而恰与在人本意义上的执著相合。

人间佛陀观强调的是人道之理性与人道之感觉，是就人的存在以及以人为尺度而构建的人本立场。或者说，人本立场就是本着人道，即以人性为本的。从佛教的宇宙观看，世间分为三界，即欲界、色界、无色界，人间属于三界之欲界。而人作为人间的生命存在形式，只是三界的天、阿修罗、人、畜生、鬼、地狱六道（或者将阿修罗并入天道与畜生道，而成五道）中的一道，即人道。人本立场首先否定有超越于六道的圣者这种存在形态，进一步虚化乃至否定其他五道，而只凸显人道。这样，佛陀就被限定在人间，而属于人道。佛陀的最后身在人间以人身诞生，佛陀也就以人性为体性，即使成佛后，仍是如此。换言之，佛陀的本性就是人性，佛陀的觉悟是人的觉悟，佛陀的解脱是人的解脱。本此人本主义立场，佛陀是即人而成佛的，就是人中之圣者。以此类推，阿罗汉、独觉，也是以人性为体性的人中之圣者。这就形成了前述第一种观点。这是解脱道人本佛教观的最基本观点。

由第一种观点，很自然得出第二、三、四种观点。具体而言，佛陀在人道出生与成长，其体性即是人性，而人性是有缺陷的，是有漏性，因此，佛陀的体性不可能为彻底的清净性，即无漏性。换言之，佛陀色身作为最后菩萨色身的延续，是有漏的，由此，心识的转动以及语言的运用亦不会完全的清净与有益。在此意义上可以说，佛陀的身语意业不可能全部是清净性。而且只要承诺佛陀觉悟前与觉悟后皆是人，佛陀的觉悟即是人的觉悟，即佛陀虽然获得了殊胜的智慧与殊胜的能力，但这种智慧与能力必须是以人为本的智慧与能力，所以佛陀不是全知的，也不是完全摆脱了业障与苦。因为，在人道成佛，以人性为本，意味其智慧与能力必受人性的制约，必受人间规律的制约，不能真正超越。从此角度看佛陀，佛陀的无上正等正觉就不是全知的代名词，而只是说明佛陀彻底洞察了解脱的奥秘，但并非对一切的一切完全的如实了知。所以，佛陀的智慧是在彻底证悟解脱境界的角度上说为无上的、不颠倒的、平等的智慧，亦即圆满的智慧。在解脱道末流的人本佛教观看来，佛陀的"十四无记"以及"箭喻"等直接表明了佛陀智慧的境界的限定以及解脱的趣求。在同样的意义上，佛陀的觉悟与解脱所相应的殊胜能力，也是有局限的。解脱道的传统观点亦认为佛陀不是全能的，不是创造者与救世主，甚至像有部等认为佛陀仍受宿业之余报等。但解脱道的人本佛教观进一步否认佛陀具有广泛的超越庸常人本位之能力。

第五种、第六种观点也可看成是第一种观点的直接推论。以人性为体性，在人间成道，意味着佛陀的出现绝非是示现，而是人本位的真实托胎、出生、成长、出家、修道、觉悟、转法轮、涅槃，还意味着佛陀出现的唯一性，即觉悟、转法轮、涅槃皆是唯一的。这也否定了佛陀有分位身同时在其他界、道的出现，而且也否定了同时在其他界、道成就有其他佛陀。因此，人本佛陀观必然否定菩提道中佛的三身说，以及十方同时多佛说。

显然，前六种观点直接表示的是人本佛陀观的基本立场，而且更多的是在人本的意义上直接考量的结果。而后两种观点是本于解脱道本位的执著，但也可视为人本佛陀观的进一步发展。还容易看到，在前六种观点中，第三种、第四种、第五种、第六种即使不从人本的立场而从解脱道的阿罗汉本位的立场出发，也会出现。只是在人本的视野里，会更为直接地达到，也会表述得更为人本化。

如果执著于解脱道本位，必然会达到第七种、第八种观点。具体而言，以解脱之意趣解释佛陀之觉悟及其境界，佛陀的本位必然是一个大解脱者，其所安立的一切皆是解脱道所摄。因此，在执著于解脱道本位的情况下，大乘的菩提中心论所摄的菩提道就显得与其相违，不能被接受为佛陀所亲说之教。

但是，如果仔细解读解脱道圣典，就会发现上述人本意义上之"人间佛陀观"背离解脱道的佛陀本怀甚为严重，对佛陀是一种亵渎性质的"矮化"。因为，佛教绝非人本主义的，它倡导的解脱之道引导众生不仅超越人道，而且超越三界之六道，换言之，解脱道佛教作为解脱之道，是阿罗汉本位的。就释迦牟尼佛而言，其体性并非是人性，而是超三界之性。佛陀成就大菩提后，本于智慧与悲心，观待包括人在内的众生之善根因缘，而为众生安立了解脱道。佛陀对三界的超越性无可争辩。当然，这种超越性是与以本愿与大悲心为导对三界的不离相一致的。

总之，佛陀虽然不离三界，但又超越于三界。在前节中已说明，佛陀的觉悟、解脱、体性、能力皆超越于三界一切众生，以及阿罗汉、独觉等圣者。所以，佛陀整体超越于三界，更何况人间。不能因为佛教否定佛陀是创造者与救世主，就判定佛陀只是人中之圣人，而否定其对三界的超越性，即否定其为三界之圣者。因此，佛陀的人间性，或者说人本的佛陀，是一种误读，是对佛陀的严重"矮化"。在此意义上，在人间成佛，是有特殊因缘的，是对人道的一种示现。但此义在解脱道中并没有直接的说明，到菩提道中方有明确的阐释。

佛陀的"人间性"解读有其特定因缘，在解脱道的传统教化中并没有发生，是到了近代西方科学文化兴起后，方成为解脱道现代教化的主要问题之一。因为以人的感觉尺度为基础的科学理性挟科学文化直接导致的军事、经济优势，被世间广泛接受为压倒性的价值与真理评判工具与标准，亦被相当多的解脱道修行者接受为价值与真理评判工具与标准。结果，解脱道被带上所谓的感觉色彩与科学理性色彩即人道性质，而达成人本的佛教观。即以人的感觉经验为基础，以人的共同理性为尺度，考量、抉择传统佛教，建构起以人为本的佛教思想。

从根本上而言，解脱道之人本佛陀观是解脱道佛教行者媚俗的结果，是超越于三界的解脱之道的世俗化。它作为解脱道佛教的流变形态，是解脱道意义上的末法在解脱道中的体现。

结论　菩提道中的佛陀

一　菩提道与佛陀

前文所述是解脱道即小乘中的佛陀之相，在菩提道即大乘中，佛陀之相大为不同。这是因为解脱道中的佛陀是从解脱角度对佛陀的侧面显示，而菩提道中的佛陀是从解脱与菩提角度对佛陀的全面显示，或者更准确地说，是就成就佛陀的本位道角度对佛陀之相的直接显示。虽然在解脱道与菩提道中佛陀都既是大解脱者，也是大觉悟者，但在解脱道中，佛陀主要显示大解脱者之相，而在菩提道中主要显示大觉悟者之相。

在解脱道中，虽然许佛陀如同阿罗汉亦以证悟四谛十二因缘而成就，但解脱道本位是成就阿罗汉，以及成就独觉（缘觉），而非成就佛陀，因此，在解脱道的经典《阿含经》如《增一阿含经》等中，就直接表明成就佛陀之道为佛乘（如来乘），以区别于成就阿罗汉的声闻乘（阿罗汉乘），[①] 以及成就独觉的缘觉

[①] 实际上，诸乘都是声闻乘。大乘可称大声闻乘，小乘可称小声闻乘，二者皆由佛陀安立，而由弟子亲闻传承故。其中独觉乘情况特殊，因为独觉行者在成就独觉的今世修行时未受诸佛圣者的直接教授，不过，独觉行者在过去世必受过诸佛圣者的教授，故可称声闻。一般小乘典籍中唯称阿罗汉乘为声闻乘，这是随顺解脱道以阿罗汉乘为中心的结果。大乘经典也多随顺这种称法。

乘（独觉乘）。① 当然，解脱道本位是成就阿罗汉与独觉（而特重成就阿罗汉的声闻乘），因此对成就佛陀的如来乘只点到为止，没有细加说明，但大乘菩提道即是如来乘，以成就佛果为本位，因此对成佛之道有充分展开，在此意义上，菩提道中的佛陀才是佛陀之相的充分或者圆满的显示。从其名就可看出，菩提道以阐示与引导众生亲证菩提为中心，对佛陀之相的显示也以大觉悟者为中心，即以大觉悟者摄大解脱者的方面，换言之，以菩提之道摄觉悟与解脱两方面。

按照菩提道，不论解脱道，还是菩提道，都是佛陀安立的。二者针对的善根对象不同，一为解脱道善根，一为菩提道善根，由此二者指向不同的直接果位，一为阿罗汉（摄独觉），一为佛陀。依于解脱道，解脱道善根众生发出离心（解脱心），修解脱行，最终成就无余依涅槃，或者阿罗汉果；而依于菩提道，菩提道善根众生发菩提心，修菩提行即菩萨行，自利利他，最终福德智慧资粮圆满，即成就无住涅槃，或者说佛果。在此二道中，解脱道重自度的个体解脱，所谓自利趋寂，而菩提道重普度的共同觉悟，所谓自利利他，自度度他。在此意义上，后者较前者更为殊胜，也更为艰难，须经三大阿僧祇劫方能成就。

在菩提道看来，一切众生都具有佛性，最终都能在菩提道的引导下，成就佛果。由此可知，解脱道定是菩提道的方便道。具体而言，对于菩提道善根成熟者，可直接用菩提道接引，令其直趋佛果，而对解脱道善根成熟者，先得用解脱道接引，旁熏其菩提道善根以令渐趋成熟，当其成熟时，就可以菩提道进一步接引，即令这类众生回小向大，再趋向佛果。

不仅众生皆具佛性，而且无始都有众生成就佛果，即十方过去有无量诸佛成就，十方现在亦有无量众生正在成就佛果，十方未来亦将有无量诸佛成就。由于无始以来就有众生成佛，因而菩提道，乃至解脱道，都是无始就存在的。

二　佛果及其境界

佛陀唯由菩提道成就，而菩提道以智慧为中心，因此佛陀由智慧成就，而称觉悟者。作为菩提道的觉悟者的佛陀，其觉悟境界甚深、微妙、广大，殊胜于解脱道从解脱侧面的显示。解脱道多说佛陀如同阿罗汉是证悟四谛十二因缘而成就，即强调解脱境界是四谛十二因缘所摄，但菩提道一般称佛陀境界为清

---

① 《增一阿含经》卷十六高幢品第二十四之三，《大正藏》第二册，第626页。

净法界，又称诸法实相。诸法实相不同于凡夫所执种种世间相，也非四谛十二因缘直接所摄，所以《妙法莲华经》称其是微妙寂灭相，不可思议，所谓"甚深微妙法，难见难可了"，"诸法从本来，常自寂灭相"，"诸法寂灭相，不可以言宣"。① 正因为如此，《楞伽经》中佛陀说："我某夜成道，至某夜涅槃，于此二中间，我都无所说。"② 意为，诸法实相不可思维比拟，不可言说，佛陀的一切言教只是示导众生的方便，不能依名执义地去执取。通过圆满悟入诸法实相，众生即由凡转变为佛陀，换言之，诸法实相只有佛陀才能圆满现见。菩提道的觉悟境界殊胜于解脱道的觉悟境界，因此，菩提道的觉悟可称大觉悟，即大菩提。

菩提道不仅从圆满证悟诸法实相的觉悟角度说佛果，而且常从彻底灭尽一切杂染的解脱角度说佛果。在解脱道，解脱是灭尽一切染污法，即烦恼及有覆无记法，而在菩提道，所灭要宽，为一切杂染法，即既包括解脱道所灭的一切染污法，又包括不污染无知法，即无覆无记法。这样，解脱道的解脱虽然从永灭轮回/流转角度而言与菩提道的解脱平等，但从是否彻底灭除杂染角度而言却有所差异。在后者意义上，菩提道的解脱要比解脱道的解脱彻底，因为后者还有一分杂染未断尽。所以，菩提道的解脱可称大解脱。

永离杂染的大解脱与圆满证悟诸法实相的大菩提，从不同角度显示了佛果之体，即大涅槃，谓无住涅槃。无住涅槃作为菩提道的极果涅槃，与作为解脱道的极果涅槃无余依涅槃意义大异。无余依涅槃意味灰身灭智，永离世间即三界，所谓欲界、色界与无色界，而无住涅槃意味虽然永离世间杂染，但由大悲故，不能住于永离世间的无余依涅槃，而似世间相显现，永远不休息地任运随缘度化众生。所以，无余依涅槃是离世趋寂，无住涅槃则仍于世间显现而度生。

正因为无住涅槃不住流转的世间性，也不住永离世间的无余依涅槃性，而有大用，即具身、智、悲。身即总别之身。其中，总身为法身，是佛果所摄一切如来善法之聚，总为一身；别身为心色之身，即自受用无上妙乐之无漏五蕴身，谓自受用身，与度化众生之应身。应身还可分为度化圣者菩萨的他受用身，与度化凡夫的变化身，即化身。依于佛身，而有悲、智。悲谓大慈大悲，简称大悲。大悲是佛果独有，即使是菩萨圣者也不具足，更遑论凡夫。智慧谓佛果

---

① 《妙法莲华经》卷一方便品第二，《大正藏》第八册，第5、8、10页。
② 《楞伽阿跋多罗宝经》卷三一切佛语心品之三，《大正藏》第十六册，第499页。

大智，即一切行相智，或称一切智智等。依于大智大悲，佛陀才能应机随缘地以他受用身或者化身善巧度化众生。

三 示现与本师

在佛的色身中，自受用身是佛陀自受用妙法乐之身，众生，不论是凡夫，还是菩萨，都不能现见，只有应身作为随顺众生之身，众生能够现见。因此，对众生的度化，佛陀是以应身实现的。佛陀的应身，不论是度化菩萨的他受用身，还是度化凡夫的化身，其在世间的显现，都称示现。示现是佛陀为度化众生，依于大智大悲随顺众生而于众生域的方便显现。依于示现，应身佛或者以他受用身度化菩萨，或者以化身度化凡夫。

以娑婆世界的释迦牟尼佛为例。在娑婆世界的人道中，现前的释迦牟尼佛是一个化身。释迦牟尼佛在娑婆世界示现，显示了一个十相成道的过程，即从兜率天下生入胎，出胎，成长受欲，出家，修苦行，修中道行，降魔，成正觉（无上正等正觉），说法，圆寂。在此示现过程中，化身佛不仅是修行成佛的最高榜样，而且是安立解脱道与菩提道的最高导师，可称度化众生的本师。正是依于这种示现，释迦牟尼佛作为本师，在娑婆世界度化众生，直至八十岁圆寂。

在佛陀的诸身中，法身不灭，自受用身也相似相续而不灭，但应身即他受用身与化身却有灭。由法身与自受用身的不灭，才有应身的应机随缘地方便示现，而于一切众生域善巧地行度化之事，当所行度化事缘毕，即入灭。

第八章

佛教之信仰

佛教信仰是佛教成立以及佛教修行的前提。但不论在一般佛教修习者还是在佛教研究者看来，佛教是强调智慧之教，因而其信仰方面多遭忽视。鉴于此，本章拟对佛教信仰作一个较深入的探讨。下面拟分四节展开：一者佛教信仰的界定，二者佛教信仰的意义，三者佛教信仰的内容，四者佛教信仰的原理。

第一节 佛教信仰的界定

佛教信仰有外在与内在两个方面。换言之，对佛教信仰的界定，一方面要观待于信仰的对象，另一方面要针对信仰者内在的心相。因此，信仰的内心相必定与外在取向相应，而构成一种结构。具体而言，可通过确定佛教信仰的对象而限定信仰内心相的可能状态，在此基础上再阐明佛教信仰在内心相上的基本含义。

一 信仰相

1. 信仰之相待相：归依与信相

佛教信仰从信仰对象角度看，可以分为人、法两方面。在人方面，[①] 即是佛

[①] 佛陀、菩萨等圣者，都不能用人的范畴包括，这里只是方便指代。

陀（诸佛）、圣者（除佛外的诸圣者），以及以圣者为中心之僧集体，一般简称佛、僧，或者佛宝、僧宝。在法方面，即是证法，或者说所证法，以及教法，即用于显示证法与引导众生悟入证法而安立之法，二者统称法，或称法宝。这样，可以根据上述两方面给出佛教信仰相待于信仰对象的两个基本特点。第一个特点主要指向佛、僧，主要相当于信仰的情感方面，也就是信仰之"仰"方面，显示一种归敬、依止的感情，即对佛陀、僧的归敬、依止，在佛教中称为"皈依"、"归依"、"皈敬"、"归敬"（梵文 śaraṇa、namas）。这反映的是所有的宗教在信仰方面形式上的相似之处。第二个特点主要指向法，主要是所谓的理智方面，也就是信仰之"信"方面，显示对佛教所建立之法的一种忍可与乐欲的心态，在佛教中就称为"信"（梵文 śraddhā）。后者是佛教作为一种智慧性质的宗教所具有的特点，也是佛教信仰中一般最受强调的方面。在传统的中国佛教中，如果有谈到信仰，主要指后一部分内容。因为这一分信仰是与获得智慧直接关联的。对于第一个特点，中国传统佛教则比较忽视，这也是中国佛教重智、重境界的特质所决定的。

当然，前面是就胜而言的，如果就实而言，不仅对佛、僧方面有归依，而且对法方面也有；同样，对法方面有信，对佛、僧方面也有。这样，对佛、僧与法皆有归依与信，只是各有侧重而已。所以既有对三宝即佛、法、僧的归依，即三皈依，也有对三宝的信。世间众生进入佛道的标志即是三归依，这是以归依摄信；而众生在佛道上进一步趋进时，在善的品格上多突出信，即是以信摄归依。总之，归依与信虽然在基本意义上各有侧重，但实际互相含摄，在应用上也是如此。

简而言之，相待于对象的佛教信仰可以简单地界定为两方面的含义：一主要属于情感方面，二主要属于理智方面。这两方面都反映在信仰者的内在心的外在取相上。由此，可以把佛教信仰归结为对佛教对象产生的两种特殊心态，一者归敬、依止的心态，即归依相；二者忍可、乐欲的心态，即信相。

2. 信仰之自相：澄净相

前面所述的信仰相是针对所信仰的对象而显示的，就处于信仰状态的内心自身而言，信仰有不同的体相，即为澄净相。具体而言，由于佛教信仰本质上有别于世俗意义上的信仰取向，决定是一种非常清净的心理状态，即以澄净为相。此相实际就相当于通常所说的真诚相。心不为异质性之信仰所污染、扰动、覆蔽，即是澄净。归依与信二者在内在方面都以澄净为自相，或者说自性。

可以佛经中对信自相的分析为例说明。在大小乘经论中一般皆称信以"心净为性"，换言之，信自相指心的澄净相，或者说，澄净性。小乘有部系与大乘唯识学对心识的内在结构研究最为细致，对信作为心所的体相也有深刻说明。

小乘说一切有部重要论典《阿毗达磨品类足论》卷一云："信云何？谓心澄净性。"① 《入阿毗达磨论》卷上进一步云，信作为澄净性，"是能除遣心浊秽法，如清水珠，置于池内，令浊秽水皆即澄清。如是信珠，在心池内，心诸浊秽皆即除遣"。② 意为，净水珠，不仅自身澄净，而且能澄净浊水，信也是如此，不仅自身是澄净的，而且亦能以其澄净性澄净内心，即去除诸种烦恼，而使心体相澄净。

大乘唯识学的重要论典《成唯识论》也在上述意义上谈信，如卷六云："确陈此信自相是何？岂不适言心净为性。……此（信）性澄清，能净心等。以心胜故，立心净名。如水清珠，能清浊水。……唯有不信，自相浑浊，复能浑浊余心、心所。如极秽物，自秽秽他。信正翻彼，故净为相。……由此应知心净是信。"③ 此中值得注意的是，信作为善心所，其所澄净之心，包括心所，所谓"心等"，换言之，与信相应而显现澄净相者不仅有心，而且还包括与心相应的心所。这意味着，当信生起时，整个内在现起的心识系统都因为与信的澄净性相应，而变得澄净。

不仅针对佛教对象生起信时，其以澄净为相，也就是以真诚为相，而且针对佛教对象生起归依时，也以澄净为相。简言之，信与归依虽然于佛教对象各有不同的外在相生起，即一为忍可、乐欲相，一为归敬、依止相，但二者的内在的自体性，都为澄净相，也就是真诚相。

反过来看，当众生内心处于澄净性时，其外在相可以有二，即归依相，与信相，只是在针对具体对象时，表现的侧面不同。比如，当是以佛、僧为对象时，主要显示归依的侧面；而当以法为对象时，则主要显示信的侧面。

总而言之，佛教的"信仰"一语既指对佛教对象的归敬、依止即归依，也指对佛教对象的忍可、乐欲即信，其内在本质是心之澄净性。换言之，信仰的外在相是归依与信相，内在相是澄净相，即真诚相。下文再对归依与信这两个

---

① 《阿毗达磨品类足论》卷一，《大正藏》第二十六册，第693页。
② 《入阿毗达磨论》卷上，《大正藏》第二十八册，第982页。
③ 《成唯识论》卷六，《大正藏》第三十一册，第29页。

相予以进一步分析。

二 归依：归敬与依止

归敬、依止的心相是针对人而言的，即是对佛陀、僧宝的敬仰、依赖之情感，视佛陀为大觉悟者、大解脱者、众生导师、众生依怙，视僧为佛法的住持者、随学佛陀的榜样与老师。下面以佛陀为例，说明归依相。

确实，佛陀是生死流转的解脱者与诸法真理的觉悟者，并依其大悲的本愿，以智慧安立了佛教的言教，以度化广大众生同登菩提解脱之路。不管是从逻辑上还是现实的存在上看，佛教都是依存于佛陀的，离开佛陀就不能有佛教的安立以及菩提解脱之道的展开。因此，对佛教而言，归敬佛陀才能调正情感和力量的归向，依止佛陀才能以佛陀为榜样而走上修行成佛之路。换言之，不仅佛教的安立是缘于佛陀的，而且佛教徒的修行实践的动力也是缘起于佛陀的。在任何一种意义上而言，佛教都必须把归依佛陀作为立教、立行的首要前提。

当然佛教徒的这种归敬、依止的心相，并非如一般的宗教那样，是人对神的一种崇拜之情。因为佛陀并非是救世主，而是一个自修行成就的大涅槃者，一个圆满证悟真理并解脱了一切烦恼者，一个先行觉悟的榜样、引导众生随行的导师。作为导师，他可以给众生显示解脱与觉悟之道，但他无能力直接拯救众生，而作为榜样，他是以他自己的成佛实践给众生提供了一种成佛的示范。在此意义上，归依佛是进一步归信解脱与菩提之道存在的前提。

对佛陀的归敬与依止，对佛教徒而言应该是一种自觉的感情，但这点在中国传统的佛教教育中并没有得到强调。汉传佛教如天台、华严、禅宗作为祖师佛教的形态，主要体现出对本土祖师的归敬与依赖，藏传佛教更以四皈依置上师于佛陀之上，弱化了众生对佛陀的信仰指向，甚至可以说在很大程度上消解了对佛陀的归敬与依止的感情。其中，汉传佛教把佛教完全归为对法的领悟又进一步固化了这种分离状态，甚至可以说基本上截断了亲近佛陀的情感导向。佛陀成为了一个遥远的影像，他不再是活生生的觉悟者与导师。佛陀的言教变成了一种冰冷的文字，不再是佛陀对众生亲切的叮咛与教诲。这样，在传统中国佛教中，我们很少看到一种由通过对佛陀的向往、崇敬、追随而激发的炽热的情感，也就看不到佛教整体本应具有的面向佛道的向心力和凝聚力。在我们的印象里，佛教徒显示的是一种略为消沉而冰冷的外相，这导致佛教徒的社会角色只是一种边缘化的阴影，成为了消极的代名词。这完全违背了佛教智悲双运、自利利他的积极的菩萨精神，而没有这种精神，是不能够实现自度度他的成佛伟业的。因此，佛教修行者应该重新连接与佛陀的感情通道，把佛教以及他们的修行、生活直接与佛陀联系起来，真正建立以佛陀为中心的佛教，这应该是现今佛教的主要任务之一。

在我们重新聚向佛陀的同时，我们当然应该清醒地认知到佛陀不是救世主，他是一个觉悟者，一个解脱者，一个导师，一个榜样。正是在此意义上，我们谈到对佛陀的归敬与依止，这实际就是一种特殊的师生之情。依止佛陀，以佛陀为榜样，以佛陀的言教为我们行动的指南，走佛陀的觉悟与解脱之路，最后获得与佛陀平等的解脱与觉悟的佛果，每一个佛教徒就此而成为一个佛陀的候补者，所谓未来的新佛陀。因此强调对佛陀的归敬与依止，并非是强调一种奴化似的对神的崇拜，而是标扬一种完全有别于强调救赎的宗教那样的信仰传统。这是应该牢牢记住在心的。

三 信：忍可与乐欲

忍可、乐欲的心相是对法而言的。在这里，法一方面是指佛陀所证悟的真理即所谓的证法，另一方面是指佛所安立的一切言教即所谓的教法。必须注意，对佛陀、僧的信仰必然意味着对法的信仰，因为佛陀恰是通过随顺法以及通过领悟法而成佛的，而僧也是通过随顺法以及通过修习法而随学佛陀的。对法的信仰不仅是对佛陀、僧信仰的一种逻辑延伸，更是建立佛陀、僧信仰的一种内在基础，否则没有对法的信仰，也就没有将佛陀理解为大觉悟者与解脱者、僧理解为趣求觉悟与解脱者的可能，在此意义上如果还继续保有对佛陀的信仰，那佛陀就必然会被神化为一个不可思议的、不可企及的神也就是创世主、救世主的形象。因此，对法的信仰在意义上绝非属于次级性质，而是佛教信仰结构中的一个基本因素。

要言之，只有对法有坚定的信仰，追随佛陀而走菩提之路才不会劳而无功。因为没有法，就无觉悟之道与所觉悟的真理，成佛即成为一种空想、一种戏论。考虑到学佛是从凡夫做起的，而佛教面对的主要是凡夫形态的众生，他们没有领悟真理的经验，没有尝到法味。因此，他们首先应该归敬、依止于佛陀之教，对佛陀之教信受奉行。也就是说，我们应该充分地意识到只要没有佛教智慧的生起，对法的真相就不可能有真正的把握，就应该正视对法的信仰的意义。

对法的信仰在性质上与对佛的信仰当然不同，对佛的信仰强调的是归敬、依止的情感，对法的信仰强调的是内在的认可以及对其的乐欲、希求心态。在后者里面有两层意思：一者是忍可，即是对法的性质、内容、意义的一种认定，而这种认定是坚定的，不能被其他的相冲突的见解所引转，这在唯识学中称为"胜解"；二者是乐欲，即对法有一种乐欲、希求与之相合的内在倾向，以此为基础会激起一种实践法、领悟法的不间断的行动，这就是修行，或者说修习。

对法的信仰与对法的领悟也应该是具有明显差别的两种心相。在佛教这种以智慧为本的宗教中，对法的重视具有根本意义。对圣者而言，这体现在他们的修行方面皆是以体悟法为核心的，而对凡夫而言，却应该反映在对法的坚定的信仰取向上。凡夫之所以为凡夫，是因为他们的认知以及他们的生存状态对真理以及领悟真理有种种的或者说非常彻底的遮蔽，而且即使他们意识到这点，他们也常常因没有获得恰当的方法而不能去蔽。所以当他们有缘亲近佛教时，佛教因为暗合他们的善根，而在他们眼里显得可信，但此时他们并不能真正地理解与把握法。因此他们此时的态度在性质上只能是信仰层次的，此时最正确的引导方式是强化他们的这种态度，只有这样才能具足进入理解与亲证法的可能与条件，也就是熏培他们的善根，并使之不断增长。认清法信仰的先决性是建立与保证菩提之道的前提之一。

传统中国佛教，也就是中国化佛教，如同对佛陀信仰一样，对法的信仰方面也颇为忽略，甚至可以说有一种意识上的缺失，这不能不说是一种弊端。他们对作为佛陀圣教量的法即教法的信仰强调不够，甚至可以说是忽视，他们重视的是对法的证悟的一面即证法，也就是重点在强调圣者对法的把握以及圣者的境界，即使对凡夫，也是从圣者以及圣者的境界的角度来看待的。换言之，是把凡夫看成因位的圣者或者说潜在的圣者甚至佛，而且在凡夫位上就开始直接强调对法的悟入，对圣者境界的体证。这种倾向与接引方式导致对法的信仰层次的忽略，这在修行的次第上意味着一种跳跃，所谓直超、顿悟。在某种意义上说，中国化佛教的传统的接引方式有意无意地回避了对法的信仰问题。这对宿世修积了深厚而坚固的善根的利根者而言，当然是殊胜的。但对善根比较薄弱的初学者而言，它显然并非最恰当的度化方式。可以说，这种模式既体现了中国佛教的长处，同时又暴露了它的缺点，其中最为显著的弊端就是有相当多的修行者堕入狂禅以及劳而无功的空转状态。这反映到理论的方面就是笼统空疏，而使初学者无从着力。所以强调对法的信仰层次并就此引导修行者逐渐理解，进而把握法的真义，对佛教而言具有维系慧命的根本性意义。由信而悟，而非由悟而悟，应该成为佛学者的基本态度。但这种转变对中国佛教而言，无疑是任重而道远的。

四 小结

前文已经述及，归依佛、僧宝，必然会对法即佛陀所证之证法与所立之教法生起信；反过来，对法的信是归依佛陀、僧宝的基础。在此意义上，归依与信二者是相互依存而不相离的，所以《华严经》有云："深心净信不可坏，恭敬供养一切佛，尊重正法及圣僧，信敬三宝故发心。"① 正是归依与信的这种依存关系，保证二者形成的信仰的内在体性之同一，也保证二者可以互摄。

信仰由归依与信两大因素构成，而归依与信又各具内在结构。归依的体性为内在相，即澄净性，或者说真诚性，归依的显现相为外在相，即归敬、依止二相。与此相似，信的体性作为内在相，是澄净性，而其显现相作为外在相，是忍可、乐欲二相。

如果进一步分析可以看出，归敬是归依之所依，即因相，依止是归依的果相。由对佛教对象的归敬，而后发起依止之心相，在此中心的澄净性是为归依体性。忍可为信之所依，即信因，乐欲为信果，如《成唯识论》所云："忍谓胜解，此即信因，乐欲谓欲，即是信果。"② 即对佛教对象形成确定的认知，所谓胜解，并依此而对其生起乐欲、希求之心相，在此中心的澄净性是为信体性。

由此可知，信仰具有三相，即因相、自相与果相。其中，因相即归敬与忍可二相；果相即依止与乐欲二相，而自相即澄净相。可图示如下：

```
归敬相 ╲         ╱ 忍可相 …………信仰之因相层面
        澄净相              …………信仰之自相层面
依止相 ╱         ╲ 乐欲相 …………信仰之果相层面
```

---

① 晋译《大方广佛华严经》卷六，《大正藏》第九册，第433页。
② 《成唯识论》卷六，《大正藏》第三十一册，第29页。

简而言之，依于对三宝的归敬与忍可，而发起对三宝的依止与乐欲，在其中心的澄净性即为信仰体性。

第二节 佛教信仰的意义

佛教信仰作为佛教的基本因素之一，不仅反映在佛教立教的意趣方面，而且也反映在佛教修学者的修行实践方面。作为凡夫的初发心者，佛教信仰的建立是他们成为佛教徒的标志，也是他们走向修行之路的起点。

在不同阶段，对信仰的显示方式是不一样的，即对归依与信二者偏重各有不同。其中，归依以归敬为所依，偏重于情感方面，而信以忍可即胜解为所依，更偏重于智性方面。在众生的修行过程中，初期以归依方面为显相，在较后期则以信方面为显相。当然，在偏显的情况下，它们一个是摄有另一个的。具体而言，当显示归依时，内在是摄有信，同样，显示信时，必然摄有归依在内。

由此可知，最初进入佛门就以归依为先。行归依，也就是三皈依/三归依，实际上就是信仰的确立，即既表明了对佛陀的归敬，又表明了对佛陀的净信，以佛陀为指导众生、覆护众生灭除生死流转之苦与恐怖的根本依怙者与根本导师。这种融摄了信的皈依，也是新的生命意义的确立，意味着皈依者的生命走向从此发生了转折，开始学习以新的方式看待生命和万物。此时，皈依者应该而且必须以佛陀的追随者、佛法的修行者以及佛教的传承者来要求自己。在此基础上发起菩提心，由此明确树立作为未来佛的意识，开始学做佛，并准备承担起引领众生走向菩提道的历史性重任，最终通过菩提道而成佛。这种以皈依为特征的信仰的确立，对佛教徒而言其重要性实在是怎么强调也不过分。

佛教以智慧为本，因此，对信仰的显示更多是从信的角度出发的。在这种情况下，归依方面就摄在信中。《心地观经》卷四云："入佛法海，信为根本。"[1] 此中将信喻为能入大海之舟，即以佛教之信为悟入一切佛法的根本方便。以信为能入在《大智度论》中也有直接阐述。《大智度论》卷一云："佛法大海，信为能入，智为能度。……若人心中有信清净，是人能入佛法。若无信，是人不能入佛法。……复次，经中说信如手，如人有手，入宝山中自在取宝，有信亦

---

[1] 《大乘本生心地观经》卷四，《大正藏》第三册，第306页。

如是，入佛法无漏根、力、觉、道、禅定宝山中，自在所取；无信如无手，无手人入宝山中，则不能有所取，无信亦如是，入佛法宝山都无所得。……复次，佛法深远，更有佛乃能知，人有信者虽未作佛，以信力故能入佛法。"① 此中将信喻为舟、手，皆是在方便意义上将信立为佛教之基本门径。除了对信在方便意义上的强调外，在《华严经》中还对信在发生学意义上予以阐释，如晋译《华严经》卷六贤首品云："信为道元功德母，增长一切诸善法，除灭一切诸疑惑，示现开发无上道；净信离垢心坚固，灭除憍慢恭敬本；信是宝藏第一法，为清净手受众行；信能舍离诸染著，信解微妙甚深法，信能转胜成众善，究竟必至如来处。"② 此中，道元是指在发生学意义上的因以及根据，表示只有信的生起与具足才有菩提之道的发生与展开，而作为功德之母则意味着一切佛教的果实——功德——不论是解脱意义上的还是菩提意义上的，皆是依据于清净的信而产生、成熟、圆满。又说信是"宝藏第一法"，明确指明了信仰在佛教教法中的特殊位置。

总之，从"元"与"母"、"能入"等角度对信仰的强调，直接凸显出信仰在佛教中的前提与基础的意义。换言之，证悟法而成就佛果唯有通过发起对佛教的信仰才有可能，无信仰是绝不可能证悟真理的。所以，不论是小乘还是大乘，从根本而言皆是声闻教，即是佛陀运用其无上圆满的智慧随顺所证悟甚深微妙广大的境界，为度化一切有缘众生而宣说，并为其弟子听闻、结集而成的。其中，从发生形式看，教法是佛陀亲口所宣说或者加持、许可其他圣者所宣说之圣教量。但佛法的这种基本的声闻性在现今时代遭到挑战。现今时代以科学理性/精神为本质的科学文化一跃而成为文化霸主，导致对一切传统文化以及宗教思想体系，皆以历史主义、经验主义、逻辑主义、人本主义的立场去观照，破坏了这些思想系统的宗教性以及其独特的价值观，造成所谓的"祛魅"效应。在这样的时代性面前，佛教也在劫难逃。科学理性将佛教的事实从历史事实与宗教神话的角度予以解构，进而否定大乘为佛陀亲口所宣说，结果大乘的法体与大乘的信仰遭到广泛质疑，大乘的菩提之道被判为无据。这实际就是佛教所说的末法的世俗性的表现。从佛教本位的立场看，作为声闻性之大乘性的丧失根本就是大乘信仰的丧失，这对整个大乘教界而言不啻于毁灭性的灾难。要回

---

① 《大智度论》卷一，《大正藏》第二十五册，第 63 页。
② 晋译《大方广佛华严经》卷六，《大正藏》第九册，第 433 页。

复大乘的本来面目，重振菩提之道，唯有重新树立大乘信仰之法幢，强调与强化信仰的层面，才有可能。

大小乘作为声闻教这个基本性质决定了除佛教信仰之门外，别无进入佛教并最终证悟真实之门，这也就排除了当今在佛教界流行的所谓万教归一之类的观点。持这种见解的人断言，不仅佛教，其他的宗教或者文化乃至科学，皆可以甚至必然会最终指向菩提。这种论调就世俗立场的多元化背景而言相当合情合理，但在佛教徒嘴里说出却显得极为荒唐可笑。因为在传统佛教眼中的种种外道如果能够直接或间接地到达真理，考虑到这些外道作为世俗见而与众生的业力相应的性质，佛教的安立完全就是不必要的，或者说即使安立也不能显出其殊胜之性。这在本质上"矮化"、"俗化"、"异化"了佛教，把真理予以完全的世俗化。佛教充其量只是人们探求真理的一种选择而已，不再承许它是到达真理的必由之路，佛教作为唯一清净的菩提与解脱之道的立场瞬间即成崩溃之局，这当然不是佛教徒应取的立场，对佛教的危害极为深远。可以看出强调佛教信仰为悟入真实的唯一门径，是佛教徒维护佛教本位的唯一的立足之地。

大小乘佛教对佛教信仰的强调还表现在对佛教修法的安立方面。可以说，将信仰纳入佛教修法系统既表明了佛教信仰在佛教本位立场上属于前提与基础的重要意义，而且表明了试图在佛教修行中不断强调与净化佛教信仰的意趣。其中要注意，在一般的大小乘经典中，是多以信的层面来阐释信仰而把归依摄在其中的。

在小乘解脱道的《杂阿含经》中，将信佛、信法、信僧、信戒称为四不坏信，从"不坏"意义上的判定直接标示了这种信仰的性质，从心相而言，即是揭示了佛教信仰的"清净性"，所以又称四不坏信为四不坏净。在《杂阿含经》中还将信列入五根（信根、精进根、念根、定根、慧根）、五力（信力、精进力、念力、定力、慧力）作为信根、信力，在卷二十六云："何等为信根？若比丘于如来所起净信心，根本坚固，余沙门、婆罗门、诸天、魔、梵、沙门、婆罗门，及余世间，无能沮坏其心者，是名信根。"[1] 此中以根喻信之坚固，在该经中信根与四不坏净（信）相通；而信力指信根的增上力用，具有破坏邪信、不为世间的一切所引夺的功能。在五根、五力的次第中，从逻辑以及发生学意义上而言，信皆是定与慧的前提。换言之，虽然最终通过慧可以超越信仰的状

---

[1] 《杂阿含经》卷二十六，《大正藏》第二册，第182页。

态，但离开信仰是不能导向以智慧为本质的觉悟的。

在小乘、大乘的心识理论中，认为信实际是一个心所。在此意义上看信，可知心之澄净相是通过信心所随心生起而与心相应而转的结果。换言之，当信心所生起时，杂染性质之心所不再生起，而唯有善心所与心相应俱起，此时，由于信心所的澄净性，而心即表现出相应的澄净相。大乘的瑜伽行派对信心所的意义阐释得最为清晰，在十一个善心所中，信心所被置于首位。在一般的印象中，瑜伽行派唯识传统似乎是拘泥于烦琐名相而不注重践行的，因此，人们经常理所当然地推论唯识学对信仰一定不予重视，但实际的情形出乎他们的意外，唯识学作为佛教观修的一个完整体系，对信却是异乎寻常地重视。可以认为，将信心所强调为诸善心所之首，不能不说反映了在印度的佛教传统中佛教信仰作为安立佛教教理与发起修持的前提，一直是被重点强调的基本要素之一。在这里，将信仰作为修持之前提容易得到认同，但视信仰为安立教理的前提可能会引起疑惑。其实道理是相当简单的。安立佛教的意趣是引导众生悟入真实，但安立的前提须观待于众生具有信仰的可能，否则引导众生即成空话。在此意义上，信仰的确应为安立佛教教理的前提。

对佛教整体从修持活动的角度观察，一般表述为信、解、行、证的结构关系。其中，信成为解、行、证之基础。具体而言，对信的作用与意义必须在四项过程的逻辑关系中进行思考。信是后三项的前提，换言之，没有信，是不可能有后三项代表的过程发生的可能。但必须注意，四项虽然在发生论意义上有先后发生的历时含义，甚至可说信作为后三项发生的基础，具有宽泛意义上的因的含义，但不能将信简单理解为后三项发生的直接原因。在此结构中，信的前提意义也不能理解为佛教的最本质因素，因为最终的证所对应的智慧的生起，才是佛教的根本所在。如果按照这种方式解读，即可看到信、解、行、证正好构成了一个超越的顺序，即在佛教修行的意义上，后者是对前者的超越，而最终要达到的目标是佛教智慧的生起与圆满，即圆满真理的获得。

相应于修持活动的信解行证的结构顺序，在中国佛教中有对菩萨行位的阶次区分，即著名的五十二位——十信、十住、十行、十回向、十地、等觉、妙觉（佛觉）。此中以十信为先，而以无上正等正觉为最后，而且就十信——信心、念心、精进心、慧心、定心、不退心、回向心、护法心、戒心、愿心——而言，亦以信心为首。即在菩萨阶位中，信心为前提与基础，觉悟为目的。五十二位不仅指示了菩萨行前进的方向，而且也直接反映了修行中境界的次第提升，但这一切定以佛教信仰为起点。凡夫以信仰为起点，经过菩萨行的不懈修习，渐渐而有从信到解、到慧的不断超越，最终即是圆满觉悟的实现。

简言之，佛教以信为入门，但终极目标不是停留在原地不动，而是通过行解的相应引生智慧为体的觉悟。此亦凸显了佛教的信仰与其他宗教形态的信仰的本质不同。一般而言，世间其他种种宗教其信仰是具有根本与绝对的意义，其信徒在整个宗教实践中只有对信仰体认程度的加深，而不会有对信仰的超越。这也是佛教不被称为信仰的宗教而被称为智慧的宗教的根本原因。

在传统中国佛教中，偏重从圣者的角度看待凡夫，将凡夫以及凡夫的境界本质上直接等同于圣者以及圣者的境界，由此建立圆顿的直截的修行方法，导致对作为起修前提的信仰的漠视，以及对广大菩萨行的消解。可以说，中国传统佛教这种唯重智慧与境界的偏颇，在相当意义上违背了佛教的基于信仰的修行精神，应该予以彻底的反思与批判，否则中国佛教仍会陷于空转与狂禅的泥潭中不可自拔。

第三节　佛教信仰的内容

佛教信仰是依据内在之心定义的，但作为信仰所依之心的生起必然要求对象的存在，换言之，如果说信仰有其能信仰的一面，必然有其所信仰的一面，后者即是信仰之对象或者说内容。前文说明了佛教信仰是进入佛教之门径，是佛教言教安立，特别是修学者修持的出发点，但最终会为佛教智慧所超越。佛教信仰的这种特殊性在其所信仰的内容方面直接体现出来。一般的宗教信仰是以对其教主的崇拜为中心的，但佛教信仰除对佛陀的归敬、依止外，还有对法的忍可、乐欲，正是后者最终引起觉悟的发生而超越信仰。这体现了佛教信仰的内容在人方面与法方面的平等重要性。在这两方面中，就佛教的具体发生的历史看，中国传统佛教对法的方面强调更多，这是出于佛教以觉悟为本质与目标的特点所决定的。但在同时忽略了对佛陀的信仰，不能不说是一种偏颇。因为佛是法的根本觉悟者、根本开显者、根本建立者、根本弘扬者，重视对佛陀的归敬是理所当然的。而且，随着由于众生共业的影响而呈现的各种障碍的不断加固，众生的善根愈加薄弱，对佛法的受持能力在总体上不断减弱，佛教弘传由正法、像法而进入末法阶段，在这样的大势因缘下，众生为邪见与烦恼所困扰,对他们仅仅强调法或者对法的信仰显然并非最善,还必须高扬对佛以及佛陀圣弟子的信仰,以此与末法众生广结佛缘,或者说为他们广种福田。实际上,对人、法两方面的平等强调从信仰角度看是最恰当的,而且佛与法本不相离,在此意义上,对二者的平等强调有助于这两方面的信仰相互增上,是一种相当善巧的引导办法。当然,针对不同对象,可以强调不同的侧重点,这没有问题,但这已经是弘扬的具体的善巧方便方面了,不同于在这里主要关注的信仰的原则方面。

佛教信仰的内容就基本特点而言有人、法两方面,但考虑到佛教的安立在于引导众生进入佛道,因此,在信仰对象的人方面除众生根本依止的佛陀外,还应有引导众生的主力军——包括大小乘圣者在内的和合之僧众。这样,在佛教中不仅强调对佛陀的归依,也强调对僧的归依。对佛、法、僧的信仰,成为佛教信仰的基本内容,这在佛教的三皈依即对佛、法、僧的皈依中得到了明确表达。

一 作为佛教信仰建立基点的佛信仰

佛教信仰首先表现在对佛陀的归敬、依止方面,换言之,佛陀信仰,亦即对佛陀的信仰,是建立佛教信仰的基本出发点。为了更清楚地考察佛陀信仰对佛教的重要性,须对佛陀在佛教的整个教理体系以及教化体系中的地位作一简单分析。可归纳为几点。

第一,从佛教的修行实践看,佛陀是唯一圆满证悟真理者,所谓自觉、觉他、觉行圆满者。反映在自利方面,佛陀是彻底解脱了烦恼障与所知障者,而反映在利他方面,是将众生度到应度位置者,而且在成佛后,继续无休息地任运度化众生直至皆证佛果。佛陀通过自己大智大悲的菩萨行获得圆满觉悟,为众生示现了解脱与菩提的道路,在流转、苦难的世间树立了一座指向佛境的永恒路标。由此,佛陀被赋予如来、应供、正遍知、明行足、善逝、世间解、无上士、调御丈夫、天人师、佛、世尊等殊胜称号。所以,渴求解脱与觉悟的众生敬仰佛陀、追随佛陀、怀念佛陀、学习佛陀,佛陀成为一切众生解脱与觉悟的根本榜样。

第二,从佛教真理看,甚深、广大、微妙之殊胜境界是佛陀以智慧揭示的,所以佛陀是佛法真理的根本开显者。虽然真理常在,但为世间相所遮蔽,众生以分别心无能窥见。唯有佛陀彻底地、完全地将遮蔽清除，唯在其智慧中真理的本来面目才无遗地显现。佛陀如同永恒的灯塔，驱散了世间种种执见，彰显出一切真实。因此，佛陀作为真理的圆满悟入与善巧开显者，也是真理标准的源泉。

第三，从佛教全体教法看，不论是小乘还是大乘皆认为其教法体系皆源自于佛陀的安立，换言之，小乘体以及大乘体皆为佛陀所亲自揭阐。就现今与历史上显现的佛教教法而言，其建立者是释迦牟尼佛。虽然小乘承认过去、未来皆会有其他佛陀出现，大乘认为过去、现在、将来皆有十方诸佛存在，但却是释迦牟尼佛的觉悟直接导致此期教法的成立。佛陀本着普度众生的大悲心，以智慧观照众生的根器、心行以及众缘，而善巧安立种种言教，方便度化有缘众生。《妙法莲华经》卷一方便品云："诸佛世尊唯以一大事因缘故出现于世。……云何名诸佛世尊唯以一大事因缘故出现于世？诸佛世尊欲令众生开佛知见使得清净故出现于世；欲示众生佛之知见故出现于世；欲令众生悟佛知见故出现于世；欲令众生入佛知见道故出现于世。……是为诸佛以一大事因缘故出现于世。"[①] 即佛陀以大悲心、大智慧善巧安立教法，方便开显诸佛所证境界，以令一切众生悟入此境界，因此，佛陀是佛教的根本建立者，亦是佛教的根本弘扬者，是一切众生解脱与菩提的根本导师。

总之，佛陀作为佛教的解脱与觉悟的先行成就者，佛教真理的根本开显者，佛教教法的根本建立者与根本弘扬者，众生趣向觉悟与解脱的根本依怙与根本导师，当然是佛教信仰的首要对象，即是希欲解脱与菩提的众生所信仰即所归依与信的对象，因此，在体现佛教信仰对象的三宝中被置于首位。以三宝固定佛陀作为佛教信仰的基点，在佛教中是被广泛接受的。不过，在佛教大乘密宗中，将皈依上师从皈依僧中区分出来而成四皈依，并将皈依上师置于皈依佛之上，不能不说是一种变异性发展。这对强调上师对佛教修行者的直接指导作用是重要的，但亦不可避免带来严重的后遗症，即对佛陀信仰的淡化甚至虚化。特别是末法时期，过分强调信仰上师而不是佛陀，对佛教的纯正性绝对是一种巨大的威胁。这如同中国化佛教中强调祖师禅而非如来禅，相当于以祖师代替佛陀，亦存在相似的弊端。

须特别注意，对佛陀的信仰绝非是对造物主、救世主的那种信仰。佛陀作

[①] 《妙法莲华经》卷一，《大正藏》第九册，第7页。

为觉悟者，只是众生走上解脱与菩提之路的先行者、示范者、指引者，而非众生苦难生活与命运的拯救者。就根本而言，众生解脱与觉悟的主要因素还在自身，佛陀以及其他圣者的作用虽然极为重要，但在性质上仅是一种增上缘，即是一种辅助作用。小乘认为，一切众生皆有解脱的可能性，在解脱时在解脱相上皆与佛陀平等，他们间的差别仅是智慧不同而已。而大乘认为，一切众生皆有成佛的可能性，在觉悟时在菩提相与解脱相上皆与佛陀平等，所以一切众生在因位本性上与佛平等，在果位现实地与佛平等。因此，绝不可将对佛的信仰与世间宗教对上帝的崇拜混淆起来。在此意义上，中国乃至东亚范围内的佛教净土思想的一些过度发展，比如主张行者往生净土，并非靠修菩萨行而积累的功德，而是依靠阿弥陀佛的果德力的加持，这样的阿弥陀佛法力无边，无异有拯救力的上帝，明显偏离佛教基本精神，是一种相似佛教见。

二　作为佛教信仰之根本的法信仰

对法的信仰在佛教信仰结构中是紧接于对佛的信仰而强调的，这反映在三皈依中即是将皈依法列在第二位。此中的法具有两种基本含义：一者是证法，一者是教法。证法是一种内证的境界，是佛陀在觉悟中以智慧所亲证的，具有甚深微妙的性质，这在小乘以及大乘中是共许的。但实际上，此二乘所证法有很大差异。小乘依解脱相所显现的证法是四谛十二因缘，法尔存在，所谓"非我所作，亦非余人作，然彼如来出世及未出世，法界常住"。此法虽然常住，但被世间的种种相以及世间的种种见所遮蔽，而不能显现，因此说为甚深。而一旦被圆满地证悟，即作为智慧的境界而显现出微妙的作用，即有解脱的发生，因此说为微妙。小乘的所证境界虽然微妙甚深，但并非是完全离言，这与大乘所证之法性质迥然不同。大乘的所证法是佛陀依菩提相所显现，是最为微妙、甚深的殊胜境界。由其不可思议、不可言说、不可譬喻，所谓"言语道断、心行处灭"，说为甚深；由对此境界的证悟即意味圆满的正觉，说为微妙；更由包括一切真理，说为广大。

就实而言，不论是根据小乘还是大乘，佛陀之所证境界皆不能直接地传达给众生，所以当佛陀度化众生时，就观待于众生善根因缘与障碍，以无比的大悲心以及圆满的智慧，善巧安立种种的言教，一方面用以方便开显甚深的内证境界，而成立教理方面；另一方面用以方便地引导众生悟入此等境界，而成立行法方面。证法以及摄教理与行法的教法，在根本上是佛陀所证悟与所安立，是与佛陀的智慧相应并且是佛陀的无漏功德所显现的，具有无上的清净性。因此，凡夫为无始业力所引生的虚妄分别心不能理解、把握，即使有指向解脱与菩提的善根显现，也因体性非彻底清净，以及势力甚为羸弱，亦无法直接把握。在此意义上，作为凡夫的初发心者虽急欲证悟真理，但对待佛陀的证法与教法必然唯有采取一种信仰的取向。换言之，他们首先必须在内心相信佛陀的证法与教法的殊胜性，才会有进一步的理解与证悟的可能性，否则佛教以证悟为目的的修行就不可能发生。正因为作为证法与教法之佛法是修行者所行以及以行所证者，所以在佛教信仰的内容结构中具有根本性意义。由此，法信仰具有与佛信仰相重的地位。二者在信仰结构中的关系可以这样判定，佛信仰是前提性质，而法信仰是根本性质。

有一点易于引起误解，这里必须再略加澄清与强调。在教、证二法中，证法唯有圣者才能有所证悟，唯有佛陀才能圆满证悟，而初发心者不可能直接把握，唯有信其存在，唯有信其可被证悟，这是易于理解的，但要说教法对初发心者而言亦是不易直接理解，似乎就相当悖理。但作为凡夫的初学者初发心向道，如前所述，其善根薄弱，易为世间相与世间见所遮蔽，而且其本身的世间性质，不易直接把握随顺甚深证境的教法，也就是说，不易领悟佛陀教法的意趣，因此，他们对待教法仍是在信仰层次上的受持。简言之，对初学者而言，应明确地意识到，一切出世性质之法，首先是要在信仰的意义上去信受，在此基础上才能有真正意义上的理解，乃至悟入。否则，以己意揣度佛意甚至以己意代替佛意的现象，会不可避免地出现。在中国化佛教中，由于直谈对法的悟入，而不强调在信受法的基础上的闻思，导致狂禅以及"佛心自用"乃至种种"相似佛法"等弊端产生，是一个深刻的教训。

探讨法信仰的一个重要方面，是必须辨清小乘与大乘对所信仰的法的立场。小乘的《阿含经》反复宣说佛陀的无上正等正觉所证即是四谛十二因缘，而且强调唯有圆满证悟四谛十二因缘才能获得解脱。据此境界而安立的种种教理以及行法，形成了小乘的种种教法。显然，在小乘意义上对法的信仰，即是对此四谛十二因缘及其随顺法的信受。《入阿毗达磨论》卷上云："信，谓令心于境澄净，谓于三宝因果相属有性等中，现前忍许，故名为信。"[1] 因果等即指四谛

---

[1] 《入阿毗达磨论》卷一，《大正藏》第二十八册，第982页。

十二因缘。《阿毗达磨俱舍论》卷四亦提到类似说法，云："此中信者，令心澄净。有说：于谛实业果中，现前忍许，故名为信。"[①] 其中的业果指善恶业及其所引果，谛即四谛，因此，谛实业果即指四谛十二因缘。不仅这些引文，实际整个小乘皆认为小乘所信仰之法是四谛十二因缘及其相应者。于此等法心忍可、乐欲而具的澄净之相，亦即真诚之相，即是小乘对法的信仰体相。

但大乘所信仰之法不同于小乘之所安立。小乘偏重于烦恼、业与苦的灭除，在果上显现的是寂灭相；大乘偏重于种种执见的破除，在果上显现的是菩提相。所以不同于小乘关注生命的流转与还灭，大乘关注包括生命在内的一切事物的实相。依于、随顺于甚深、微妙、广大性的实相安立的教法，如略摄，即为境、行、果，具有不可思议的妙用与功德。在大乘意义上建立的法信仰，即是以此等殊胜之法为所信受的对象。《成唯识论》卷六云："云何为信？于实德能深忍、乐欲，心净为性。对治不信、乐善为业。然信差别略有三种：一、信实有，谓于诸法实事理中深信忍故；二、信有德，谓于三宝真净德中深信乐故；三、信有能，谓于一切世出世善深信有力能得能成，起希望故。"[②] 此中所谈即为大乘所信受之法，是佛作为大菩提者所证悟与所安立，具有真实性、胜德性、殊能性。因此，对大乘法及其所显之甚深境界，不仅要相信乃至坚信其真实存在，而且要相信乃至坚信其具有殊胜之功德与作用。在此意义上由忍可、乐欲而具的真诚之心相，亦即澄净之心相，即是大乘对法的信仰体相。

三 作为佛教信仰现实表征的僧信仰

相对于佛信仰、法信仰而言，僧信仰的意义并不那么显而易见。僧信仰在佛教信仰结构中，被作为必要的一环安立于三宝中，是佛教徒进入佛门要求宣誓尊奉的基本内容之一，绝非戏言。下面就略析其依据何在。

僧，梵文是 saṃgha，是和合之义，转为和合之众、众、和合之团体等义。在佛教中可指单个佛教修行者，但多指和合之佛教出家众。佛教的僧信仰是在佛陀的教化过程中形成，不同于佛信仰与法信仰是在佛陀获得正觉初转法轮即得成立。从佛陀最初以大解脱者相度化众生始，就不断有人追随他出家修行。

---

① 《阿毗达磨俱舍论》卷四，《大正藏》第二十九册，第 19 页。
② 《成唯识论》卷六，《大正藏》第三十一册，第 29 页。

佛教的这些出家修行者，皆称为僧。如《杂阿含经》卷二十二云："云何名僧？彼长者言：若婆罗门种剃除须发，着袈裟衣，正信，非家，而随佛出家；或刹利种、毗舍种、首陀罗种善男子等剃除须发，着袈裟衣，正信，非家，彼佛出家而随出家；是名为僧。"① 这些出家者由于佛陀亲自接引，证果者众多，其中相当多证得小乘最高果位阿罗汉。证果之圣弟子们多代佛弘法，而将佛教弘传开来，他们成为修行与弘法的主要力量，亦是除佛陀外的修行指导者与依止者。由于圣弟子在出家众中的重要地位，僧从出家者意义上立名，转以圣弟子意义上立名。这是在小乘个体意义上的僧义。在大乘意义上，菩萨僧亦可指个体性的圣者菩萨。但不论大小乘，僧更多的是在和合之众意义上使用。其中又分为以圣者为中心的圣僧众的集合（在小乘中甚至有将佛陀判在僧数的主张），以及一般出家僧众的集合，他们即是佛教两类性质的僧团。《长阿含经》卷二云："欢喜信僧，善共和同，所行质直，无有谀谄，道果成就，上下和顺，法身具足，向须陀洹，得须陀洹，向斯陀含，得斯陀含，向阿那含，得阿那含，向阿罗汉，得阿罗汉，四双八辈，是谓如来贤圣之众，甚可恭敬，世之福田。"② 此中所说即是圣僧众。在正法，甚至在像法时代，僧团是以圣僧众为核心的，而在末法时代，僧团即是凡夫集合为普遍。总之，在圣者个体意义上的僧，以及在出家圣众和合意义上的僧，皆称僧宝，如窥基的《大乘法苑义林章》卷六云："圣道现前断灭烦恼，内理无净，外事和合，可名僧宝；设非沙门，住圣道者理无净故，皆名僧宝。"也就是说，"一切住向、住果、住道三乘圣众，名为僧宝"。③ 但凡夫出家众在正信、和合意义上，亦可方便称为僧宝。

　　僧宝在佛未圆寂前，是在佛陀的直接引导下的修行、弘法、导众的主要力量，在佛圆寂后，则又获得新意义，即又是传承、住持佛法的主体。这样，作为僧宝的个体以及和合集体，特别是作为圣者的僧宝以及作为圣众的僧宝，对法有直接的悟入，是真实的修行者，是真正的弘法者，是真正住持佛法者，简言之，是如来家业的真正荷担者，当然也就如同佛陀一样，是众生归敬、依止的对象。这种对圣者或者圣众的归敬、依止，是随顺或者说根源于对佛陀的归敬、依止的，是僧信仰的主要含义。依于僧信仰而开发、形成了特殊的圣者信仰，比如在大乘中，形成了种种菩萨信仰，如观音信仰、弥勒信仰、文殊信仰、

---

① 《杂阿含经》卷二十二，《大正藏》第二册，第157页。
② 《长阿含经》卷二，《大正藏》第一册，第13页。
③ 《大乘法苑义林章》卷六，《大正藏》第四十五册，第344、343页。

普贤信仰、地藏信仰等等。这些圣者在有缘众生眼里即是佛的化身。

在末法时代，有证量的圣者罕见，僧众一般是凡夫修行者之集合体，因此，对僧的信仰在性质上就有所变化，从其表法的角度应该尊敬，但在修行方面并不一定完全可以依止。但末法时代对僧的信仰形成了一种颠倒现象，即由于末法众生善根弱薄，业力习气势大，反映在僧信仰中，即是将凡夫僧置于诸佛诸圣者之上，而在相当程度上阻断了对佛圣者的信仰。像在西藏密宗以及中国化佛教中此类现象非常普遍，所谓只知祖师、上师，或者师父，不知佛。在此情况下，应该强化佛信仰，以及法信仰，将僧信仰解读为对圣者的信仰，而非现前的僧或僧团的直接信仰。

在小乘中，修行是指向出离的，因此修行必以出家众亦即僧团为本。而在大乘中，修行为自度度他的菩萨行性质，注重智悲与方便，出家众在修行方面并不具有特别优势，因此，从修行角度看，出家僧的地位下降。在此意义上，僧信仰在小乘与大乘中的含义是有所差别的。

四 小结

在对佛宝、法宝、僧宝的信仰中，佛信仰、法信仰是最为基本的，对二者必须平等强调。法是佛陀所领悟（证法）、所安立（教法）的，同时佛也是通过法以及领悟法觉悟的，二者本就不相分离，所以不可偏废。如果唯强调佛信仰，而忽略法信仰，则易误解佛教为神教，从而堕入对造物主、救世主的崇拜；如果唯强调法信仰，而忽略佛信仰，则易堕入各种相似佛教的执著，以及盲目的祖师崇拜以及"佛心自用"的弊端。因此，佛教信仰的基本原则是要以佛信仰为前提，法信仰为根本。在此基础上，再树立僧信仰，以僧宝为佛教修学的具体领路者。在僧信仰中，对圣者以及圣众的信仰是中心，是与佛信仰、法信仰并重的。但对一般僧众，就不能完全、无条件地信仰，必须有所区别。否则，极易造成颠倒与邪信。

在佛教信仰中，还必须注意性质的区分，即可分为小乘信仰与大乘信仰。这是由小乘与大乘二者具有不同的乘体或者说乘性决定的。二乘皆为佛陀安立，但小乘是佛陀示现解脱相而为解脱道根性众生之所施设，大乘是佛陀示现大菩提相而为菩提道根性众生之所施设。因此，就小乘而言，三宝是显现解脱相的佛宝，小乘法宝，小乘圣者为核心之僧宝；但在大乘看来，三宝是显现大菩提相的佛宝，大乘法宝，菩萨为中心之僧宝。在此区分的基础上所建立的佛教信仰，当然也相应是二分的。

第四节 佛教信仰的原理

一 佛教信仰的层次

佛教信仰的成立是一个值得认真探讨的问题，这是一种从信仰的发生论意义上的考量，在现代经常从信仰与作为内在认知能力的理性的关系角度发问。比如，如果是理性为先，信仰如何可能发生？如果是信仰为先，理性又如何可能？等等。这里面预设有一个前提，即信仰与理性是冲突的，不能并存。这样的思路实际是西方基督教考量信仰与理性关系的一个投影，也是在现时代西方文化占世界文化主导地位的反映。如果不认真思考与解决这个问题，佛教的信仰以及理性问题就会落入基督教文化的文化与宗教义境中去，而遮蔽佛教的基本性质，并导引佛教徒丧失其主体性、本位性立场。

按照佛教的教理看，佛教信仰与佛教理性的关系的性质决然不同于西方基督教中信仰与理性的关系性质。就后者而言，其信仰是对神的崇拜与服从，而理性是在人本位上看待、分析事物的能力，二者具有不可调和的内在矛盾。但佛教的信仰与佛教的理性皆是指向出世的善根所显发的，是善根显现的不同侧面，互相增上而不相违。在此意义上的佛教理性，作为佛教善根之所显现，根本不同于世俗的人本的理性，后者在佛教看来是众生的共业力之所感引、为世俗习气之所现起，最典型者莫过于科学理性、日常经验理性、各种传统文化理性，等等。

1. 佛教理性的层次

佛教信仰与佛教理性虽然同是佛教善根所显现，即一体而各别显现者，但在修行者的修行过程的不同阶位有隐显之不同。从佛教以智慧为本的立场看，佛教强调的是智慧最终对信仰的超越，因此，在佛教修行的道次第中，佛教理性方面是基本的参考坐标。

必须明确，在任一众生那里，没有永恒不变的佛教理性，佛教理性是随着修行境界的提升而变化的。按照佛教修行进趋的方向看，佛教理性必然会经历一个不断增强、净化，最终臻达圆满的过程。具体而言，在皈依发心始的早期阶段，通过正闻熏习，佛教理性虽然不断增强，但总体较为薄弱，而且由于没有生起对佛教整体的确定性透彻解悟，也就是真正的胜解，此时的理性还不是真正的理性，可称顺理性。"顺"是指与理性不相违，能够引发理性生起。在顺理性生起的基础上，随着对法的闻思的进一步深入，正见得以确立，或者说加行无分别智得以产生，以此为基础即将对法有真正的悟入，即引发真实智慧的生起，这一阶段的佛教理性可称为正见、加行无分别智，也就是理性本位。在智慧生起后，佛教理性已得净化，即是智慧，因此此阶段佛教理性可称智慧，亦即悟性。而在最终果位阶段佛教理性净化完成，而得圆满，即是圆满智慧，因此，在此意义上佛教理性可称圆满智慧，亦即圆悟性。这样，按照佛教理性的变化而形成的四个层次，即顺理性、理性（正见、加行智）、悟性（智慧）、圆悟性（圆满智慧），可将佛教修行阶次大致分为四个阶段：一、顺理性阶段，二、理性（正见、加行智）阶段，三、悟性（智慧）阶段，四、圆悟性（圆满智慧）阶段。

以大乘佛教为例。在皈依发心后的资粮道上，重在信受性正闻熏习，主要修积福德资粮，此时为顺理性阶段；在加行道上时，由于闻熏充分，临近见道，如理思维之力强盛，按照唯识学的看法，已有加行无分别智，主要积累智慧资粮，此时可称为理性阶段；而在见道后，佛教的根本智慧——根本般若或说根本无分别智——已经生起，佛教理性得到净化，因此，可称为智慧阶段，即悟性阶段。到圆满觉悟的佛地，此时佛教理性的净化圆满，悟性至极，称为圆满智慧阶段，即圆悟性阶段。

这样，佛教理性贯穿修行过程的始终，但在性质上有阶段性的不同。

2. 佛教信仰的层次

相应于佛教理性的四层次，佛教信仰也可区分为四层次。就总的趋向而言，佛教信仰在自皈依发心始的修行过程中会不断进化。在初期阶段，信仰都是对外在对象而生起的，换言之，此时信仰所观待的对象都属于外在性质，不仅佛、僧宝，法宝也是如此。这一阶段的信仰可称为外在信仰。在下一阶段，对佛教整体乃至一切法的胜解的生起，使信仰渐趋于内在化，即由加行无分别智的生起，对三宝能够如理思维，渐渐趋向于平等或者无分别的信仰。此阶段的信仰可称为顺内在信仰。在此阶段之后，根本无分别智生起证入真如，信仰真正内在化，即对三宝已能平等、无分别地生起信仰，但仍不圆满。此阶段的信仰可称为内在信仰。但到最后的成佛位，已经超越对僧宝的信仰，而与佛宝融为一体，于法宝圆满证悟与修集，因此信仰不仅圆满地内在化，而且已经圆满地平等化、无分别化，可称平等信仰，或者圆满信仰。

3. 佛教信仰与佛教理性的隐显关系

从佛教信仰与佛教理性的关系看，在不同阶段，二者有隐显的不同。具体而言，佛教信仰在佛教皈依发心的第一阶段修行的进趋中，随着佛教顺理性的不断增强而有所隐化，即处于渐隐阶段；在修行的理性阶段，信仰随着正见的建立，而明显开始净化，在形式上与加行无分别智构成隐显的差别存在状态，但由于智慧只是加行性质，这种隐化仍是浅隐阶段；在悟性阶段，随着理性的基本净化，信仰也得基本净化，结果善根唯直接外现智慧方面，信仰不再直接外现，即处于深隐阶段；而在圆悟性阶段，理性被彻底净化，信仰也得彻底净化，唯有圆满智慧显现，信仰彻底不显现，即处于彻隐阶段。从信仰与理性的关系角度看，此四阶段相应于佛教理性的四阶段，可依次称为信仰之渐隐阶段，或者信仰之偏显阶段；信仰之浅隐阶段；信仰之深隐阶段；信仰之彻隐阶段。此中第一阶段信仰虽然称为渐隐，但实际是佛教信仰表现最为外在化的阶段，所以又称为偏显阶段。

可以根据大乘的道次第再分析一下佛教理性与佛教信仰。从前文已知，相应于大乘的四理性阶段，佛教信仰的"澄净性"亦次第有别，而且对修行者的意义也渐次不同。越在修行的早期阶段，佛教信仰对修行者的作用与意义就越显偏胜。在资粮道，凡夫修行者善根薄弱，时被业力及习气所遮蔽，此时佛教信仰凸显出来，而势胜；佛教理性虽然会渐增强，但力量较弱，角色偏隐，可称信智未转位。但自进入加行道，在正闻基础上的如理之思维增强，信仰渐被净化而显在的强度减弱，所以正见偏显，而信仰的角色偏隐，可称信智渐转位。在见道始的菩萨阶段，真实智慧显现，因此信仰被智慧超越，而完全是智慧显而信仰隐，称信智已转位。在佛位，智慧圆满显现，因此信仰彻底被智慧超越，即被完全转化，称信智圆转位。简言之，在从皈依发心到成佛的过程中，信仰被逐渐净化、逐渐转化，也就是被不断超越、内在化，最后被彻底转化。由此，可将佛教信仰与佛教理性的隐显、转化之不同位列表如下：

资粮道——佛教信仰（外在信仰）偏显而佛教理性（顺理性）偏隐——信智未转位

加行道——佛教信仰（顺内在信仰）偏隐而佛教理性（理性）偏显——信智渐转位

见道、修道——佛教理性（悟性）显而佛教信仰（内在信仰）隐——信智已转位

究竟道——佛教理性（圆悟性）彻显而佛教信仰（平等信仰）彻隐——信智圆转位

4. 佛教信仰四层次的具体特点

从特征看，在佛教信仰的四阶段，其变化可归纳如下：

第一阶段，有三方面的变化：一者是在强度方面，即信仰的力度凸显且渐强化，这主要是在归依方面；二者是在内容方面，即信仰的内涵渐得增加，即由对三宝的逐步深入的信解，而信仰逐渐深化，这主要是信方面；三者是在形式方面，即善根以信仰的显现为主，而以理性的显现为辅。这一阶段的变化，可称信仰的强化。

第二阶段，由于获得对一切法的真正胜解，生起加行无分别智，对三宝的认知趋于深化，佛教信仰渐被净化。此时可从三方面观察佛教信仰的变化：一者是在质上，即通过胜解，信仰渐渐与理性融合，而渐被净化；二者是在强度上，即信仰的强度在显现上减弱；三者是在形式上，即理性偏显，而信仰偏隐，即渐内在化。这一阶段的变化，可称信仰的净化。

第三阶段，修行者已经生起根本无分别智，悟入诸法真理，信仰与智慧真正相融，完成净化，从而开始发生转化，其主要表现在两方面：一者在质上，即信仰已被净化；二者在形式上，信仰渐渐转化，即渐渐被超越，而在显现上隐没，完成内在化，唯有智慧显现。这一阶段的变化，可称信仰的转化。

第四阶段，已达佛位，信仰完全转化而被彻底超越，彻底处于隐位，一切皆是佛陀的圆满智慧的随缘的任运显现。这一阶段的变化，可称信仰的超越。

二 佛教信仰的发生

佛教信仰的发生实际涉及三个问题：第一，在什么意义上可认为信仰发生了？第二，信仰为什么能发生？第三，信仰是怎么发生的？这三个问题实际上可概括为两个方面，即信仰发生的判定问题，以及信仰发生的机制问题。

1. 佛教信仰发生的判定

佛教信仰涉及所依待的对象与心相问题，因此，其发生有外在与内在两方面条件的具足。在外在方面是对佛、法、僧三宝的归敬、依止与忍可、乐欲，在内在方面是真诚，或者说澄净之相。当外在相有内在的澄净之心相相应时，佛教信仰即已发生。这其中要注意，如果内外两方面没有合一，则没有佛教信仰的发生。比如，唯有归敬、依止与忍可、乐欲，而在内心没有获得澄净性，就与外道对神的崇拜，以及对外道法的遵受等外道信仰区别不大。即使在对象为三宝的情况下，也非佛教信仰的生起，仅是与佛教结了一缘而已。另外，如果唯对三宝中的任何一项或两项起信仰，也非佛教信仰的发生。因为就佛教的安立而言，三宝代表了佛教的核心内容，而且三宝是统一的整体，不能有取舍分割。在三宝中，佛陀（诸佛）是法的圆满觉悟者、教的根本安立者、众生修行的根本导师；法是觉悟发生之根本所依，即唯有通过法才有觉悟发生，而且也是觉悟所证的境界，或者随顺此境界的安立；而僧宝是佛的主要随学者、法的传承与住持者、众生修行的直接导师。显然，离开佛，佛教就没有导师、榜样与觉悟者；离开法，就没有觉悟与解脱之道，也就没有觉悟的最终发生；离开僧宝，就不会有佛法的传承、住世与流布，以及修行的直接指导者。这反映到信仰的建立上，只有对三宝皆起归依与信，佛教信仰方得生起。否则，只是与佛教结了缘，还谈不上建立了佛教信仰。可举一例作一示意性说明。如唯对佛陀有信仰，则在将佛陀当作唯一觉悟者的意义上，是向信仰方向迈出了正确的一步；而在将佛陀理解为救世主的意义上，则是在错误的方向上行进。当然，无论如何，这种种情况皆是与佛有缘。

2. 佛教信仰发生的机制

按照佛教的缘起论看，佛教信仰的发生是有因缘的，换言之，是在因缘成熟时发生。佛教信仰的发生是成为佛教徒的标志，也是佛教修行的起点，在此意义上，佛教信仰是佛教解脱与菩提之因。但佛教信仰实际是在其因缘成熟时发生，因此，本身是一个果。而且，从其发生之因缘的角度看，佛教信仰之缘起具有甚深之意味，并非那么显而易见即可予以揭示。

佛教信仰是因缘和合而发起，而且其因有一个复杂的成熟过程，因此佛教信仰具有复杂的发生结构。如择其要看，佛教信仰发生之特点可归为以下几方面。

第一，善根为内因。佛教信仰的缘起的内在原因是善根。按照唯识学，善根是本有无漏种子所摄的善分势力。善根无始时来就有，当众生与佛教结缘时，就熏习善根，令其势力增长，当其成熟时，就有佛教信仰发生。但善根的成熟须经一个宿世多生亲近诸佛圣者而结善缘熏习的过程。

第二，善缘为引发条件。当众生内在的善根成熟时，佛教信仰方能生起。但善根的成熟要求善缘的不断熏习。从与佛教最初结下善缘始，到佛教信仰的生起，其间可能经过无数无量期生命的流转，其间会与佛教再结种种的善缘。善缘就是众生与佛教（包括诸佛之教，以及诸佛、其他诸圣者等）所结的、于众生解脱与觉悟能起胜上作用之缘。事实上是这些善缘引发了佛教信仰，乃至最终的觉悟解脱。这听起来不可思议，但确实在佛典中有反复显示。在小乘与大乘的经典中，有无数因缘故事表明了这个道理。在《贤愚经》第二十贫女难陀品中的贫女难陀供灯故事就是一例。难陀赤贫，以行乞所得微钱，换得一小灯，供养佛陀及僧众。此灯虽小，但甚至号称神通第一的目犍连都不能扇灭，佛陀授记难陀在未来将作佛，名灯光如来。佛陀并述其往昔因缘，曾供养迦叶佛。虽后有嗔恨心生起而将结缘善根覆蔽，报得五百世贫穷，但此结缘善根不灭，而有与释迦牟尼佛的相遇等。总之，就缘起来看，供养迦叶佛是难陀前生与佛教所结最初之善缘，后来还有供灯等善缘，这些善缘是释迦牟尼佛授记贫女当得成佛的依据。考虑到成佛得有佛教信仰为入门，由此授记可以推知，难陀之佛教信仰的生起缘于与迦叶佛等的结缘。此例清楚地揭示了佛教信仰乃至成佛的缘起的甚深性，即善缘表观的偶然性、旷劫的不灭性，以及对殊胜大果的微妙感引功能。也是在类似的意义上，大乘常讲菩提心不失，即认为只要一发菩提心，则在此后的流转中虽可被烦恼障、所知障遮蔽，但永不会被磨灭，而是在未来仍将显现，并在逐渐的增强、清净与转化中，支撑众生实现最终的觉悟。

第三，善缘熏习具有长时性。佛教信仰是众生与佛教所结的善缘所引发的，但此善缘势力微弱，不可能即刻感引殊胜之佛教信仰产生。因此，必须在无数世的生命流转中无数次亲近佛教，而使善根不断得到善缘的熏习、培植，使之变得深厚、坚固、有力，待其成熟时方能产生胜能，而生起佛教信仰。在前述的贫女难陀供灯故事中，难陀前生供养迦叶佛结缘，后又以灯供养释迦牟尼佛而得授记，但还没有产生佛教信仰。《金刚般若波罗蜜经》云："须菩提白佛言：

世尊,颇有众生得闻如是言说章句生实信不?佛告须菩提:莫作是说,如来灭后后五百岁,有持戒修福者,于此章句能生信心,以此为实,当知是人不于一佛二佛三四五佛而种善根,已于无量千万佛所种诸善根。"① 此中明确指出,对大乘经典生起信心,极为不易,须经供养承事无量诸佛才有可能。因此,这表明以三皈依为标志的佛教信仰的最初缘起是难得稀有的,需善缘长时熏习善根才能实现。

第四,善缘与善根有不同类型。这说明佛教信仰缘起具有别别因缘性。具体而言,佛教信仰的性质必定和信仰者过去世与佛教所结善缘所熏习成熟的善根性质一致。由善根可分为小乘、大乘两类,佛教信仰也可相应分为小乘与大乘两种。而且,从善缘看,所熏成熟的善根一般与最初跟佛教所结之缘的性质相应。佛教的因缘故事反复讲到了这种别别因缘性的缘起关联。如果众生最初与小乘结缘,则其未来一般是对小乘的信仰发生。此中,最初善缘发生的对象是现解脱相的佛陀、小乘圣弟子以及小乘法。如果众生是最初与大乘结缘,则其未来一般是对大乘的信仰发生。此中,最初善缘发生的对象是现菩提相的佛陀、大乘圣弟子(即菩萨)以及大乘法。这意味着,当众生与小乘有缘时,在其后生命的流转中会不断与小乘结缘,而熏习其小乘善根成熟,最终引发小乘信仰。同样,当众生与大乘有缘时,其后会不断与大乘结缘,最终大乘善根成熟,即有大乘信仰发生。即最初不同性质之结缘,会相应有不同性质的结缘系列发生,而导致不同性质的佛教信仰生起,或者是小乘信仰,或者是大乘信仰。

三 小结

从佛教信仰的缘起看,佛教信仰的发生是极为殊胜、难得的,是旷劫漫长的结缘的结果,换言之,在表观的轻而易举的发生后面隐藏着复杂的不可思议的与诸佛、圣者结缘的种种故事。因此,佛教信仰的发生值得重视、值得珍惜。它既表明了众生在往昔与佛教已有甚深的缘分,也表明了众生今后真正走上了解脱与菩提之路。

---

① 鸠摩罗什译:《金刚般若波罗蜜经》,《大正藏》第八册,第749页。

第 九 章

佛教之愿行

——以华严系经显示的普贤愿行为中心

佛教的愿行是佛教证果之因，在大乘佛教中才得到充分开显，其中，普贤愿行最有代表性。普贤愿行是在印度华严系经典中得到阐明的。

华严系经典继般若系经典出现于世。般若系经典出于反对实体主义的立场，倡导一切法当体空之"空说（śūnyatā-vāda）"，奠定大乘所共许的基本义理。而华严系经在此基础上，阐明一切法相互联系的缘起境界，并据此建立了以十地理论为中心的大乘道次第。华严系经所阐释之佛理以圆融著称，对诸佛各种清净刹土（净土）有绚丽的描述与高度的赞美，其中尤其凸显华藏世界与普贤境界的重重无尽、相即相入，提倡以普贤行愿摄一切菩萨行愿，入无量诸佛刹土（净土），亲近无量诸佛，经无量劫修普贤行而成佛。

第一节 从文殊愿行到普贤愿行

一 文殊与普贤

华严系经在世间的出现与流布有一过程。按照时间顺序，最早出现的一类是文殊类经典，其中以文殊为上首大菩萨并代佛宣说法意，故以文殊命名，如后汉所译的《兜沙经》即属此类；接着出现的是普贤类经典，以普贤为上首大菩萨并代佛宣说法意，如西晋所译的《如来兴显经》即属此类。而在西晋汉译的五卷《渐备一切智德经》（即《渐备经》）中可看到文殊类与普贤类经典融合的倾向。到东晋所译的六十卷的《大方广佛华严经》，这两类经典完全被整合编辑在一起，可以说大本《华严经》是文殊类与普贤类经典的融合形态。高崎直道断言普贤完全出于大本《华严经》编者的创作，并不恰当。[①] 确切地说，普贤类经典有一不断出现的过程，它们渐渐与文殊类经典融合而成大本形态。

在大本《华严经》中，普贤与文殊是无数菩萨中的两位上首菩萨。由于大本为普贤与文殊两类经典融合编成，要求对普贤与文殊菩萨二者的地位从义理角度作出恰当安排。根据这两类经典的性质，《华严经》将普贤与文殊的角色处理为正好形成互补。中国华严宗人在解读《华严经》时对此有扼要总结。如《华严经探玄记》认为：

> 一、普贤当法界门，是所入也；文殊当般若门，是能入也，表其入法界故。二、普贤三昧自在，文殊般若自在。三、普贤明广大之义，文殊明甚深之义，深广一对故标上首。[②]

此中文殊、普贤二菩萨有三差别，分别从智慧之能所门、止观之体用门、法相之性相门相区分。而《大方广佛华严经疏》则以因位上首菩萨文殊、普贤与果位佛毗卢遮那佛三者解《大方广佛华严经》之名，并借以括阐该经之教理旨趣，云：

> 或唯普贤、文殊、毗卢遮那三圣摄尽。或谓大方广即普贤，普贤表所

[①] 高崎直道云："普贤之名并没有出现在初期的《华严经》——《兜沙经》与《本业经》中。不只是古译本，就是在大本，相当于此的〈如来名号品〉以下到〈十地品〉之间，也完全不见普贤之名。〈十住品〉以下是在天界的说法，而不是在摩揭陀的成道地点，所以由不同的菩萨担任开示经典的任务，但在历史上，《兜沙经》、《本业经》是以文殊师利为菩萨代表，而说菩萨行与菩萨阶位的那部分，可以看作是《般若经》的继承者，也是在该经中已确立地位的文殊担任开示教说的部分。也就是说在最早说如来出现及其因行的经典的'原始华严经'的成立期，可能还不知道有普贤菩萨的存在。换言之，普贤的登场与大本的构思同时产生。或许普贤是《华严经》编者的创作。"参见高崎直道《华严思想的展开》，载《世界佛学名著译丛》第六十一集，华宇出版社1989年版，第257页。

[②] 参见法藏《华严经探玄记》卷十八入法界品第三十四，《大正藏》第三十五册，第441—442页。

证法界故;华严即文殊,文殊表能证故;佛即遮那,具能所故。又大即普贤,普贤菩萨自体遍故;方广即文殊,文殊即体之智故;华即普贤,普贤行故;严即文殊,文殊以解起行故;佛即圆解行之普贤文殊,证法界体用之普贤文殊成毗卢遮那光明遍照。①

此中以智、境以及解、行分别解文殊、普贤,并以智境相应、解行相应、文殊普贤相应解毗卢遮那佛及其境界。这种诠释稍嫌过度,但在相当程度上反映了《华严经》以及华严宗思想的精致性。

虽然在《华严经》中文殊与普贤是双尊互补,但实际更以普贤为主。经中主尊佛毗卢遮那佛的境界是借助普贤菩萨的境界即普贤境界展现的,而毗卢遮那佛境界的实现即毗卢遮那佛果的成就也是修普贤行的结果。在此意义上,普贤境界与普贤愿行这两方面是《华严经》所重点强调之处。与此相应,普贤作为代表佛宣法之主尊菩萨以及作为菩萨行之榜样在经中也是毋庸置疑地得到了直接显示。因此,在文殊与普贤二者中,普贤的地位更得到凸显。诚如有学者所指出的那样:"普贤类经典着力塑造的修行达到最高阶段的菩萨——普贤,比有资格'宣如来旨'的文殊似乎地位更高。因为在整个华严类经典中,有资格宣讲佛法的菩萨很多,但被奉为菩萨修行样板的,唯有普贤。"② 阐说特殊意义的菩萨行、果的普贤成为《华严经》中最有代表性的菩萨,也使《华严经》被共许为大乘佛教经中系统阐释菩萨行、果的最重要之经典。

二 从文殊愿行到普贤愿行

大小乘经典皆为其各自的修行目标服务,小乘经典以成阿罗汉之解脱为设教所目,大乘经典以成佛之菩提为设教所目。《华严经》作为大乘经典,也是以导众生入于佛道为其根本宗旨。它对十方三世无量诸佛及其翼从的描述,对诸佛菩萨的不可思议神通以及依之所显现的诸佛刹土相互涉入的殊胜境界的描述,皆是为了赞叹诸佛的功德与智慧,激发修学者对成佛的向往与追求,或者说愿求,这在经中通过菩萨种种愿海的安立得到强调。但《华严经》并不止于此,

---

① 澄观:《大方广佛华严经疏》卷三,《大正藏》第三十五册,第526页。
② 魏道儒:《中国华严宗通史》,江苏古籍出版社1998年版,第13页。

进一步对菩萨修学成佛的道次第予以系统说明，并揭示了种种菩萨行及其殊胜功德。这在大乘经典中是首次系统安立。前此之般若系经主要围绕般若思想展开，没有大乘自己之道次第及菩萨行的系统阐示。华严经在这方面显出其重要性，成为大乘对诸佛境界以及成佛道次第、普遍菩萨愿行予以系统建立的根本经典。特别值得注意的是，华严经的重心落在菩萨愿行方面。即由普遍之一切菩萨愿行，到文殊愿行方面，最后落实到普贤愿行方面。换言之，由以文殊愿行摄一切菩萨愿行，最后归入普贤愿行。以文殊表征菩萨之般若摄菩萨万行，本是大乘经典的特质。因为菩萨行虽无量种种，但皆以般若为先导，以般若为核心，即以般若为本，方有菩萨行之施设。但华严经强调菩萨道之艰难性与长时性，即成佛没有捷径一蹴而就，需要福德与智慧资粮的旷劫积集，因此，以般若的内在体悟为根本并非要废弃普遍之菩萨愿行。相反，二者相资相成，般若的内在悟入要外在的菩萨愿行资助方能成就并圆满。可以说，《华严经》从强调般若的文殊精神转移到强调践行之普贤精神，代表了以偏重广泛践行补救偏重内在体悟这种修行路线易于落空之弊端的意趣。所以，《华严经》极力强调普贤愿行所摄之菩萨万行与愿海就可以理解了。

　　文殊既表般若，因此文殊愿行代表的菩萨愿行当然应该是直接体现般若精神的，换言之，应该以般若的内在体悟为主。通过西晋竺法护所译的文殊类经典《文殊师利佛土严净经》就可清楚看出此意趣，而在此经的异译本《大圣文殊师利菩萨佛刹功德庄严经》中更有明确显示，如云：

　　　　尔时师子勇猛雷音菩萨白文殊师利言："汝久已得甚深忍，而不起心作如是解我证菩提，今文殊师利岂不欲觉悟有情而劝发耶？"答言："善男子！我不曾觉悟有情及以劝发。何以故？有情无所有故，有情远离故，有情无所得故。若菩提可得，是则觉悟有情而有劝发。善男子！我及菩提、有情俱不可得，是故我、觉悟、有情、劝发平等，不令求于无上菩提，亦不退转。何以故？无所分别，性平等故……"师子勇猛言："汝岂不乐菩提耶？"文殊师利言："不也。善男子！若有乐求，则有厌离；若有厌离，则有贪爱；若有贪爱，则无出离。善男子！我为是故，而不忻乐，亦无厌离。"①

---

① 《大圣文殊师利菩萨佛刹功德庄严经》卷下，《大正藏》第十一册，第914页。

从此引文可看出文殊所阐符合般若经的意趣。般若经以无相、无所得为旨趣，如代表般若经心要的《般若波罗蜜多心经》云：

> 以无所得故，菩提萨埵，依般若波罗蜜多故，心无挂碍；无挂碍故，无有恐怖，远离颠倒梦想，究竟涅槃。三世诸佛，依般若波罗蜜多故，得阿耨多罗三藐三菩提。①

即般若经意趣是无所得，由圆满无所得之般若即到彼岸，而成无上正等正觉。由此，文殊方言我、有情、菩提、发心等不可得，而且以愿行追求菩提并非有相之执求，而是不断领悟与实践般若之无所得意趣。

但在文殊类经典中体现的以般若意趣为核心的菩萨愿行，在华严系经中逐渐归摄为重行持之普贤愿行。东晋三藏佛陀跋陀罗所译的《文殊师利发愿经》说明了文殊愿行与普贤愿行之关系，称文殊菩萨所发愿实即为普贤行愿，愿求众生行普贤行。该经在后世被认为是《普贤菩萨行愿赞》以及四十华严的第四十卷的偈颂的异译。此文殊愿行与普贤愿行相交涉的经典之译名，由最初的《文殊师利发愿经》改变为后来的《普贤菩萨行愿赞》，恰表明了这样一个事实，即在华严系经的展现过程中，初重文殊愿行，后重普贤愿行，而以后者为《华严经》中菩萨愿行的归摄者。联系到《华严经》，该经在描述善财童子的参学顺序时是含有深意的。善财在参见文殊菩萨后，得文殊之介绍，而参见最后一位善知识普贤菩萨。在代表智慧之文殊的加持下，善财一心求见普贤菩萨，"愿尽未来常得随逐普贤菩萨，念念随顺，修普贤行，成就智慧，入如来境，住普贤地。时善财童子，即见普贤菩萨"。② 即善财童子围绕菩萨行、菩萨道之参学，最终落实到普贤行上。在唐译《华严经》中有一段话，是文殊愿行归属为普贤愿行之见证，云：

> 善男子，文殊师利童子其行广大，其愿无边，出生一切菩萨功德，无有休息。善男子，文殊师利常为无量百千亿那由他诸佛母，常为无量百千

---

① 《般若波罗蜜多心经》，《大正藏》第八册，第848页。
② 唐译《大方广佛华严经》卷八十入法界品第三十九之二十一，《大正藏》第十册，第440页。

亿那由他菩萨师，教化成熟一切众生，名称普闻十方世界，常于一切诸佛众中为说法师，一切如来之所赞叹，住甚深智，能如实见一切诸法，通达一切解脱境界，究竟普贤所行诸行。①

此中之语是弥勒菩萨为善财童子推介普贤菩萨时所说，明确表明文殊以甚深智为根本的境界，实即是普贤愿行之所成就，从而将文殊愿行最终归为普贤愿行，使后者在华严系经中成为一切菩萨愿行的代名词。

第二节 普贤愿行

一 愿行

愿行（praṇidhāna-caryā）实际包括行愿（caryā-praṇidhāna）与行（caryā）二分。在大乘中，菩萨行是以六度（波罗蜜多，或扩为十度）为核心的种种进修菩提道之方法，其中除布施、持戒、忍辱、精进、禅定、般若六度（或加般若度所开出的善巧、愿、力、智四度为十度）以外，还有四摄事、四无量、三十六道品等助道法。这些都是大乘之行。而行愿，亦即行之愿，简称愿，作为内心对一物之志求，在佛教修行中必不可少。有愿求，才可能发起猛利之行，才可能最终得果。如《大智度论》云：

问曰：诸菩萨行业清净自得净报，何以要须立愿然后得之？譬如田家得谷岂复待愿？答曰：作福无愿无所摽，立愿为导御能有所成。譬如销金，随师所作金无定也。②

又云：

庄严佛世界事大，独行功德不能成故，要须愿力。譬如牛力虽能挽车，

---

① 唐译《大方广佛华严经》卷七十九入法界品第三十九之二十，《大正藏》第十册，第439页。
② 《大智度论》卷七大智度初品中佛土愿释论第十三，《大正藏》第二十五册，第108页。

要须御者，能有所至。净世界愿，亦复如是，福德如牛，愿如御者。①

即认为仅有菩萨行还不足达大果，还需愿力为导，如同牛车驶向目的地，若无御者为导，则难免懈惰不前或者迷失于歧路。愿在佛教中有种种区分。《成唯识论》将大乘愿分为两类：一者求菩提愿，二者利乐他愿。② 此是以上求菩提与下化众生两方面摄众愿，是从愿的内容角度所分的大乘愿中最为基本的分类。在佛教经典中还从愿的形式角度对大乘愿作种种区分，如《瑜伽师地论》分大乘愿为五种，云：

> 云何菩萨所修正愿？当知此愿略有五种：一者发心愿，二者受生愿，三者所行愿，四者正愿，五者大愿。③

依据愿与行二分，普贤愿行（samanta-bhadra-praṇidhāna-caryā）可分为普贤行与普贤行之愿，下面予以略述。

二 普贤行

普贤行（samanta-bhadra-caryā）在华严系经中有种种不同表述，但主要可从两方面去把握：一者指宽泛意义上的一切菩萨行，一者指特殊意义上的菩萨行。

就宽泛意义而言，普贤行可括摄从初发心一直到十地种种菩萨行。《佛说观普贤菩萨行法经》云：

> 普贤行者，我今当说其忆念法。……若比丘、比丘尼、优婆塞、优婆夷、天龙八部一切众生，诵大乘经者，修大乘者，发大乘意者，乐见普贤菩萨色身者，乐见多宝佛塔者，乐见释迦牟尼佛及分身诸佛者，乐得六根清净者，当学是观。此观功德除诸障碍，见上妙色，不入三昧，但诵持故，

---

① 《大智度论》卷七大智度初品中佛土愿释论第十三，《大正藏》第二十五册，第108页。
② 《成唯识论》卷九，《大正藏》第三十一册，第51页。
③ 在此五愿中，正愿又分总、别二种；而大愿又分供养诸佛愿、受持正法愿、再来度生愿、行菩萨行愿、成熟有情愿、示现诸刹愿、严净佛土愿、同心加行愿、三业不尽愿、速证菩提愿十种。见《瑜伽师地论》卷四十五本地分中菩萨地第十五初持瑜伽处菩提分品第十七之二，《大正藏》第三十册，第543页。

专心修习，心心相次，不离大乘，一日至三七日，得见普贤。①

此中由见普贤菩萨等之修法可知，诵持大乘经典以及修习大乘观想法，乃至修一切大乘，应属普贤行。《法华经》云：

> 若法华经行阎浮提有受持者，应作此念，皆是普贤威神之力。若有受持、读诵、正忆念、解其义趣、如说修行，当知是人行普贤行，于无量无边诸佛所深种善根，为诸如来手摩其头；若但书写，是人命终当生忉利天上，……何况受持、读诵、正忆念、解其义趣、如说修行。②

此中以于《法华经》受持、读诵、正忆念、解其义趣、如说修行为行普贤行。《法华经》作为一乘佛教之代表实际摄一切佛教经典，从而摄三乘之一切行，因此，围绕一切经的受持、读诵、正忆念、解其义趣、如说修行，皆属普贤行。简言之，围绕大小乘经典的闻思修，皆属普贤行。在此意义上，普贤行总摄一切菩萨行。四十华严主要是六十华严、八十华严的入法界品的内容，但冠名为《大方广佛华严经·入不思议解脱境界普贤行愿品》，表明了其中所示菩萨行与普贤行的关系。在该经中，善财童子参访五十余位菩萨行者，"欲亲近诸善知识行菩萨行，问诸菩萨所行之道"。③ 善财童子作为普贤之化身，所行当属普贤行，将其与所参访对象所述种种菩萨行相联系，表明普贤行即是一切菩萨行。

《华严经》中安立有十住、十行、十向、十地等菩萨行，这些亦是归摄于普贤行的。但高崎直道认为经中没有明言普贤行与十住等的对应，由此不认为十住等应解为普贤行，但也承认从内容上看，十住等应是摄入在普贤行中的。④

---

① 《佛说观普贤菩萨行法经》，《大正藏》第九册，第389页。
② 《妙法莲华经》卷七普贤菩萨劝发品第二十八，《大正藏》第九册，第61页。
③ 《大方广佛华严经·入不思议解脱境界普贤行愿品》（四十华严）卷四，《大正藏》第十册，第679页。
④ 高崎直道云："普贤行与到《十地品》之前的菩萨行，具有什么样的关系呢？华严教学从《离世间品》及《入法界品》中的善知识们，顺次地发现信、住、行、向、地的德目，但在《入法界品》中除了看得到相当于十住的菩萨阶位，和略次十波罗蜜外，就再也无法找到逐句的对应。在内容上即使有对应，也只是表示普贤行中摄入了《净行品》诸誓愿，乃至十住、十地之行，因此十住等没有被解作'普贤行'的形迹。"参见高崎直道《华严思想的展开》，载《世界佛学名著译丛》第六十一集，第259页。

《度世品经》言行十事菩萨行法谓行普贤法,① 与之相当的晋译六十华严之《离世间品》则云菩萨有十种发普贤心,其中说"乐求一切佛法","学一切菩萨诸行",又云菩萨有十种普贤愿行法,"所谓尽未来劫行菩萨行普贤愿行法,恭敬供养未来一切佛普贤愿行法,立一切众生于普贤菩萨愿行普贤愿行法,积集一切善根普贤愿行法,入一切波罗蜜普贤愿行法,满足一切菩萨愿行普贤愿行法,庄严一切世界普贤愿行法,往生一切佛所普贤愿行法,善巧方便求一切法普贤愿行法,于一切十方佛刹成无上菩提普贤愿行法。佛子,是为菩萨摩诃萨十种普贤愿行法,若菩萨摩诃萨修此愿行,疾得具足普贤愿行"。② 其中"行菩萨行"也是普贤愿行法。而在晋译《华严经》的普贤菩萨行品中,云菩萨要信乐、践行菩萨种种愿行,以此才能"修习普贤业,具足智慧轮"、"究竟普贤道",而且云"如是妙方便,深入菩萨行,皆与普贤等"。③ 唐译《华严经》云普贤菩萨"从于无量菩萨行生"。④ 总之,普贤行含摄了一切菩萨行。

从狭义看华严系经多从三昧与神通示现显示普贤行。比如,常说普贤菩萨借助甚深禅定显现无量诸佛的重重无尽的刹土境界,如普贤三昧品云:

> 尔时普贤菩萨摩诃萨于如来前坐莲华藏师子之座,承佛神力入于三昧。此三昧名一切诸佛毗卢遮那如来藏身,普入一切佛平等性,能于法界示众影像,广大无碍,同于虚空,法界海漩靡不随入,出生一切诸三昧法,普能包纳十方法界,三世诸佛智光明海皆从此生,十方所有诸安立海悉能示现,含藏一切佛力解脱诸菩萨智,能令一切国土微尘普能容受无边法界,成就一切佛功德海,显示如来诸大愿海,一切诸佛所有法轮流通护持,使无断绝。⑤

这说明普贤行特重禅定。而且由于这些禅定所显种种不可思议境界,还可看出普贤行很重禅定所摄种种自在神通示现。普贤三昧品云:

---

① 参见《度世品经》卷一,《大正藏》第十册。
② 晋译《大方广佛华严经》卷三十七离世间品第三十三之二,《大正藏》第九册,第 635 页。
③ 晋译《大方广佛华严经》卷三十三普贤菩萨行品第三十一,《大正藏》第九册。
④ 唐译《大方广佛华严经》卷四十十定品第二十七之一,《大正藏》第十册,第 211 页。
⑤ 唐译《大方广佛华严经》卷七普贤三昧品第三,《大正藏》第十册,第 32—33 页。

普贤菩萨于世尊前入此三昧，如是尽法界虚空界十方三世微细无碍、广大光明、佛眼所见、佛力能到、佛身所现一切国土，及此国土所有微尘，一一尘中有世界海微尘数佛刹，一一刹中有世界海微尘数诸佛，一一佛前有世界海微尘数普贤菩萨，皆亦入此一切诸佛毗卢遮那如来藏身三昧。尔时，一一普贤菩萨皆有十方一切诸佛而现其前，彼诸如来同声赞言：善哉！善哉！善男子！汝能入此一切诸佛毗卢遮那如来藏身菩萨三昧。佛子！此是十方一切诸佛共加于汝，以毗卢遮那如来本愿力故，亦以汝修一切诸佛行愿力故。①

此中一普贤入于三昧，则现无量刹土亦有普贤入于三昧，而此无量刹土中一一尘又现无量刹土，其中亦皆有普贤入于此三昧。这种相入互摄之重重无尽的境界，一方面表明了普贤三昧的殊胜之处，另一方面显示出普贤的不可思议之神通示现。这些从一个角度反映了普贤行之特点。

在八十华严中将十种三昧与普贤行愿结合起来。此十种三昧为：一者普光大三昧，二者妙光大三昧，三者次第遍往诸佛国土大三昧，四者清净深心行大三昧，五者知过去庄严藏大三昧，六者智光明藏大三昧，七者了知一切世界佛庄严大三昧，八者众生差别身大三昧，九者法界自在大三昧，十者无碍轮大三昧。该经言成满此十种三昧，即可成满普贤所有行愿，成就一切菩萨清净道，安住一切菩萨差别行，即可成佛，因此此十种三昧是"普贤菩萨诸行愿门"。②而在六十华严中表明"普门光明观察正念诸佛三昧"即可摄一切菩萨行，具足普贤行。③

从华严系经的意趣看，由于普贤根本是以悟入、实现相即相入、重重无尽之普贤境界并最终成佛为目的，与此相应之行，才是真正意义上的普贤行。在华严系经中可以看到，一切行只要配合有一切诸佛之观想忆念法乃至于中能现见一切诸佛之三昧，而能最终与普贤境界相应，即为普贤行。

在四十华严最后一卷中将普贤行归为十愿所摄之行，所谓"一者礼敬诸佛，二者称赞如来，三者广修供养，四者忏悔业障，五者随喜功德，六者请转法轮，

---

① 唐译《大方广佛华严经》卷七普贤三昧品第三，《大正藏》第十册，第33页。
② 唐译《大方广佛华严经》卷四十十定品第二十七之一，《大正藏》第十册，第212页。
③ 晋译《大方广佛华严经》卷四十六入法界品第三十四之三，《大正藏》第九册，第689—690页。

七者请佛住世，八者常随佛学，九者恒顺众生，十者普皆回向"。① 此十愿行，本为祈请忏悔之积福行，但由于是以十方三世一切诸佛为皈依境，与一切诸佛现在眼前之观想忆念相配合，即成初发心者易于入手之普贤愿行了。

三 普贤行愿

普贤行愿梵文 samanta-bhadra-caryā-praṇidhāna 指普贤行之愿，藏译译为普贤行之愿，即 bzang-po spyod-pa'i smon-lam。在华严类经中对普贤行之愿从不同角度有不同的说明。唐译《华严经》离世间品云：

> 佛子，菩萨摩诃萨发十种普贤心。何等为十？所谓发大慈心，救护一切众生故；发大悲心，代一切众生受苦故；发一切施心，悉舍所有故；发念一切智为首心，乐求一切佛法故；发功德庄严心，学一切菩萨行故；发如金刚心，一切处受生不忘失故；发如海心，一切白净法悉流入故；发如大山王心，一切恶言皆忍受故；发安隐心，施一切众生无怖畏故；发般若波罗蜜究竟心，巧观一切法无所有故；是为十。若诸菩萨安住此心，疾得成就普贤善巧智。②

此愿心突出以般若为中心之特点。与此相对的另一方面是以功德为中心，如该经云：

> 佛子，菩萨摩诃萨有十种普贤行法。何等为十？所谓愿住未来一切劫普贤行法，愿供养恭敬本来一切佛普贤行法，愿安置一切众生于普贤菩萨行普贤行法，愿积集一切善根普贤行法，愿入一切波罗蜜普贤行法，愿满足一切菩萨行普贤行法，愿庄严一切世界普贤行法，愿生一切佛刹普贤行法，愿善观察一切法普贤行法，愿于一切佛国土成无上菩提普贤行法，是为十。若诸菩萨勤修此法，疾得满足普贤行愿。③

---

① 《大方广佛华严经·入不思议解脱境界普贤行愿品》卷四十，《大正藏》第十册，第 844 页。
② 唐译《大方广佛华严经》卷五十三离世间品第三十八之一，《大正藏》第十册，第 282 页。
③ 同上。

前者普贤愿心偏重内心，强调智慧，而后者则偏重践行，强调功德。与后者意趣相近，而更具修积福德色彩的是前文所引四十华严所说的十大普贤行愿，即一者礼敬诸佛，二者称赞如来，三者广修供养，四者忏悔业障，五者随喜功德，六者请转法轮，七者请佛住世，八者常随佛学，九者恒顺众生，十者普皆回向。按照该卷的诠释意趣，此十大愿作为发动与引导普贤行的正愿力，它们以无量佛刹之重重无尽的境界为意境展开，以趣向重重无尽、相即相入的普贤境界而成佛为目的。换言之，由此十愿最终可成就普贤菩萨之殊胜智慧与功德，进而圆满证入毗卢遮那佛的果位。正是在此意义上，此十大愿被称为十大愿王。直接从字面看，此十大愿是修积福德性质，与常用的礼佛行忏法相近。在《离垢慧菩萨所问礼佛法经》中列有礼忏之法，《贞元新译华严经疏》（《华严经行愿品疏》）将其总结为供养、赞德、礼佛、忏悔、劝请、随喜、回向、发愿八种，该疏还指出《十住毗婆沙论》、《大智度论》等亦有开合不同但相似之安立。[①]这与普贤十大行愿形式上相当，但普贤行愿与普贤境界相应，因此，并非简单的基于修积福德的发愿，而是倡导基于最平凡菩萨行入于甚深广大境界与佛果之大愿。

简而言之，普贤行实含摄一切菩萨行，而普贤行愿实即指诸佛愿海，发修普贤愿行者依此愿海而发愿，即摄一切菩萨愿，即为普贤行愿。这样的愿，当然也是愿海，所谓普贤愿海。在《华严经》中，将普贤愿海摄为前述十大愿王。换言之，此十大愿王因与普贤境界之内在追求相应，可摄"普贤菩萨诸行愿海"。这是为便利初发心者易于上手而安立的。以此十大愿为基本原则，即有相应之普贤行，而摄一切菩萨行。

第三节 普贤境界

在华严系经中，普贤菩萨以普贤愿行而摄一切菩萨愿行，以观想忆念、殊胜三昧、不可思议神通，显现甚深广大境界。在其所显现的境界中，无量诸佛刹土与一一微尘相互显现、含摄，展现重重无尽、相即相入的不可思议、不可言说的普贤境界。普贤境界的殊胜性略表现为甚深、微妙与广大三方面。

[①] 澄观：《贞元新译华严经疏》卷十，《续藏经》第五册，第193页。

普贤境界的甚深性在唐译《华严经》中是这样描述的：在普光明会中，普眼菩萨虽为大菩萨，得十千阿僧祇三昧，以三昧力周遍观察不能睹见与会的普贤菩萨，其余一切诸菩萨众皆亦不见普贤菩萨。为此佛陀告知普眼菩萨云：

> 普贤菩萨境界甚深，不可思议，无有量，已过量。举要言之，普贤菩萨以金刚慧，普入法界，于一切世界无所行，无所住，知一切众生身皆即非身，无去无来，得无断尽、无差别、自在神通，无依无作，无有动转，至于法界究竟边际。①

意为，普贤菩萨的境界甚深、不可思议，无形无相、不可得，因此唯有以普贤智、如来智方可悟入。

普贤境界的微妙性与广大性在华严系经中有各种角度的展现，主要以互相摄入的方式显现。首先归为智慧所显现之境界，如晋译《华严经》以十智所显现的境界：

> 所谓一切世界入一毛道，一毛道出不可思议刹；一切众生身悉入一身，于一身出无量诸身；不可说劫悉入一念，令一念入不可说劫；一切佛法悉入一法，令一法入一切佛法；一切诸入于一入，令一入入一切诸入；一切诸根入于一根，令一根入一切诸根；一切诸根入非根法，非根法入一切诸根；一切诸相悉入一相，一相入于一切诸相；一切语音入一语音，一语音入一切语音；一切三世悉入一世，令一世入一切三世。②

此中的相即相入，在物事方面有时间相入、空间相入、物相入等；在量方面有大小相入、长短相入等；在性质方面有整体部分相入等。此等境界，由于是从智慧角度而言的，属于内在的妙悟，并非直接从外相方面显现出来。

其次是普贤所入的殊胜三昧所显现境界。这也是华严系经极力所要阐现之内容。这种显现有直接描述与间接描述两类。唐译《华严经》云：

---

① 唐译《华严经》卷四十十定品第二十七之一，《大正藏》第十册，第212页。
② 晋译《华严经》卷三十三普贤菩萨行品第三十一，《大正藏》第九册，第607页。

尔时普贤菩萨摩诃萨于如来前坐莲华藏师子之座，承佛神力入于三昧，此三昧名一切诸佛毗卢遮那如来藏身。普入一切佛平等性，能于法界示众影像，广大无碍，同于虚空，法界海漩靡不随入。……能令一切国土微尘，普能容受无边法界，成就一切佛功德海，显示如来诸大愿海。……如此世界中，普贤菩萨于世尊前入此三昧。如是尽法界虚空界十方三世微细无碍、广大光明、佛眼所见、佛力能到、佛身所现一切国土，及此国土所有微尘，一一尘中有世界海微尘数佛刹，一一刹中有世界海微尘数诸佛，一一佛前有世界海微尘数普贤菩萨，皆亦入此一切诸佛毗卢遮那如来藏身三昧。①

此中说明普贤菩萨以三昧力、神通力，显现自身于一切佛刹土示现，并且显现佛刹与微尘相互摄入的微妙与广大境界。在唐译《华严经》卷八十中，也通过善财童子显现此普贤境界，如云：

尔时善财童子观普贤菩萨身相好肢节一一毛孔中，皆有不可说不可说佛刹海，一一刹海皆有诸佛出兴于世，大菩萨众所共围绕。……又见普贤于一一世界海中出一切佛刹微尘数佛化身云，周遍十方一切世界教化众生，令向阿耨多罗三藐三菩提。时善财童子又见自身在普贤身内十方一切诸世界中教化众生。……善财童子于普贤菩萨毛孔刹中行一步，过不可说不可说佛刹微尘数世界。②

此中借善财童子显现普贤境界之相即相入的微妙性与广大性。总之，不论是微尘与无数世界的相即相入，还是毛孔与无数世界的相即相入，皆揭示了普贤境界的微妙性与广大性。

普贤境界，实际显示的是毗卢遮那佛的境界。八十华严云：

佛身充满于法界，普现一切众生前，随缘赴感靡不周，而恒处此菩提座。如来一一毛孔中，一切刹尘诸佛坐，菩萨众会共围绕，演说普贤之胜行。如来安处菩提座，一毛示现多刹海，一一毛现悉亦然，如是普周于法

---

① 唐译《华严经》卷七普贤三昧品第三，《大正藏》第十册，第32—33页。
② 唐译《华严经》卷八十入法界品第三十九之二十一，《大正藏》第十册，第442页。

界，一一刹中悉安立，一切刹土皆周遍，十方菩萨如云集，莫不咸来诣道场。一切刹土微尘数，功德光明菩萨海，普在如来众会中，乃至法界咸充遍，法界微尘诸刹土，一切众中皆出现，如是分身智境界，普贤行中能建立。①

此与普贤境界表现一致。这种一致性是因为毗卢遮那佛境界亦是普贤行所建立的。

对普贤境界，在中国的华严宗学中，有种种概念描述。如澄观的四法界说中的事事无碍法界，即是对此境界的说明。所谓事虽有分齐，其相不坏，但称性融通，一多相即，大小互容，重重无尽，互涉无碍。即事相上各在本位的不同，不妨碍其以法性为其性之同一，而作为如来藏心之即体显现，互缘而相互资持摄入，即成无碍境界。事事无碍观相当于杜顺的三法界观中的周遍含容观。于此，在《华严一乘十玄门》中又别开为十门，即：一者同时具足相应门，二者因陀罗网境界门，三者秘密隐显俱成门，四者微细相容安立门，五者十世隔法异成门，六者诸藏纯杂具德门，七者一多相容不同门，八者诸法相即自在门，九者唯心回转善成门，十者托事显法生解门。② 此中分别约相应、约譬、约缘、约相、约世、约行、约理、约用、约心、约智解说事事无碍之周遍含容境界。此为所谓之"古十玄"。法藏还依此立"新十玄"，名目稍异。

第四节　普贤愿行与普贤清净刹土

由普贤愿行所显现之普贤境界展现重重无尽、相即相入的意趣，反映到普贤愿行方面，即是以显现、趋往种种佛刹土为内在趣向，此是实现、成就毗卢遮那佛境界、果位的必由之路。因此，在殊胜的普贤妙定中显现的重重无尽之佛刹土，亦是发修普贤愿行者所将趋向的修行之所，即所愿往之种种净土。

在四十华严对普贤行愿的解说中，普贤愿行者皆以"所有尽法界、虚空界十方三世一切佛刹极微尘数诸佛世尊"为皈依境，依于普贤行愿力，对此无量

---

① 唐译《华严经》卷六如来现相品第二，《大正藏》第十册，第30页。
② 智俨：《华严一乘十玄门》，《大正藏》第四十五册，第515页。

诸佛礼敬、称赞、忏悔、供养，等等，所有菩萨行皆在尽法界、虚空界十方三世一切佛刹极微尘数世界展开。这样的愿行的展开，不仅要在无数佛刹的空间进行，而且要在无量大劫的时间中进行，所以该经说普贤愿行者需"经于无数百千万亿那由他劫，普于十方不可说不可说世界，以智慧力，随众生心而为利益，不久当坐菩提道场，降伏魔军，成等正觉，转妙法轮，能令佛刹极微尘数世界众生发菩提心，随其根性教化成熟，乃至尽于未来劫海广能利益一切众生"。① 此中说明普贤愿行者趋向菩提而广修菩萨行需在无量刹、无量劫展开，进一步又说成佛后之度生亦是如此。

在《华严经》中容易看出，善财童子作为普贤愿行者的代表，发普贤愿、修普贤行，不仅在娑婆世界中遍访善知识、行菩萨行、度化众生，而且也需在无量佛刹土中如此而行。如四十华严云：

> 时善财童子随顺普贤善诱诲故，入普贤身及毛孔内十方一切诸世界中教化众生。……善财童子从初发心乃至得见普贤菩萨，于其中间所入刹海相续不断。今于普贤菩萨一毛孔中一念所入诸佛刹海相续不断，过前不可说不可说倍，如一毛孔，一切毛孔悉亦如是。……善财童子于普贤毛孔刹中，或有刹中一日而行，或有刹中一年而行，乃至不可说不可说佛刹极微尘数劫，如是而行，不动不出，念念周遍无边刹海，教化调伏一切众生，令向阿耨多罗三藐三菩提。当是之时，善财童子则次第得普贤菩萨诸行愿海，皆悉平等，与普贤等，与诸佛等，一身充满一切世界等，……如是乃至不可思议解脱自在悉皆同等。②

此中将善财童子修菩萨行所历佛刹予以说明：从发普贤愿、行普贤行始，经诸佛刹海，亲近刹海诸佛，而修行，方得见普贤菩萨；见普贤菩萨已，还需历经普贤三昧中所显现之"毛孔刹海"，亲近刹尘数诸佛，才能圆满普贤愿行，而与普贤等，与诸佛等，这在时间上需经不可说不可说佛刹极微尘数劫；按照前文之分析，在成佛后，还需在如是多的刹海中度化众生，永不休息。

当然，普贤愿行者需历经"毛孔刹海"以及不可说不可说佛刹极微尘数劫

---

① 《大方广佛华严经·入不思议解脱境界普贤行愿品》卷四十，《大正藏》第十册，第846页。
② 《大方广佛华严经·入不思议解脱境界普贤行愿品》卷三十九，《大正藏》第十册，第841—842页。

修菩萨行，完全是因为普贤菩萨依其本愿而行亦是如此。四十华严云：

> 普贤菩萨告善财言：善男子，我于不可说不可说劫行菩萨行，求一切智。……于不可说不可说佛刹极微尘数诸如来所恭敬尊重，承事供养，上妙衣服卧具医药一切所须悉皆奉施。于其法中出家学道，受持法教，随顺修行。……善男子，我普严净一切佛土，我以大悲救护众生，教化成熟，令其清净。我供养承事一切诸佛诸善知识，于彼诸佛善知识所为求正法，弘宣护持，一切内外悉皆能舍，乃至身命亦无所吝。如是无量相应圆满所行之行，一切劫海说其因缘，劫海可尽，此不可尽。①

又如八十华严云：

> 诸业境界不思议，佛力显示皆令见，一一国土微尘内，念念示现诸佛刹，数皆无量等众生，普贤所作恒如是，为欲成熟众生故，是中修行经劫海，广大神变靡不兴，法界之中悉周遍。②

前述引文意为，普贤菩萨从发修普贤愿行始，供养承事不可说不可说佛刹极微尘数诸如来，历经不可说不可说劫，方得圆满普贤愿行。

普贤菩萨在此修行过程中所历经之"不可说不可说诸佛刹海"，皆为其所"严净"，称为"普贤清净刹"。而"普贤清净刹"所摄不可说不可说诸佛刹海，皆摄于"普贤清净身"中。并且经中普贤言见闻此清净刹、清净身者，必将生于其中。如四十华严云：

> 善男子，若有众生见闻于我清净刹者，必得生我清净刹中。若有众生见闻于我清净身者，必得生我清净身中。善男子，汝应观我此大威德清净之身。尔时，善财童子微细观察普贤之身，见一一毛孔中有不可说不可说诸佛刹海。一一刹海皆有诸佛出兴于世，遍满其中，大菩萨众海会围绕。③

---

① 《大方广佛华严经·入不思议解脱境界普贤行愿品》卷三十九，《大正藏》第十册，第841—842页。
② 唐译《大方广佛华严经》卷七普贤三昧品第三，《大正藏》第十册，第36页。
③ 《大方广佛华严经·入不思议解脱境界普贤行愿品》卷三十九，《大正藏》第十册，第841页。

能见闻普贤清净身、清净刹土者，如善财童子，必是发修普贤愿行之有缘者。见闻此等清净刹土，并生于此中，意味普贤愿行者必将历经此等刹土而修菩萨行。

总之，发修普贤愿行者，必经不可说不可说诸佛刹、历不可说不可说刹尘劫修菩萨行。而所历佛刹必是普贤菩萨微妙定中所显现、已经普贤菩萨在圆满普贤愿行过程中所严净者，即所谓"普贤清净刹"。普贤清净刹所摄不可说不可说诸佛刹，是在普贤行愿中已经发愿往生的刹土。因此，普贤愿行者在发修普贤愿行的过程中，必然会一一生入或往入其中。

在华严系经中对此普贤清净刹有具体说明。此普贤清净刹所摄诸佛刹海可在普贤所入的微妙三昧中以相即相入、重重无尽的方式显现出来，如前引唐译《华严经》所说，普贤菩萨在如来前坐莲华藏师子之座，受佛加持，而入一切诸佛毗卢遮那如来藏身三昧，在此三昧中，能入法界全体，"能令一切国土微尘，普能容受无边法界，成就一切佛功德海，显示如来诸大愿海"，而且能显现"尽法界虚空界十方三世微细无碍、广大光明、佛眼所见、佛力能到、佛身所现一切国土，及此国土所有微尘，一一尘中有世界海微尘数佛刹，一一刹中有世界海微尘数诸佛，一一佛前有世界海微尘数普贤菩萨"。① 在此诸佛刹海皆有示现普贤菩萨入一切诸佛毗卢遮那如来藏身三昧，即说明此诸佛刹皆是普贤在圆满普贤愿行的过程中所行、所严净者。而且此三昧之名称亦暗示此诸佛刹皆收摄于普贤清净身中，因为普贤境界即相当于毗卢遮那佛境界。

普贤清净刹的众刹在相当于唐译八十华严之寿量品第三十一的《显无边佛土功德经》中按福德大小有所排位。自索诃世界（娑婆世界）始，福德依次增高，顺序为索诃世界，极乐世界，袈裟幢世界，不退轮音世界，绝尘世界，明灯世界，妙光世界，庄严世界，镜轮世界，……莲华德世界（寿量品为胜莲华世界）。该经云：

> 佛言：善男子，我此索诃世界释迦牟尼佛土一劫，于极乐世界无量光佛土为一昼夜；极乐世界一劫，于袈裟幢世界金刚坚固欢喜佛土为一昼夜；……如是世界展转渐增，满十不可说俱胝那庾多百千佛土极微尘数世界佛土；最后世界佛土一劫，于莲华德世界贤德佛土为一昼夜。于彼世界，

---

① 唐译《大方广佛华严经》卷七普贤三昧品第三，《大正藏》第十册，第32—33页。

> 诸菩萨众修治殊胜普贤行地。善男子，如诸世界昼夜渐增，如是诸佛寿量身相、菩萨世界庄严亦尔，由彼有情福转增故。①

此中最后为莲华德世界（寿量品为胜莲华世界），经说其中充满菩萨众"修治殊胜普贤行地"，而在寿量品中则说"普贤菩萨及诸同行大菩萨等充满其中"。无论如何，二者皆说明从娑婆世界始到莲花德世界的"十不可说俱胝那庾多百千佛土极微尘数世界佛土"，皆是普贤愿行者发修普贤愿行所经历之刹土，因此，皆属普贤清净刹。

在《华严经》中不可思议的华藏世界海，是与普贤清净刹有关联之佛土。对此，《佛祖统纪》曾有一种描述，说华藏世界"上穷宝焰，下彻风轮，此华严所明一世界种，竖高则且约二十重，周围则略得十一数，复由此数随方各十，则总之为百十一，如天帝珠网分布而住。斯但举其一分云耳。若推而广之，则十不可说微尘世界递相连接，周遍建立，各各佛出现，各各满众生，是为华藏庄严世界海也"。② 华藏世界中心为毗卢舍那佛之所居，含摄有不可说佛刹微尘数世界，重重无尽，相即相入，如帝释珠网，交错反映，重重影现。《华严经》云：

> 此华藏庄严世界海是毗卢遮那如来往昔于世界海微尘数劫修菩萨行时，一一劫中亲近世界海微尘数佛，一一佛所净修世界海微尘数大愿之所严净。③

即华藏世界是依毗卢遮那佛作为菩萨行者时的本愿力，圆满菩萨行所感引之净土，换言之，华藏世界是毗卢遮那佛之净土。毗卢遮那佛作为普贤菩萨之主尊佛，其相应境界应该即是普贤菩萨所趣求之境界，因此，华藏世界应该即是普贤菩萨最终所趣往之净土。由此可知，前文所述之索诃世界到莲花德世界（胜莲华世界）序列应该与毗卢遮那佛所居净土华藏世界内在相关。可以看出，《显无边佛土功德经》所述净土是按福德的增减顺序排列，而《华严经》的华藏世

---

① 《显无边佛土功德经》，《大正藏》第十册，第 591—592 页；《寿量品》载唐译八十华严卷四十五，《大正藏》第十册。
② 《佛祖统纪》卷三十一世界名体志第十五之一，《大正藏》第四十九册，第 302—303 页。
③ 唐译《大方广佛华严经》卷八华藏世界品第五之一，《大正藏》第十册，第 39 页。

界含摄之世界则是空间之立体示现。应该说，普贤愿行者所亲历之刹土皆应摄于华藏世界。

必须注意，普贤清净刹所摄佛刹，是普贤以本愿力修菩萨行所入、所严净者，而普贤依本愿力修习所积之所有功德最终所感者是其成佛所居之净土，是以普贤的果位佛身为主尊之净土，为其成佛后度生所居。前文所述的从索诃世界到极乐净土一直到莲花德世界皆是普贤菩萨发修普贤愿行所历经与严净者，这些与毗卢遮那佛在因位以本愿力修菩萨行所严净之清净刹土以及最后所居之净土摄入华藏世界海，皆是普贤清净刹所摄。而普贤果位佛身净土，也就是普贤依本愿力修习菩萨行最终所感引之净土，当然为华藏世界海所摄，并且亦属于普贤清净刹。《悲华经》曾谈到普贤成佛所居净土，云：

> 世尊赞阿弥具言：善哉！善哉！善男子，汝今世界周匝四面一万佛土清净庄严，于未来世复当教化无量众生令心清净，复当供养无量无边诸佛世尊。善男子，以是缘故今改汝字名为普贤。于未来世过一恒河沙等阿僧祇劫入第二恒河沙等阿僧祇劫末后分中，于北方界去此世界过六十恒河沙等佛土，有世界名知水善净功德，汝当于中成阿耨多罗三藐三菩提，号智刚吼自在相王如来、应正遍知、明行足、善逝、世间解、无上士、调御丈夫、天人师、佛、世尊。①

此中言普贤佛位净土为知水善净功德世界。

第五节 普贤愿行与西方净土

一 往生入、神通别入与神通遍入

普贤愿行者，以普贤菩萨为榜样，经不可说不可说诸佛刹海，亲近不可说不可说佛刹极微尘数诸如来，于不可说不可说刹尘劫修菩萨行，待圆满普贤愿行，即与普贤等，与毗卢遮那佛等，而成佛。一切普贤愿行者所必需生入、往

---

① 《悲华经》卷四诸菩萨本授记品第四之二，《大正藏》第三册，第192页。

入而修行之无量普贤清净刹，按照《显无边佛土功德经》，在福德方面差异是明显的，这在前文已述。娑婆世界是此等普贤愿行者初发心修行之世界，而阿弥陀佛之极乐净土是所需福德最少就能往生之净土，而其后依次是袈裟幢世界，不退轮音世界，绝尘世界，明灯世界，妙光世界，庄严世界，镜轮世界，等等净土。普贤愿行者于所必须亲近之无量佛所，① 在不同修行阶段入修方式大异。在没有获得大神通时，只能靠修积善业福德往生净土；在获得大神通后，即可不需往生一念而入，而且可一念入众多佛土；而与普贤福德智慧等时，即可由神通自在力而一念遍入一切清净佛刹，如同普贤菩萨在一切诸佛毗卢遮那如来藏身三昧中所显现的那样。这样，可将普贤愿行者入诸佛刹的方式大致分为三种：往生入、神通别入、神通遍入。在神通遍入前即未能一念俱时性遍入一切佛刹前，皆可看做历经佛刹阶段，换言之，往生入、神通别入皆属历经佛刹阶段。其中，往生入者是发菩提心修习普贤愿行未久而福德智慧较劣者，神通别入者一般要是登地菩萨或者说初地菩萨，而神通遍入者指获证普贤境界者。

二　往生入与西方净土

就娑婆世界之一般修行者而言，皆是初发心者，或者是修行福德智慧尚小者，因此，要亲近诸佛，入他方净土修行，往入最为方便之净土即是阿弥陀佛西方净土。因为西方净土在诸佛清净刹中，是所需福德最少即可往生者。在佛典中，西方净土经典不少，而且西方净土法门能在汉地盛行，说明其与娑婆世界因缘之深。正因为西方极乐净土是最易往生之佛所，《华严经》即在普贤行愿品中以普贤行愿力回向诸佛净土时，首先即是回向往生西方极乐净土。四十华严谈到以普贤行愿力回向而往生西方净土时云：

> 临命终时，最后刹那一切诸根悉皆散坏，一切亲属悉皆舍离，一切威势悉皆退失，辅相大臣、宫城内外象马车乘、珍宝伏藏，如是一切无复相随，唯此愿王不相舍离。于一切时引导其前，一刹那中即得往生极乐世界，到已即见阿弥陀佛，文殊师利菩萨、普贤菩萨、观自在菩萨、弥勒菩萨等，

---

① 在《华严经》中，无量、无数、不可说、不可量等皆是数量词，因此这给泛泛描述佛刹等带来困难。本书中，无量、无数只用来泛指佛刹等数目的数不胜数。

>此诸菩萨色相端严功德具足所共围绕,其人自见生莲华中,蒙佛授记。①

意为,在身坏命终之时,一切皆不可能带走,只有十大愿力以及回向力仍在,由此,刹那即得往生西方极乐净土。这是对福德智慧不足之初发心修行者而言的,并不需要修行者自身的神通力,而不同于神通别入与神通遍入的情况。

总体来看,《华严经》中往生西方净土的思想有如下几个特点:

第一,西方极乐净土按福德而言是最低的,或者更准确地说,往生西方净土所需福德最少,即最易往生。在《显无边佛土功德经》中即将极乐净土排在仅次于娑婆世界的最低位置上。也正因此娑婆世界的普贤愿行者往生直入之净土即是西方极乐世界。

第二,普贤愿行者并非只往生于西方极乐净土修行,而是仍要继续往生其他净土修行,即要亲入无量普贤清净刹土,亲近无量诸佛,修一切菩萨行。这与在中国流行的西方净土思想有别,后者只谈往生西方极乐,而较简略。前引四十华严云临命终时,由十大愿王作引导,即可一刹那往生极乐世界,到已即见阿弥陀佛、文殊师利菩萨、普贤菩萨、观自在菩萨、弥勒菩萨等,并自见生莲华中,得佛授记。该经接着说:

>得授记已,经于无数百千万亿那由他劫,普于十方不可说不可说世界,以智慧力,随众生心,而为利益,不久当坐菩提道场,降伏魔军,成等正觉,转妙法轮,能令佛刹极微尘数世界众生发菩提心,随其根性教化成熟,乃至尽于未来劫海,广能利益一切众生。②

此中即言普贤愿行者在往生极乐世界、亲近阿弥陀佛后,还要入十方不可说不可说世界亲近诸佛,修菩萨行,广度众生。

第三,由于往生极乐净土是以普贤十大愿王力回向普贤清净刹所摄一切诸佛清净刹土的殊胜力而助成,只需普贤愿行者临命终时有此意欲即可往生。所以经中主要谈以普贤行愿力回向一切诸佛清净刹土,接着即谈往生西方净土。如《普贤菩萨行愿赞》云:

---

① 《大方广佛华严经·入不思议解脱境界普贤行愿品》卷四十,《大正藏》第十册,第846页。
② 同上。

> 我当习学于彼时,一切善根悉回向,一切三世诸如来,以此回向殊胜愿,我皆一切诸善根,悉已回向普贤行,当于临终舍寿时,一切业障皆得转,亲睹得见无量光,速往彼刹极乐界。①

即以普贤愿行回向三世一切如来,即可得往生极乐净土。这亦异于中国流行的西方净土思想,后者要求专修西方净土法门、专志回向西方极乐。总之,华严经告诉我们,发修普贤愿行所摄普贤愿海以及一切普贤行所摄一切菩萨行,以此功德回向一切清净佛刹,即能往生无量清净佛土。就初发心者而言,以此功德力,临命终发心往生西方极乐世界,刹那即可往生。

第四,要能往生包括西方极乐净土的一切普贤清净刹,关键在于发修普贤愿行时,要与观想忆念法即观想念佛法结合起来。在四十华严卷四十解释十大行愿的修法时,要求修习十大行愿皆必以忆想无量诸佛刹现在前为皈依境界,如谈礼敬诸佛愿时云:

> 言"礼敬诸佛"者,所有尽法界虚空界十方三世一切佛刹极微尘数诸佛世尊,我以普贤行愿力故,起深信解,如对目前,悉以清净身语意业,常修礼敬。一一佛所皆现不可说不可说佛刹极微尘数身,一一身遍礼不可说不可说佛刹极微尘数佛。虚空界尽,我礼乃尽,而虚空界不可尽故,我此礼敬无有穷尽;如是乃至众生界尽,众生业尽,众生烦恼尽,我礼乃尽,而众生界,乃至烦恼无有尽故,我此礼敬无有穷尽;念念相续,无有间断,身语意业,无有疲厌。②

此中所说的对无量诸佛刹土诸佛的观想忆念是最终悟入普贤境界的关键,所以贯穿于一切普贤愿行之始终。这种观想念佛在华严经的入法界品中被名为念佛三昧门。善财童子向功德云比丘请问如何行菩萨行、修菩萨道,功德云即以念佛三昧为答,云:

> 我唯知此普门光明观察正念诸佛三昧,岂能了知菩萨圆满清净智行?

---

① 《普贤菩萨行愿赞》,《大正藏》第十册,第881页。
② 《大方广佛华严经·入不思议解脱境界普贤行愿品》卷四十,《大正藏》第十册,第844页。

诸大菩萨得圆满普照念佛三昧门，悉能睹见一切诸佛及其眷属，严净佛刹。①

华严经还有对观想念佛的具体修法的说明，如《大方广如来不思议境界经》云：

> 修智慧者，应当远离妄语、绮语，及诸散乱无益之事，于诸众生，虽起大悲而常摄心，不染不散；诣精舍中，睹佛形像，金色庄严，或纯金成，身相具足，无量化佛入于三昧，在圆光中，次第而坐。即于像前，头面礼足，作是思惟：我闻十方无量诸佛今现在世，所谓一切义成佛、阿弥陀佛、宝幢佛、阿閦佛、毗卢遮那佛、宝月佛、宝光佛等，于彼诸佛随心所乐尊重之处，生大净信，想佛形像，作彼如来真实之身，恭敬尊重，如现前见，上下谛观，一心不乱。往空闲处，端坐思惟，如佛现前，一手量许，心常系念，不令忘失，若暂忘失，复应往观。如是观时，生极尊重恭敬之心，如佛真身现在其前，了了明见，不复于彼作形像解。见已即应于彼佛所，以妙花鬘、末香、涂香，恭敬右绕，种种供养。彼应如是一心系念，常如世尊现其前住，然佛世尊一切见者、一切闻者、一切知者，悉知我心。如是审复想见成已，还诣空处，系念在前，不令忘失，一心勤修，满三七日，若福德者，即见如来现在其前，其有先世造恶业障不得见者，若能一心精勤不退更无异相，还得速见。②

简言之，专心保持观想、忆念如同无量诸佛现住于前，念念不断，具福德者，满三天，乃至七日，即可见佛，而障重者，若精勤观修，在七日后亦可速见。

在四十华严中亦说普贤身难得出现，难得睹见，必须忆念才能成熟此因缘，"或有众生，一日一夜忆念于我，随顺修行，而得成熟；或七日七夜，半月一月，半年一年，百年千年，一劫百劫，乃至不可说不可说佛刹极微尘数劫，忆念于我，而成熟者，或一生，或百生，乃至不可说不可说佛刹极微尘数生，忆念于我，而成熟者，或见我圆光，或见放光，或见色身，或见神通震动佛刹，或生恐怖，或生欢喜，皆得成熟"。③ 此中说如果念念不断忆念，最快一日一夜

---

① 晋译《大方广佛华严经》卷四十六入法界品第三十四之三，《大正藏》第九册，第690页。
② 《大方广如来不思议境界经》，《大正藏》第十册，第911页。
③ 《大方广佛华严经·入不思议解脱境界普贤行愿品》卷三十九，《大正藏》第十册，第841页。

可见普贤身,而懈怠者经过乃至不可说不可说佛刹极微尘数劫忆念,方可得见。

当然,上述观修是对初修者而言的,如对神通别入者,则可以以一切如幻如梦、无相、无所得之观而成就资粮,"舍身速生妙喜世界,或生极乐净佛土中,常见如来,亲承供养"。① 这是观修见佛之正观,能够快速积累资粮,而往生净土,亲见诸佛、普贤。

---

① 《大方广如来不思议境界经》,《大正藏》第十册,第911页。

第 十 章

佛教之现代变型

——以释印顺的"人间佛教"思想为中心

佛教在流布过程中不断演变,到现代转化出一种新形态,即"人间佛教"思想。虽然传统佛教在中国化的过程中已经具备了一些"人间佛教"的性质,但并没有真正的理论意义上的说明。一般认为近代"人间佛教"思想肇始于民国时期释太虚的"人生佛教"理念,而成熟的"人间佛教"理论形态则是在释印顺那里才得到明确建立。换言之,是释印顺第一次清晰地阐明了"人间佛教"的思想特征。作为20世纪最为重要的佛教思想家之一的释印顺,其著述卷帙浩繁,内容复杂丰富。但他的思想有一以贯之的主线,即是对"人间佛教"思想的阐发与激扬。释印顺版的"人间佛教"思想的基本特征可以归纳为"人本性",后者可通过五个基本概念予以略观:一者"人"概念,二者"人间"概念,三者"佛"概念,四者"佛教"概念,五者"人间佛教"概念。

第一节 "人"与"人间"概念:人正性

"人"与"人间"概念在释印顺的"人间佛教"思想中是相互关联的两个基本概念,而且二者又与人道(人趣)概念紧密联系在一起。具体而言,人是能直接受佛教教化的生命形态，人间的本义则指人生存之基本空间（环境），而人道是人及其所依存环境之统称，因此，三者中人道是更具总括性的概念。在此意义上，人与人间比人道之义要窄。不过，在佛教文献的具体语境中，多有在"人道"的意义上使用人间概念，及在"人"的意义上使用人道概念的。佛教一般按照生命形态与层次将世间分有六道，即天、阿修罗、人、畜生、鬼、地狱道。其中，前三道天、阿修罗、人道是世间的上三道，属世间善报（世间善道），而后三道畜生、鬼、地狱道是世间的下三道，属世间恶报（世间恶道）。人道属于世间的上三道之一，包括人（或人的集聚）及其所依存的环境，被释印顺称为"人间"。

释印顺用四义显示此"人间"的特性，如《佛法概论》所说：

> 人间有什么特胜？这可以分为四点来说：一、环境：天上太乐，畜生、饿鬼、地狱——三途太苦。太乐了容易堕落，太苦了也无力追求真理与自由。……太乐太苦，均不易受行佛法，唯有苦乐参半的人间，知苦而能厌苦，有时间去考虑参究，才是体悟真理与实现自由的道场。二、惭愧：……这是道德的向上心，能息除烦恼众恶的动力，为人类所以为人的特色之一。三、智慧：三恶趣是缺少智慧的，都依赖生得的本能而动作，人却能从经验的记忆中，启发抉择、量度等慧力，能设法解决问题。……四、坚忍：我们这个世界，叫娑婆世界，娑婆即堪忍的意思。这世间的人，能忍受极大的苦难，为了达到某一目的，牺牲在所不惜，非达到目的不可。[1]

此中意为，人道环境的特性是不苦不乐性，人道人的特性为惭愧、智慧、坚忍三种，后者实际是从德能、心智、意志三方面给出的。有惭愧说明人在道德上有改过迁善的优越能力，有智慧说明人在智能上有学习、领悟、抉择、实践的优越能力，有坚忍说明人在意志上有堪忍、坚定的生存与行动的优越能力。显然释印顺主要从个体之人以及人所依存之环境说明人道（人间）之性，并没有涉及人所具备的能够形成集体如社会的和合共助性（相互增上性）等。人道具有余道不具备的优越之性，使人道在佛教教度中成为六道中最优

---

[1] 释印顺：《佛法概论》，印顺文教基金会网络版，第55—56页。

越之道。

在佛教看来，人道或者说人间是由共业感引的，人道是善道，相应的共业也应是善业。人道善业称十善业，即不杀生、不偷盗、不邪淫、不妄语、不恶口、不两舌、不绮语、不贪欲、不嗔恚、不邪见。人道的获得与保有在于十善业的奉行。释印顺称十善业为"人道（人间）正行"。就人而言，只有遵守十善业才可称之为真正之人。换言之，按照释印顺的观点，人之所以为人，是通过人之正行（十善业）反映与界说的，即十善业直接指向与显示人性。但由于人道只是生命轮回中之一环，人性可以在生命形式的转换中失落，比如违背十善，必然导致生命的堕落，而沦落为下三道。因此，十善业也是保有与获得人性的基本原因。这种与十善业直接相应之人性被释印顺称为人之正性，可简称"人正性"。

由人在六道内可以上升与堕落，可知人性中不仅具有人之正性（人正性），还具有其他生命形态之性，即众生性，如天性、鬼性等。再由人可以超越三界而成佛，人性还含有佛性。因此，在释印顺的人性思想中，人之性包括有众生性、人正性、佛性，即人性含有由低到高的层次结构。作为人，其正常之表现即是人正性的展开。但如众生性有发挥，则人性趋于下落，而当佛性有所开显时，则人性即上扬。此中要注意，按照释印顺的立场，即使属于上三道的天道、阿修罗道，其性相对于人性在品质上也是较低的。因为此二者如同下三道，皆不是进趋佛道之佳器。就人的内在可能发展而言，众生性、人正性、佛性指示了一种生命精神上升的方向。在实践的趋向上，首先要求扬弃人之众生性而完满人之正性，进一步，要由此而开显佛性，以进趋佛道。值得注意的是，释印顺并非是在人天乘的人道本位的意义上谈人性以及人间性，而是在获得超越的解脱与觉悟——或者说是在成佛的可能性——的意义上而言的。在他看来，在人道净化人性而实现人正性，是菩萨行的最好基础，由此而最终使人性达到最高的实现，即是成佛，这是人道相对于其他五道的最主要的优胜之处。所以他说：

> 天、龙、罗刹、夜叉、干闼婆、阿修罗等，各有他们特殊的性质，都不是人的正性。人的性情，无论近于他们那一种，就不能使人性得到正常的发展，不能使人性净化而完成。所以修学佛法的，应重视人性的合理化，以人生正行到达人性净化；对于众生通性，或众生所有的特性，应减轻他，

扬弃他，使充分发挥人性以进成佛道。①

即释印顺强调人相对于其他生命形态的优越性，原因在于人基于人正性是进趋佛道的佳器。

释印顺不仅强调除人之外其他生命形态不是修行之佳器，而且强调这些生命形态难以接受与修行佛法。换言之，唯有人才能进修成佛之道。他具体是这样表述的：

> ……体现真理而解脱成佛，不是什么神鬼或天使，是由人修行成就的。惟有生在人间，才能禀受佛法，体悟真理而得正觉的自在。②

意为，在人道保持人之正性，是能够真实受持佛法之基本条件，也是修行佛法之基础，离此，根本无从谈起体悟真理而实现正觉的可能。这种对人、人间的前所未有的重视与强调，成为释印顺"人间佛教"思想的重要方面，并使之具有鲜明的人本色彩。

第二节 "佛"概念：人佛性

人为修行佛道之唯一正器，而且唯有基于人正性才能进趋佛道，直接表明佛是人成就的。换言之，唯有人而非任何其他生命形态能够成佛。从这样的立场出发考量佛教中佛的观念，导致释印顺断言佛性即是人佛性，从而把佛从天上降到人间。这构成一种人本性质之佛陀观。

在释迦牟尼佛的本生故事中，释迦牟尼佛的前生作为菩萨，虽然曾在六道以天、仙人、人、旁生等生命形态度生，但却是作为人（人菩萨）在娑婆世界的南赡部洲的菩提树下成佛的。阿含佛教③的《阿含经》没有提及十方世界同时有诸佛存在，只明言有先后次序出现之诸佛，而且诸佛都是最后以人菩萨之身位觉悟的。《增一阿含经》有云：

---

① 《佛在人间》，印顺文教基金会网络版，第86—87页。
② 《佛法概论》，印顺文教基金会网络版，第54页。
③ 笔者一般称释迦牟尼佛开始传教至部派佛教的兴起这段时间的佛教为阿含佛教，而非原始佛教。

> 佛世尊皆出人间，非由天而得也。①

这说明阿含佛教承许佛陀在人间成就。换言之，在阿含佛教中，人间之人最易发心与修行，而且也只有在人间才能最终实现佛陀的觉悟。因此，人间（人道）在阿含佛教教化系统中具有中心意义。也是基于此，释印顺建立起自己的佛陀观，即完全在人本的意义上解释佛陀诞生、出家、成道、度生、涅槃，将佛陀看成是一个在以人间正行完善人正性基础之上，彻底净化人性而使佛性彰显，最终觉悟成佛之人。他在《佛法概论》中说道：

> 释尊曾说："我今亦是人数"（增含四意断品）。这可见体现真理而解脱成佛，不是什么神鬼或天使，是由人修行成就的。②

他在《佛在人间》中亦说：

> 佛住世时，生活起居，与一般人相仿佛。既不是神，也不是神的儿子或使者，他是真挚的人类导师。③

此中，释印顺显然已经将悉达多太子完全描写为一个人，一个完善了人正性之人，而且在成为佛陀之后，仍就是一个人，而不是天神，只不过彰显出人性之中的佛性而具有了超常之智慧与解脱了烦恼而已。由于在释印顺的"人间佛教"思想的人性说中人性包括人正性、众生性、佛性，成佛实际是人性的彻底净化，即在扬弃众生性、完满人正性的基础上，最终圆满实现人性中之佛性的结果。他以最高之人格为佛格，佛性即是人之佛性，或者说人佛性。由于人性包括佛性，则必是人发心修行佛法，也必是人成就佛陀，而且成佛后佛陀仍是人。这与太虚的著名偈颂"仰止唯佛陀，完成在人格，人成即佛成，是名真现实"的意趣完全一致。总之，以人佛性界定佛性，佛陀就是人的最高人格之实现，是人中之觉悟者。

---

① 《增一阿含经》卷二十六等见品，《大正藏》第二册，第 694 页。
② 《佛法概论》，第 54 页。
③ 《佛在人间》，第 27 页。

在人本意义上解释佛陀性,使释印顺重新审查与评估传统大乘之佛陀观。在大乘的佛陀观中有两点非常重要,一者认为十方世界同时存在诸佛,二者认为诸佛在天上成就,而在人间只是化身示现,比如释迦牟尼佛只是化身佛而已。这种大乘佛陀观显然与人本之佛陀观相违,释印顺当然不赞同。他据于人本与历史理性的立场,否定了大乘佛陀观作为真理与判别标准之性质,即所谓的圣教量性。但他作为佛教僧人学者,对大乘佛陀观的否认仍保有一个限度。具体而言,他并不否定其出现有历史、思想、心理等方面的合理性,由此给传统大乘佛教一种阿含佛教之发展与流变形态的地位。在他看来,大乘佛陀观一方面可理解为佛弟子在佛陀圆寂后出于对佛陀的永恒怀念而神化的产物,另一方面可理解为是受到印度传统梵天思想影响的结果。但这两方面在意义上是有微妙差别的,释印顺的观点常在二者间摇摆。对前者他多以佛教自身的内在发展目之,而对后者则归之为佛陀梵天(神)化形态。但不管大乘佛陀观的意趣与形成如何,释印顺皆持批评态度。

第三节 "佛教"与"人间佛教"概念:人本佛教

前述的人、人间、佛陀概念围绕人性概念试图勾画出佛教的"人间性",反映了一种彻底的人本立场,这是释印顺"人间佛教"思想的基色。在他看来,佛法是作为人的佛陀悟出的,"本是为人类而说的,一切是适应人类的情形而安立的"。[1] 唯有人能接受佛法,修持佛法。所以,佛、法、僧三宝皆是"人间"的。[2] 总之,他认为,真正的佛教是以人为本而安立的,是基于人、面向人、觉悟人的教法,因而是人间的。而且唯有人间的以人为本的佛教,才能表现出佛法的真义。[3] 释印顺具体是这样表述其"人间佛教"概念的:

> 这我们称为人间佛教的,不是神教者的人间行,也不是佛法中的人乘行,是以人间正行而直达菩萨道,行菩萨而不碍人间正行的佛教。从来所说的即世间而出世,出世而不碍世间,今即称为即人而成佛,成佛而不碍

---

[1] 《佛在人间》,第 26 页。
[2] 同上书,第 27 页。
[3] 同上。

为人。成佛，即人的人性的净化与进展，即人格的最高完成。必须确定人间佛教决非同于世间的慈善事业，是从究竟的佛乘中，来看我们人类，应怎样的从人而向于佛道。①

即人间佛教作为成佛的教法，指示的是一条即人成佛之道，即基于人，通过人菩萨行，而趋进成佛。如果从人性的角度看，即是基于人正性，而净化人性，完善人性，使人性中之佛性圆满显现，即当人格得到最高完成时，即是成佛。然而，这样一种人菩萨行，虽然是基于人间正行的，但方向却是指向圆满之正觉，因此绝非安保人间的人天善法，因为后者仅指向人间的凡夫存在。所以人菩萨行是基于人间而非住于人间。总之，在他看来，"人间佛教"意味着这样一种立场，所谓"人类学佛，只是依于人的立场，善用人的特性，不碍人间正行，而趋向于佛性的完成。太虚大师的'人成即佛成'，即是——'即人成佛'——人的学佛法门"。② 即人间的学佛，必是以基于人的正性、善用人的特性的方式行彰显人之佛性之菩萨行，所以，在因行与果得方面，皆不离人间，皆不违人间正行。换言之，是基于人而成佛，也只有如此，才能成佛。即人间佛教是"人本大乘法"，③ 指示一种即人而成佛道的正法，所谓"人菩萨行"，如说"'人·菩萨·佛'——从人而发心学菩萨行，由学菩萨行而成佛"。④

但此人本佛教之"人间性"的提出，从其缘起看，除归因于佛教思想世俗化发展的内在逻辑要求外，也许更多的是缘于历史的特殊境遇的刺激。这就是必须注意其对现实的针对性，即一方面是对唯重于死与来生的经忏佛教（"死鬼佛教"）的反动，另一方面是对急于往生净土的他力佛教（"天神佛教"）的匡正。释印顺在《佛在人间》中说：

> 佛教是宗教，有五趣说，如不能重视人间，那末如重视鬼、畜一边，会变为着重于鬼与死亡的，近于鬼教。如着重羡慕那天神（仙、鬼）一边，即使修行学佛，也会成为着重于神与永生（长寿、长生）的，近于神教。神、鬼的可分而不可分，即会变成又神又鬼的，神化、巫化了的佛教。这

---

① 《佛在人间》，第75页。
② 同上书，第99页。
③ 同上书，第105页。
④ 同上书，第100页。

> 不但中国流于死鬼的偏向,印度后期的佛教,也流于天神的混滥。如印度的后期佛教,背弃了佛教的真义,不以人为本而以天为本(初重于一神倾向的梵天,后来重于泛神倾向的帝释天),使佛法受到非常的变化。所以特提"人间"二字来对治他:这不但对治了偏于死亡与鬼,同时也对治了偏于神与永生。真正的佛教,是人间的,惟有人间的佛教,才能表现出佛法的真义。①

此中释印顺强调佛教不是鬼教,也不是神教,而是面向人间、以人间为本的人本佛法。而且还强调标出"人间"二字,不仅要表明其具有对治性,而且要表明其是真正佛教或者说纯正佛教的本质。换言之,释印顺认为,只有从人本的立场出发建立的佛教,才是真正(纯正)的佛教(正法)。这样的人本之"人间性",被释印顺作为界定佛教正法之基本准则。

既然只有基于人本立场的人间佛教才合乎佛陀之本怀,释印顺以此人本之"人间性"特质抉择、判摄已成历史形态的全体印度、中国传统佛教,就势属必然了。他基本采纳学界共识将全体印度佛教判为三分,分别命名为佛法(根本佛法)、大乘佛法、秘密大乘佛法。其中"佛法"包括阿含佛教与部派佛教,"大乘佛法"包括初期大乘佛教即中观行派、后期大乘佛教即瑜伽行派,"秘密大乘佛法"指大乘密教。在他看来,"佛法"是直接依释迦牟尼佛的教授、教诫建立的,是一切佛法的根源,因此最为珍贵稀有。而且"佛法"具有历史与宗教的合理性,换言之,是直接按照历史与宗教思想的本来面目呈现出来的,淳朴地体现出释迦教法的"人间性",是佛教之根本正法,所以又称为根本佛法。大乘佛法则从根本佛法发展、演变而成,是对佛陀怀念与神化之产物,由于受到印度当时思想主流吠陀奥义书传统的"梵我论"的影响而渐带有梵化色彩。而秘密大乘佛法是在"天佛一如"的思想基础上建立的,② 是大乘佛法的进一步流变与"梵化"。换言之,释印顺认为,秘密大乘佛法在相当大的程度上是印度传统思想"天梵一如"思想在佛教中的反映。因此,就印度大乘佛教整体(包括大乘佛法、秘密大乘佛法)而言,它已经偏离根本佛法的"人间性"本色,渐转向"梵天化"之歧途,特别是其中的秘密大乘佛教差不多已与印度传统

---

① 《佛在人间》,第22—23页。
② 释印顺:《华雨集》(四),印顺文教基金会网络版,第9页。

"梵天"思想合流。此中必须指出，释印顺在大乘佛法传统的中观与唯识二分中再区分出了如来藏系思想，即所谓的"真常唯心论"。此举在他有两重用意，一者是用于说明佛教中"梵化"因素的基本类型，二者是用于追溯中国化佛教的主要思想来源。由于中国化佛教是印度如来藏思想的发展与流变类型，亦属"真常唯心论"，"梵化"色彩亦相当浓重。但同时释印顺也强调，从佛法到大乘佛法，再到秘密大乘佛法（以及中国化佛教），佛教展现的是一种缘起性质的历史发展顺序，它们仍然保有甚多佛法之精髓，而且有相当多的思想是作为佛法世谛流布而施设的方便，因此，包括中国化佛教在内的全体大乘佛教仍然不脱佛法范畴。在此意义上，释印顺反对大乘非佛教的观点，虽然他判定大乘佛教作为佛法之发展与流变之物在性质上已非纯粹之正法。

释印顺以五分期说将其佛教史观所观照的印度佛教思想发展逻辑地以及历史地表达了出来。佛法之五分期为：一、声闻为本之解脱同归；二、菩萨倾向之声闻分流；三、菩萨为本之大小兼畅；四、如来为本之菩萨分流；五、如来为本之佛梵一如（天佛一如）。[1] 此中，呈现出声闻、菩萨、佛分别为本的思想发展的逻辑进趋。其中，前二对应佛法（根本佛法），中二对应大乘佛法，后者即秘密大乘佛法。按照这种观察，从根本佛法到大乘佛法再到秘密大乘佛法的思想发展伴随着梵化色彩的加重，但这种发展作为一种流变与演化，完全具有历史与逻辑两方面的合理性。当然就这种发展的宗教意义而言，必然会因流变而有所失真，因此释印顺认为，必须下一番功夫，"探其宗本，明其流变，抉择而洗炼之"，[2] 由此抉择出佛教的真义，或者说佛陀的本怀。他对全体佛教的抉择与判摄的原则可用他自己的一段话作为总结：

能立本于根本佛教之淳朴，宏阐中期佛教之行解（梵化之机应慎），摄取后期佛教之确当者，庶足以复兴佛教而畅佛之本怀也欤！[3]

此中的根本、中期、后期佛教，与前述的佛法（根本佛法）、大乘佛法、秘密大乘佛法相应。由此可看出，他在传统佛教中抉择出根本佛法为佛法之最纯正者，而大乘佛教唯有部分不失纯正性。

---

[1] 释印顺：《印度之佛教》，印顺文教基金会网络版，第5—10页。
[2] 同上书，自序。
[3] 同上。

释印顺强调在对已有佛教的抉择与判摄以及在建立人间佛教的新形态时,必须贯彻太虚倡导的"契理契机"原则。实际上,在释印顺的"人间佛教"思想中,"契理契机"原则是与"人间性"原则相重的一个基本原则。"契理"性反映佛法的纯洁性,指佛法的发展必须合乎根本佛法所阐释的佛陀之本怀,"契机"性则是佛法的世谛流布相,指佛法必须发展出与"此时、此地、此人"的人间相适应的形态。"契理契机"保证了佛法的纯正性与适应性,保证了"人间佛教"精神的实现。在这样的前提下,释印顺才说:

> 在无边佛法中,人间佛教是根本而最精要的,究竟彻底而又最适应现代机宜的。[①]

由此,佛教才能成为有生命活力的佛法之流。而后者是释印顺作为佛教徒的理想所寄。

[①] 《佛在人间》,第23页。

略　评

释印顺以人本之立场阐明其"人间佛教"思想，并据以抉择、判摄全体佛教，在相当多的方面表现出与传统佛教相异之旨趣。下面就其与传统佛教思想相异之处略加比较分析。考虑到释印顺"人间佛教"倡导的仍是成佛之大乘道，主要将传统大乘佛教作为与之比较分析的对象。可略分三点讨论。

第一，关于佛教之"人间性"的问题。释印顺的人间佛教思想极力强调真正的佛教是人本之人间性的，将佛教的所化对象局限于人类，强调只有人才有佛性，才能接受佛法、修持佛法、最终成佛。这应该说与佛教的基本精神并不相洽。佛教的最高旨趣是超出三界（欲界、色界、无色界）而觉悟成佛，而其教化的对象虽然主要是人类，但实际范围应是三界内之一切凡夫以及未成佛之菩萨，所谓三界一切众生。因此，佛教的基本精神是普适于三界之一切众生，即不仅适用于人为中心之人间，而且适用于包括人间在内的欲界，以及色界、无色界。实际上，大乘佛教认为众生皆有佛性，皆有接受化导的可能性，而且菩萨道的精神是无住性的，菩萨可以并且应该在三界任何一道投生修行与度化有缘众生。按照佛教教理，任何众生在三界的无始轮回中与三界其他广大众生结缘，如果只有于人位修行的人菩萨，其他道的有缘众生如何得度？考诸佛典，不仅大乘经典的菩萨往来于三界以天、人、旁生等各种生命形式度化众生，而且阿含佛教的《阿含经》中佛陀的本生故事中佛陀的前生作为菩萨亦是如此。概言之，释印顺所持的绝对之人本立场是不能解释传统佛教的教义的，二者甚至可以说表现出质的差异。

第二，关于"佛在人间"的问题。释印顺以最高之人格安立佛格，让佛陀永远留在人间，反对佛陀的梵天化，反对大乘佛之三身说（包括释迦牟尼作为化身佛的化身说），以及十方无量诸佛说，其出发点一是世间之人本思想，二是阿含佛教之立场。后者没有直接许可十方世界同时有诸佛存在，只直接承许有先后次序出现,并以人菩萨之身位觉悟的诸佛。由于大乘经典所建立的佛陀观遭到否定,大乘经典由佛宣说或者由佛加持与开许他者宣说的圣教量性随即被消解。这种对大乘圣教量性的内在消解被他的基于文献学、考据学意义上的历史观所支持与强化。结果,释印顺排除大乘经典为佛亲口所说,断言其为提倡大乘精神的佛教徒所撰造。[1] 由于对大乘经典为佛亲说或者由佛加持与开许他者宣说的信仰是大乘佛教立宗的基本条件,并以此提供了建立大乘思想的来源、依据以及圣教量,对大乘经典圣教量性的颠覆,使大乘思想的构架随即坍塌,大乘思想沦为一些未曾成佛之佛教徒的一场思想运动的产物。特别是大乘教典以教理行果所安立的众生发心、修菩萨行、最终成佛的整套教证体系,随之亦成一种想象性的逻辑构造,而非可行的成佛之道,因为一些没有成佛的众生如何能安立成佛之道?所以,释印顺的"佛在人间"的佛陀观直接导致对大乘的否定。在此意义上,他自己的"人间佛教"提倡即人成佛,亦成无根之说。

第三,关于"真正的佛教"的问题。在释印顺看来,真正的佛教(正法)必须是"人间佛教"性质的。由于传统大乘思想事实上被颠覆,释印顺唯许可"佛法(根本佛法)"或者说传统意义上的小乘符合"人间佛教"的标准。但此举却暴露出他的思想的不可调和的内在矛盾。一方面,如果据实依于释印顺的"人间佛教"思想,小乘佛教不可能被挑选而为真正之佛教。因为小乘承诺的是成就阿罗汉之道,而非成就佛陀之道,直接与其"人间佛教"提倡的成佛之道相矛盾。这样,一切传统佛教(不论小乘、大乘)皆属非正法,皆应遭到否定。[2] 另一方面,如果断定唯小乘是正法,亦基于前述原因,他的"人间佛教"思想就要被否定。

总之,释印顺以人本之立场诠释、抉择与判摄佛教,揭橥近代佛教史上真正具有理论意义的"人间佛教"思想。这是一种以人本思想为本色、以缘起历史观为方法的佛教思想,是在佛教信仰本位上摄取世俗理性主义的结果。换言之,是佛教信仰本位与世俗人本的理性主义、历史主义、经验主义相调适形成的。它的特色在于使佛教带上历史、经验、逻辑的合理性,而使之能够经受住现代知识标准之考量,以摄受现代之心灵。但也正是在此意义上,释印顺的"人间佛教"思想遭遇到困难。因为佛教作为以信仰为先的言教安立,如何能优

---

[1] 释印顺:《以佛法研究佛法》(五),印顺文教基金会网络版,第153—202页。

[2] 其实,这种结果是自然的。按照释印顺的人本佛教观以及逻辑主义、经验主义、历史主义的理性思维方法,不仅传统大乘佛教之圣教量性将被消解,传统小乘佛教之圣教量性亦在劫难逃。

先接受世俗人本理性主义的严格审视！或者说，把佛教完全解释为一种与世俗知识系统相洽的知识体系如何可能！在此处，释印顺毅然决然走向了与传统佛教相决裂的方向。可以说，释印顺通过"俗化"、"矮化"的方式把现代佛教引向了一个岔路口，佛教思想面临着一个充满论诤的前景。可以预见，未来的佛教在相当长的时间内要在释印顺所激发的思想的冲击下艰难的选择。

附 录

《究竟一乘宝性论》"佛宝品"简说

一 序说

《究竟一乘宝性论》，略称《宝性论》，梵名 *Ratnagotra-vibhāga-mahāyāna-uttara-tantra-śāstra*，四卷，北魏勒那摩提（Ratnamati）译。收于《大正藏》第三十一册。共分教化、佛宝、法宝、僧宝、一切众生有如来藏、无量烦恼所缠、为何义说、身转清净成菩提、如来功德、自然不休息佛业、校量信功德等十一品。该论分本颂及释论。本颂是弥勒菩萨（Maitreya）所作，释论是世亲菩萨（Vasubandhu）初作，坚慧菩萨（Sāramati）补充完成。[①]

《宝性论》在印度大乘佛性如来藏思想的展开史上具有重要地位，是印度大乘瑜伽行派，也就是唯识学派，在佛性如来藏思想方面的主要典籍之一。该论在将早期般若类经判为非了义的基础上，依据《如来藏经》、《大般涅槃经》、《胜鬘经》等佛性如来藏经典，对大乘早期佛性如来藏思想予以集大成性的总结，是早期佛性如来藏思想向晚期佛性如来藏思想的转折点，标志着法性如来藏思想的终结，与心性如来藏思想的开端。

《宝性论》从结构上看，教化品用于说明佛陀说法的目的，即教法的意趣，其余十品是教法的内容。这其中，佛宝、法宝、僧宝三品用于说明佛教徒信仰的发生，或者说，佛教善根的现起，也就是对三宝的皈信。后七品用于进一步说明佛性如来藏思想的因位、加行位与果位。因位方面是有垢真如位。该论在法性真如意义上建立佛性、如来藏，因此表明众生、佛乃至一切法都平等而具如来藏，如来藏是生起一切法的因，并以九喻阐述如来藏作为有垢真如，在凡夫位为烦恼染垢所覆缠，但自性清净，本具如来一切智慧功德。加行位是有垢

[①] 周贵华：《唯心与了别——根本唯识思想研究》，第98—99页。

真如逐渐去垢位，也就是本具如来藏的众生，通过信仰三宝发起修行，经过一个渐次的道次第，逐渐去除覆缠真如的烦恼染垢，而实现转依。果位就是无垢真如位，也就是佛位，指转依的实现，即有垢真如彻底去除烦恼染垢，而成无垢真如，即佛法身的圆满显现。佛位是佛的智慧、功德的圆满实现，并且意味佛陀会以大智大悲永远度化众生而不停息。在其中，该论还说明如来藏说是方便法，为破除众生空执与神我执而建立。

从《究竟一乘宝性论》的名字看，宝指佛、法、僧三宝，再结合内容看，可知该论是以三宝摄佛陀所安立的一切教法的。该论的教法部分的起首即是佛宝品，而在最后部分又是说明佛位，即以皈信的佛为首，又以成就的佛为终。这表明大乘佛教实际就是皈信佛、追随佛、随学佛，逐渐开显自己的佛性或者说如来藏，最终自己成为佛的学修指南。

二 "佛宝"名义

佛宝之佛（Buddha）指一切佛，所谓诸佛。大乘承许在十方三世有无量佛，而以一切佛成立佛宝。佛非世间性，而是最殊胜之出世间性，在世间无对等、无可比之法，只能以世间最珍贵者即宝（ratna）来比喻，而称宝性。此宝性在《宝性论》中以六义显示：

> 真宝世希有，明净及势力，能庄严世间，最上、不变等。①

在此颂中，"真宝世稀有"明第一义，这也是佛作为宝的最直接之义，即佛是真宝，甚为难得稀有，众生发菩提心修菩萨行经三大阿僧祇劫方能成就，而超越于世间珍宝，故称世稀有；"明净"明第二义，显示佛体性离垢，已灭除世间一切杂染法；"势力"明第三义，即诸佛具足六通而有不可思议威德，于世间一切已得自在；"能庄严世间"是第四义，即诸佛已圆满一切如来功德与大悲，故能在示现度生时，能现庄严世间相；"最上"即第五义，谓诸佛已修集一切如来善法，已受用一切如来妙乐，已圆满一切如来智慧，微妙、殊胜、无上、无等；"不变"是第六义，即诸佛所有之成就皆为出世间性，故不受世间无常性所倾

---

① 《究竟一乘宝性论》卷二僧宝品第四，《大正藏》第三十一册，第826页。

动，不为世间道所破坏。① 其中，第一义是总相，后五义是别相。

三 "佛宝品"简说

在"佛宝品"中，总有三段颂，共三十二句，其他长行是这些颂的释文。此品旨在说明佛的体性、功德与胜能，建立佛宝。下面予以简略解说。

第一段颂有十六句，是皈敬颂：

> 佛体无前际，及无中间际，亦复无后际，寂静自觉知；既自觉知已，为欲令他知，是故为彼说，无畏常恒道；佛能执持彼，智慧慈悲刀，及妙金刚杵，割截诸苦芽，摧碎诸见山，覆藏颠倒意，及一切稠林；故我今敬礼。②

这十六句的皈敬颂是对佛陀之体即佛体的功德胜能的赞颂，其中给出了佛体的八德相，即功德、胜用或者说胜能相。八德相如第二段颂所说：

> 无为体自然，不依他而知，智悲及以力，自他利具足。③

此颂的梵文为：

> | asaṃskṛtam anābhogam aparapratyayoditaṃ | buddhatvaṃjñāna-kāruṇya-śakty-upetaṃ dvayārthavat ‖ ④

这一段颂共四句，所列八德相为：一者无为体（asaṃskṛtaṃ），二者自然（anābhogataṃ），三者不依他知（apara-pratyaya-abhisaṃbodhiḥ），四者智（jñānaṃ），五者悲（karuṇā），六者力（śaktiḥ），七者自利益（svārthaṃ），八者他利益（parārthaṃ）。按照《宝性论》，八德相中最后二德相，即自利与利他相，用于判

---

① 参见《究竟一乘宝性论》卷二僧宝品第四，《大正藏》第三十一册，第 826 页。
② 《究竟一乘宝性论》卷二佛宝品第二，《大正藏》第三十一册，第 822 页。
③ 同上。
④ 中村瑞隆：《究竟一乘宝性论研究》，译业编委会译，华宇出版社 1988 年版，第 11 页。

分前六德相的性质与意义，是总德相。在此意义上，佛体的前六德相可依据总德相进行划分，即分为自利与利他两方面。其中，自利德相为无为体、自然、不依他知，利他德相为智、悲、力，二者共六别德相。

此八德相还可从两种关系即体用、因果角度观察。其中，无为体、自然、不依他知三者用以显体，而智、悲、力三者则是其用；又前六德相就是因，依于此因，可得自利、利他两果，即后二德相。从意义上看，最后二德相体现了安立佛教的意趣。

八德相的第一德相是无为体，意味佛陀之体是无为性，恒常不变，无有造作，法尔如是。具体而言，有为之相为生、住、异、灭，无为之相意味离此四相，所以初位、中位、后位都是一如，本来如此。在此意义上，必然非因、非果，而无造作。

第二德相是自然。这是指佛体本来无相，或者说无差别，非染非净，超越于对待性的一切，所以《宝性论》说为寂静（śānta），远离一切戏论虚妄分别。

第三德相是不依他知。由于佛体无相、无为，不能如有相法那样显现出来而被有分别地认知，也就不能在相互间传递，只能由圣者自内证得（pratyātmam adhigamyatvaṃ），即无分别地亲证。当自内证发生，即为圣者，而当自内证圆满，即是佛。

前面三德相虽然最终成立的是第七德相，但直接说明的是佛陀自体，或者其内在德相。显然，此三德相实际是以真如为佛体性，显示了佛性如来藏思想的基本意趣。真如是于一切法平等之胜义存在，无差别，无生灭，无造作，真实不虚，法尔如如，不可分别，不可言诠，不可比拟，唯可由无分别智自内证得。以真如为佛体，就意味佛体也是如此，所以《宝性论》用前三德相显示。

此三德相也说明了成就佛果的自利即自度的方面。众生转变到佛位成佛即自度已，由于本愿与大悲，不会入灭，定会依于大智、大悲与胜力以种种方便说法，显示"无畏常恒道"，永不休息，度化一切众生，引导他们入于佛道，最终自内证佛体性。这样就有了佛陀之德的利他即度他方面，即第八德相。简言之，佛体在佛果位圆满显现后，即显示智、悲、力三德相，以善巧度化众生。从佛性如来藏思想角度看，此三相当是真如佛体之用。即在真如佛体圆满显现后，大智、大悲与胜力就相应显现出来，而成就佛陀永恒无休息地度化众生的无上伟业。

智、悲、力三德相分别是佛体的第四、第五、第六德相。以此三德相具备，佛陀才能以种种方便善巧地度化众生。智即佛陀的大智，悲即佛陀的大悲，力即佛陀的胜力。此三者作为佛体的胜用，能够灭除生死流转的一切因及果。在因方面，就是能够摧毁一切烦恼、一切执著，所谓"摧碎诸见山，覆藏颠倒意，及一切稠林"。这其中，诸见山指众生的一切执见，比喻为山，颠倒意指众生心识的虚妄分别，一切稠林指一切烦恼，比喻为稠林。在果方面，就是灭除世间的一切苦，所谓"割截诸苦芽"。论中将大智大悲比喻为刀（asi），意在智悲能断除世间的一切执见与苦；将胜力比喻为金刚杵（vajra），意在佛陀胜力能摧灭世间一切烦恼及业因。

正因为佛陀有这些自利、利他的功德胜能，所以才能成为众生的依怙，众生的导师，众生的榜样，也就是佛宝。由此，论中颂说"故我今敬礼"。

第三段颂共十二句，是对八德相的功德、胜能的最后归总。颂为：

> 非初非中后，自性无为体，及法体寂静，故自然应知；唯内身自证，故不依他知。如是三觉知，慈心为说道。智悲及力等，拔苦烦恼刺。初三句自利，后三句利他。[①]

[①] 《究竟一乘宝性论》卷二佛宝品第二，《大正藏》第三十一册，第822页。